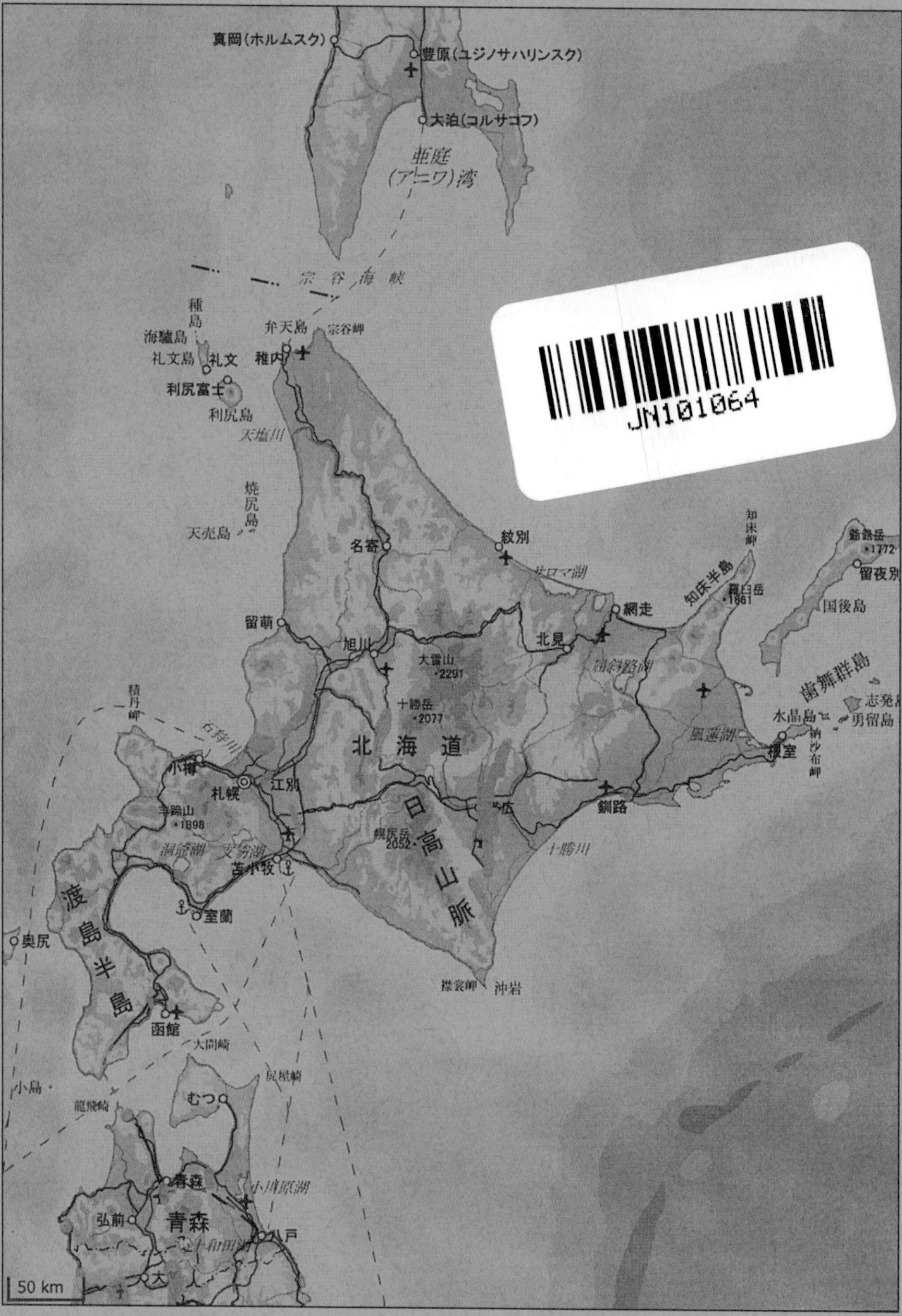

サハリン(旧樺太)～北海道旭川・札幌・函館 ～ 青森の位置図

沈黙の扉が開かれたとき

昭和一桁世代女性たちの証言

山村淑子・旭川歴史を学ぶ母の会 編

ドメス出版

まえがき

一九六〇年代後半から七〇年代にかけては、世界各地で女性のみならず、さまざまな歴史的背景をもつマイノリティーが、自らの人間としての尊厳を主張して活発な活動を展開しはじめた時期である。

その動きと重なる一九七八（昭和五三）年の七月、北海道北部に位置する旭川で、昭和一桁世代の女性たちが、「戦争で奪われた学ぶ権利を取り戻したい」、「女に生まれたということだけで、奪われていた『私』の人生を取り戻したい」と、自主的な歴史学習会を立ち上げている。彼女たちは、性別役割に基づく自治体主催の女性向け講座とは異なるものを求めていた。

発足の契機は、同年六月二〇日に旭川市内の大雪《たいせつ》婦人会館で、五〇歳前後の女性が私に、「日本史の勉強の手助けをしてもらえないでしょうか」と声をかけてきたことに始まる。その日、大雪婦人会館では、「北海道女性史研究会」（高橋三枝子主宰・一九八一年「第二回全国女性史研究のつどい」を主催。旭川三年目で私も協力参加）の例会が開催されており、私は『北海道新聞』の催事情報で参加自由の記事を見て出かけた。参加者全員が自己紹介をした後、女性問題や環境問題等の話し合いが自由討論形式で進められていった。

先の女性も私と同じく新聞記事を見て参加しており、「高校生とともに歴史を学んできた」との私の自己紹介を聞いて声をかけてきたのだった。この偶然の出会いによって始まった「歴史を学ぶ母の会」の発起人が永山鈴子さんである。彼女は、一九二七（昭和二）年生まれで、ものごころついたころから一八歳まで戦争という特殊な時代を家父長制のもとで生きてきたこと、戦後はかつての価値観が総崩れしたこと、いまこそ学ぶ機会を確保したいので引き受けてもらえないかと真剣な表情で私に話しかけてきた。その切実な思いを受けて「ともに学び合う形ならば……」という条件で承諾した。

この日は、私が東京の教職（高校・歴史）を辞し、乳母車を押して私を助けてくれた高校生たちとも別れ、二歳になった息子を連れて、夫の赴任地旭川に転居して一八日目のことだった。育児休暇もなく社会的支援が不十分だった一九七〇年代半ば、女性が仕事を継続するうえでもっとも多難な時期といわれる妊娠・出産・育児をひとまず乗り切り、夫が研究職を得ることができて、私にとっては「これから……」というときだったから悩んだ。東京─旭川間の距離と、子育ての環境と私自身の健康とを考えた末の決断だったが、新たな地でこれまでの仕事や研究ができるだろうかと不安を抱えていた。

実際、旭川では常勤の仕事はなく、社会教育の歴史講座と高校の非常勤講師に就けただけでも幸いだった。そこで、先の女性たちとの歴史学習会と並行して、子どもを見守る地域の女性たちとともに、厳冬期の子どもたちのために読み聞かせの会を始めた。つづけて家庭文庫、学級文庫、地域文庫、図書館づくり運動、児童館図書室の充実、加えて子ども劇場と、一歩一歩新雪を踏み締めるように、世代を超えた人々との輪が広がっていった。冬を迎えたある日、隣に住む高齢の男性から、「戦争中公務員で、朝鮮半島に行き、トラックを仕立てて働き手を連れてきた」と手柄話として話されて、詳細な記録ノートを見せてくれたときの驚きは忘れられない。

一九八四年八月、昭和一桁世代の女性と私が互いに学び合う学習会が発足して六年目、学習の成果として『私たちの記録 Ⅰ──戦争・平和・そして学習』を発行。昭和一桁世代女性の戦争体験と、身近な人々から聞き取った歴史的事件六項目「①太平洋戦争開戦日、②戦争終結の放送、③原子爆弾投下、④食糧メーデーと日常生活、⑤婦人参政権の実現、⑥日本国憲法施行」に関する反応を「あたりまえの人々の声」として整理して収めた。

本書では、右の『私たちの記録 Ⅰ』の校正段階で派生した「事件」を「忘れることのできない日」として収録している。それは、女性たちの戦時体験の認識に関わる討論過程で起こった。期せずして世界史的にも重要な課題である歴史認識が問われることになり、「わかったつもりでいた」女性たちにとって衝撃的な結論がもたらされる。その緊張感漂う討論で、自身の戦時体験と向き合う経験をした女性たちは、「個」の確立をめざして新たな一歩を踏み出すことになる。この変化をもたらすことになった衝撃の瞬間が本書のタイトルになっている。

一九九〇（平成二）年八月、「忘れることのできない日」の葛藤を経た後に編纂した戦争体験と、新たな聞き取り調査をまとめたものが、『私たちの記録 Ⅱ――わたくしたちが受けた教育――「教育に関するアンケート」集計結果報告』である。二〇名の会員が各々五名の対象者から聞き取った「教育体験のアンケート」二八項目の結果（老若男女の旭川市民一〇〇名）を収めている。

この編集作業途中の一九八七年三月、新たな職場を得て、夫が東京に異動することになる。旭川の地で生活の根を張っていた私と、一一歳になっていた息子にとって辛い転居となった。

バブル経済真っ只中の東京で住まい探しに難渋、茨城県に居を構えた。私は再び教職に就き、東京の研究会に復帰して、旭川の「学習会」を続行。毎月の例会と質疑応答は録音テープのやり取りで継続、夏期例会は東京―旭川直行飛行便で往復し、対面で行っている。女性たちの努力の積み重ねの結果『私たちの記録 Ⅱ』が発行された。四期に分けた個々の教育体験の内容を記載した「教育体験年表」は緻密である。

その後も、例会を兼ねた交流をつづけたが、二〇〇三年には私が老親介護と並行して、自宅で療養する夫の介護・看護で身動きできない状況が発生。ひとまず、定期的な活動は停止され、二〇一四年八月二八日に行った夏季例会を最後に、昭和一桁世代女性たちとの「歴史学習会」は閉じられた。その日出席できた女性は一三名。

三六年前に「学ぶ機会を確保したい」と私に声をかけてきた永山鈴子さんは八七歳になっていた。

先述したように本書は、戦時体験の記録のみならず、昭和一桁世代女性の歴史認識に関わる討論過程を収録するとともに、「あたりまえの人々の声」と、世代を異にする旭川市民一〇〇名から聞き取った「教育に関するアンケート」の綿密な調査結果を収め、次世代に手渡すことを考えて構成されている。

この一冊が後世に伝えられ、「戦争」を考える材料として活用されていくことを期待したい。

二〇二一年一〇月

山村　淑子

てりはのいばら

沈黙の扉が開かれたとき
――昭和一桁世代女性たちの証言＊もくじ

第二部　私たちの記録 Ⅱ
——私たちが受けた教育

第三部　資料編　「あたりまえの人々」の声を聞く

装丁　市川美野里
カット　酒谷　和恵

凡例

・本文の記述は、原則として常用漢字と現代かなづかいを用いているが、戦時期の体験記録および教科書からの引用文については旧字体を使用しているものもある。
・年号の表記は西暦を基本とし、章・節・項の初出部分の（ ）内に元号を示した。
・難解な地名・地域名あるいは特殊な歴史的用語については適宜ふりがなを付けた。
・歴史的国名や地域名・都市市町村名に関しては適宜「 」を用いて示し、現在の呼称がわかるものについては、その下に（ ）で示している。
・一定の地域で歴史的に使われてきた表現や言葉はそのまま表記している。
・「旭川歴史を学ぶ母の会」の名称については、「歴史を学ぶ母の会」・「歴史学習会」・「学習会」の呼称で表記している。
・戦時期の記録文では「婦人」と「女性」が併記されて用いられているが、原則として「女性」と統一して表記している。
・基本的人権に関わる歴史的用語・表現については、歴史的叙述として必要なこととしてそのまま記載している。
・「終戦」と「敗戦」の表記については、時間の経過を表す場合は「終戦」、歴史的位置づけに関わる場合は「敗戦」を用いている。
・図書・新聞・体験記録からの引用にあたっては、出典名を示した。

序に代えて

忘れることのできない日

山村　淑子

1　戦争体験を振り返る

一九八四（昭和五九）年七月。北海道旭川市五条通り二〇丁目の中央公民館（旧 日本放送協会旭川支局）二階の小会議室に、「旭川歴史を学ぶ母の会」*の女性たちが、戦時下の女学生の戦争体験を記録した『私たちの記録Ⅰ――戦争・平和・そして学習』の校正作業を行うために集まっていた。発足から六年目のことである。

＊「歴史を学ぶ母の会」の名称は、「私たち世代の夫や家族にとって、『女性』という表現には抵抗感があり外出しにくい。『母』なら外出しやすく参加しやすい」との理由で決められている。発足時（一九七八年）の旭川に残されていた性差別を是認したように私には思えたが、自主的な歴史学習の場を確実に確保するための女性たちの方策だったと後日気づかされた。「戦争で失った学びの場を取り戻したい」、「女に生まれたということだけで、奪われていた『私』の人生を取り戻したい」との切実な思いがあった。会の運営は、二人一組で連絡係を担当し、全会員が交替で行うこととし、代表はおいていない。そのため公平性が保たれ、自由な雰囲気がつくられていった。会員は通常「学習会」、「歴史の会」と呼び、例会日の一日を大切にしていた（会員は常時二十数名。夫の干渉による退会もあった）。

その校正作業途中、女性たちが私を囲むようにして、「私たちは戦争の被害者だった」、「私たちも頑張った」と、四〇年前の戦時下の女学生の気持ちを熱っぽく語り始めた。その姿は、これまで「平和がいかに大切か」を穏やかに語っていた女性たちとは異なり、当時の女学生の姿を垣間《かいま》見るような緊張感を漂わせていた。私は、その変化に驚きつつ、目の前にいる女性たちから次々に語られる戦時体験に注意深く耳を傾けた。「学習会」の発起人である永山鈴子さんが記した「この会に求めたもの」*の叙述には、女性たちの戦中・戦後の歩みと、「学習会」発足にいたる動機が見てとれる。

*「私が生まれたのは一九二七（昭和二）年、日本に金融恐慌が起こっていた年です。ものごころのついた一九三一年には、すでに十五年戦争が始まっていました。それから、一九四五年の敗戦まで、私たちが受けた教育および情報は、いまにして思えば国粋主義的な考えを基礎としたものでした。敗戦後から、外面的生活は時代とともに流され変化して、三十有余年を過ごしてきましたが、かつて培われたもののみかたが、現代のそれとはあまりにも相違していることを知り、あせりを感じていました。一九七八年六月二〇日、来旭されてまもない山村淑子先生と、日本史を学びたいと思っていた母親二人との貴重な出会いがありました。初対面だったのですが、強引にお願いしてこの会が発足することになりました」

この日の話し合いのきっかけは、私が記した「戦争＝敗戦体験記録資料を整理して」の草稿を読んだ会員の一人川口千恵子さん（一九二七年生まれ）から、「『おわりに』の文中に『自分の気持ちと異なる言葉がある』」との申し出があったことによる。それは、戦後民主主義の問い直しのために実施した、聞き取り調査（六項目）結果と体験記録をもとにまとめた左記の文中*にあった。

*「資料を見る限りにおいて、当時の女学生たちが、疑問をさしはさむことなく、戦争に参加しており、（戦後も）戦争の実態に向き合いそれを深めていくことが希薄であったため（兵士として出向いた青年たちと比較してみるとよくわかる）、

客観的には自分たちも戦争に協力していたことが明確に捉えられず、あいまいな形で今日まで持ち越すことになった」

川口千恵子さんの読み取りに基づく指摘は二点である。①女学生の心の中には大人以上に純粋にお国のために尽くしたいとの燃えたぎった気持ちがあった。②しかし、女であること、女学生であることで、直接戦争（戦場）で戦ってはいないのだから、「戦争に参加していた」の表現は、「自分の気持ちと異なる」ということだった。

ここで注目されることは、彼女たちが、戦争とは戦場で戦うことをさすものと捉えていることだった。そのため、戦争に参加・協力したとは思っていなかったのだ。「学習会」で学んできた第一次世界大戦以降の「総力戦体制」の構造が自身の体験と結びついていなかったことがわかる。

2　私たちは昭和一桁世代

この日、私を囲んで戦時下の女学生の気持ちを語った女性たちは、自らを昭和一桁世代（一九二七～一九三四年生まれ）と名乗った。彼女たちは、ものごころがついたときには「満州事変」（一九三一年）が始まり、日中戦争（一九三七年）、太平洋戦争（一九四一年）と、戦争が日常化したなかで成長している。戦争が終結した一九四五年八月の年齢は一一歳から一八歳で、思春期・青年期を戦争のなかで過ごしていた。

敗戦時一八歳だった永山鈴子さんは、「遅れた『墨ぬり』」で、「私にとって、これまでの『非常時』が日常で、突然おとずれた『平和』は、非日常なことであった」（本書１２４頁）と記している。この日私に語られた内容は、青年期に達していた女学生の戦時体験である。

一方、聞き手である私は当時乳児だった。私の母（当時二七歳）は、配給品が十分に手に入らず（婦人団体の勧誘を断ったためと思われる）、母乳不足を栄養価の高い人参の絞り汁で補いながら私を育てていた。その様子は、両親が記録していた写真・育児記録・日記等を手がかりに知り得るが、私自身の記憶はない。長じて、歴史を学び、「戦争」について考える機会を積み重ねてきたが、戦時体制下の女学生の気持ちを直接聞く機会は少なく、貴重な体験となった。

3「新」良妻賢母の養成

昭和一桁世代の最後年（一九三四年）に生まれた女性が小学校に入った一九四一年。政府は、日米開戦に向けて総力戦体制の強化を諮《はか》り女性と子どもたちへの統制を推進した。小学校を「国民学校」と改編し、良妻賢母を「新良妻賢母」と言い換えて、国家意識強化のために母親役割が強調されて女性政策の転換を諮った。女学生にも、「お国のため」に働くことと、産むことの二つが強調・奨励され、高学年向けには「母としての覚悟」も説かれていく。その変化過程を明らかにした拙稿「戦時体制移行期における母親像の変容――文部省主催『母の講座』の展開過程を通して」（『女と戦争　戦争は女の生活をどう変えたか』昭和出版、一九九一年）にみてみたい。その展開過程は次の通りである。

良妻賢母の見直し　国家総動員法が成立した一九三八年、文部省督学官で大日本婦人会理事の一人堀口きみ子が、「皇国の母を讃し青年女子に寄す」の文中で、「児を皇国に捧げても、ひたすらにただ御役に立った事と喜び、涙一つみせない」母親像を掲げ、旧来の良妻賢母の見直しを打ち出した。

新しい良妻賢母の奨励　右の論をより社会的に広げ展開したのが、大日本連合婦人会理事の吉岡弥生だった。彼女は、一九四〇年五月の『婦女新聞』二一八三号に「新しい良妻賢母」を掲載。そこで、「今までいふところの良妻賢母には妻として母としての国家的、社会的自覚といふようなものは、少しも考へられてゐなかつた」として、これからは「一朝事あるときには、命にかへて国家につくす日本の少国民を育てる母」でなければならず、さらに「そこに国家のためといふ自覚」が必要であることを説いた。

新良妻賢母の養成　一九四〇年六月に東京で開催された第二〇回全国小学校女教員大会の第一号議案「新東亜建設の女児教育対策」の討議で「新良妻賢母」の養成が打ち出された。その母親像は、「家庭中心」ではなく、「愛国的活動には努めて参加」する「国民としての自覚」をもった母親像である。「国家とか東亜を基底」にして、「愛児が航空志願や大陸進出を希望したときに（中略）これを勧めるような母性」をめざしたものだった。

4　お国のために

新たな女性政策のもとで教育を受けた女性たちの語りで頻繁に用いられた言葉が「お国のため」であった。この「お国のため」に加えられた言葉が、「一生懸命に、真面目に、純粋に」である。これらは、「純潔」とともに近代女子教育の道徳規範であったが、戦後も維持され「学習会」の女性たちの佇《たたず》まいにも表れていた。

では、当時の女学生たちは「お国」をどのようなものとして捉えていたのだろうか。前掲の永山さんは、「遅れた『墨ぬり』」で、自身の認識を左記のようにたどっている。

「私の生きる基準の縦軸は『天皇制日本』であり、横軸は『大東亜共栄圏』にひろがる日本であった。その基盤の上に家族制度下の『家』があり、そこに私が所属していた」

「私の小学校時代から敗戦まで、神社、奉安殿は勿論のこと、裁判所の建物の正面についている『菊の御紋章』にも必ず立ち止まって、無条件で最敬礼をしなければならなかった。私たちの世代の多くはそれが習慣として身につけさせられていった。」

「尋常科国語読本巻七第二『弟橘媛《おとたちばなひめ》』は、東国の賊を平定するため相模から船で上総《かずさ》の国へ向かった時の話である。船が嵐のため難破しそうになった。おきさきの弟橘姫は『私は、お身代りになつて海神の心をなだめませう。皇子《みこ》は、勅命をはたして、めでたく都へお帰りになりますやうに』と荒れ狂う波間に身を投げた。その瞬間の挿絵がついていた。それは私の脳裏に鮮明に印象づけられた。『勅命をはたす尊《みこと》のために、自発的に我が身を犠牲にした媛は日本女性のお手本である』と私は思った。」

右記によれば「お国」＝「天皇制日本」と捉えていたことは明白である。「お国のため」とは、「天皇のため」であり、小学生時代から敗戦にいたるまで、奉安殿（天皇・皇后の御真影と「教育勅語」を納めた）に頭を下げ、犠牲を受け入れる女性像が奨励されていた。

女学校入学後は「お国のため」にと、本来の目的である学びの場から切り離されて、一生懸命に、真面目に、純粋に、軍服の縫製・修理作業を行い、慰問袋を作製し、戦場に駆り出された男性たちの代わりに軍需工場（兵器製造等）に行き、農業生産力が落ち込んでいた農村に人手不足を補うために「援農」にも出かけている。その労働はきつく、「体調も変化して生理も止まった」ことが語られている。

それでも女学生たちは、「お国のため」と使命感をもって与えられた仕事に生きがいを感じていた様子が語られたが、「直接お国のために尽くしているという実感がなかった」とも語っている。

それまでの体験記録には書かれていなかったこの一言が、後述する女学生たちの「心の内」に秘められていた

「沈黙」部分につながっていく。彼女たちは、自らの存在を、「お国に尽くす」ことで確認しようとしていた。

5　私も戦いたかった……沈黙の扉が開く

一方、兵士として動員されていく青年たちには、男性としての優越性が強化され、聖戦の名のもとに「お国のため」に命を捧げることが賛美されていった。そのためか、兵士に関わる語りでは、女性たちの表情に羨望《せんぼう》と反発の感情が綯《な》い交ぜになって表れていた。体験記録にも、動員や援農で出会った青年将兵への憧れや羨望が記されている。

当時、女学生たちは「女が新聞を読むと生意気になる」との干渉を受けており、植民地や「戦場」で繰り広げられていた女性に対する悲惨で悍《おぞ》ましい実態を推測することができたであろう情報からも遠ざけられており、想像力が欠如していたことは否めない。ラジオ放送（日本放送協会 ＮＨＫ）は、「勇ましい行進曲とともに戦果を伝えるものばかりだった」ため、そのつど「男だったら、男に生まれていたら」と思ったという。

やがて、女性たちの語りが終盤にさしかかると、それまで発言することが少なかった会員からも「生まれ変われるなら男に生まれたいと思った」、「日本は勝つと信じて素直に真面目に取り組んでいた」と、四〇年前の女学生時代の気持ちが息せき切ったように語られていき、「女も戦地に行かせてくれたなら、私も征《い》って戦いたかった」の発言となった。

すると、その発言がきっかけとなり、「私も、男に生まれていたら鉄砲を担いで戦いたかった」、「私も男だったら敵をやっつけたかった」と、戦時下の女学生の「心の内」に秘められていた「本音」が表出した。

六年間の女性たちとの交流のなかで、一度も語られることも、記されることもなかった戦時下女学生の「本音」が、沈黙を破って表れた瞬間だった。

それは、「銃後」の女学生と、「戦場」の青年兵士とを繋ぐ語りであり、先の「直接お国のために尽くしているという実感がなかった」との女性たちの発言と繋がるものだった。同時に注目されることは、これらの発言のなかに一度も「いのち」という言葉が発せられなかったことだ。お国のために我が身を捧げることはあたりまえの時代に、「いのち」を問うことは、禁句に等しかった。

6 衝撃から気づきへ

女性たちは、表出した「本音」に内包されていたその感情の激しさに戸惑い、しばらくは身動きもせずに、黙って立ち尽くした。個々それぞれが、四〇年前の女学生時代の自分自身と向き合わざるを得なかったのである。そのためには、これまで学んできたことを振り返る時間が必要だったし、同時に葛藤する心の中を整理する必要もあった。

その結果、戦時下の女学生たちが、「お国のために役立ちたい」と、使命感をもって取り組んだ「働き」の先にあったのは、同じく「お国のため」にとアジア太平洋各地に動員された兵士たちが、「聖戦」の名のもとに武器を持ち、自らの生命をかけて他国民の「いのち」と暮らしを奪う「戦場」だったことに気づいたのだった。

女学生たちも侵略戦争を担っていたという、その気づきをもたらしたきっかけが、同世代の会員の語りから導き出されていったことの衝撃は大きかった。川口さんは、その衝撃と気づきの過程を「忘れることのできない日」と題して次のように述べている（傍点筆者）。

「当時女学生だった私たちが、軍服の縫製作業をし、人手不足を補うための援農に、また、学徒動員（軍需工場や郵便局等）と、純粋にお国のために働いたことも、結果的には戦争遂行を支えていたことになり、『女学生であっても間接的には、戦争に協力してしまっていた』との結論が出ました。私たちは本当にショックを受けてしまいました」

「学習会で『太平洋戦争』を学んでから、頭の中では、自分は戦争の被害者であると同時に、アジアの人々に対しては日本国民の一人として、加害者の立場であったとわかったつもりでいました。（中略）しかし、その体験を現在どう生かすかという視点から捉え直していくと、上層部の指導者や、直接戦場で手を下した者のみが『加害者』であったと言い切れないことに、ようやく気づいたのでした。私たち女学生が、純粋に『銃後を守らなければ』と思った気持ちは『国のため』であり、『戦争を支える』ということに繋がる当然なことが、私にはこのときまで納得できずにいたのです」

「この数十分が、私には何時間にも感じられ、そのときに先生が、「いまでも、わかったのは遅くはないのですよ。みなさんはこれで一つ乗り越えて、出発点から一歩踏み出すことができたのですから」とおっしゃってくださった言葉とともに、決して忘れることはできないでしょう。（中略）戦後に教育を受けた友人は、記録集を読んで『何も知らなかった自分が恥ずかしい』といいました。しかし、私は戦争を体験しながら、何もわからずにいたことをいっそう恥ずかしく思いました」

7　気づきの背景にあった学習

右の気づきの背景には、一九七八（昭和五三）年に始まった六年間の自主学習会の積み重ねがあった。その様子を、先に挙げた永山さんは、「この会に求めたもの」の文中で意識変革の難しさを述べつつ学習の成果を記し、[*1]

川口さんと同期の松本高子さんは、気づきを支えた学習の積み重ねを、西ドイツ大統領ヴァイツゼッカーによる戦後四〇周年を記念した演説に触れて記している。[*2] 彼女は、例会で学んだ新聞切り抜きを継続、二〇一四（平成二六）年八月の最終例会にも切り抜きノートを携えて参加している。

気づいたことを、借り物でなく、自身の頭で考え、深めていくための基礎はつくられていた。[*3]

＊1「依然として家父長的慣習が未だ残っている社会や『家』の中で、多くの矛盾を抱えながら生活している女性がいます。とくに、知る権利のなかった時代に成長した私たちは、太平洋戦争の被害者だと思っていましたが、例会や特別行事の学習のなかで、中国、朝鮮をはじめ多くの民族に対し加害者側の一人でもあったことを知りました」

＊2「私たちも歴史を学ぶなかで、自分たちもアジアの人々にとっては、加害国の国民の一人であり、自分たちも加害者であり、間接的であっても結果的には国民として協力してきたと、気づいてから納得するまで、私のなかではずいぶんと時間がかかったように思います。私は先の演説（ヴァイツゼッカー大統領演説『荒野の四〇年』）（岩波ブックレット）を二回、三回と読み直しました。自然に素直な気持ちで感動できたのも、過去六年間の学習の積み重ねがあったからだと思いました」

＊3 まず、学際的な研究成果に基づく「生命誕生」の歩みから出発して、世界史的視野に立った「日本の歴史」を講義レジュメに沿って学んだ。次いで『太平洋戦争』（家永三郎著、岩波書店）を読み、「日本国憲法」・「教育基本法」の学習を通して、戦争の実態と民主主義と人権について学ぶ一方、情報の取捨選択を学ぶための「新聞切り抜き」も開始している。一九八二年からは、『日本教育史』を一年かけて学び、副本として福沢諭吉の『福翁自伝』、吉野源三郎の『君たちはどう生きるか』を読み、時代と人間、社会と人間について考察を深めた。一九八五年一二月六日の例会では、西ドイツ大統領ヴァイツゼッカーの戦後四〇年の記念演説「荒野の四〇年」（『世界』岩波書店、一九八五年一一月号掲載）を読み、日本とドイツの歴史認識についての考察を行っている。特別行事では、「アイヌ民族の歴史」を学び、朝鮮人・中国人の「強制労働跡地」の踏査、「軍都旭川の歴史」を知るために、自衛隊見学（屯田兵→帝国陸軍第七師団→陸上自衛隊第二師団）も行った。

8　新たな出発

「自分の気持ちと異なる言葉がある」との川口さんからの申し出を契機に行われた話し合いの結果については、〈本稿　衝撃から気づきへ〉で紹介した。その本文中には「こんなにも議論したことは初めてのことでした」と記載されているが、私の記憶では、次々に高揚感を伴って語られた女性たちの戦時体験を、聞き逃さないようにと、ひたすら耳を傾けていた印象が強い。私が、女性たちに話したことは、川口さんからの指摘を受けた文章の後半で述べていた次のような内容だった。

「回答者の多くが当時まだ未成年であったこともあり、自分自身の生活と戦争の関わりを具体的に捉えにくかったことは考慮されなければならないが、だからこそいま、自らの戦争体験をあいまいにせず、なぜ、疑問をもたずにのめりこむようなことになってしまったのかを、真っ正面から捉えていくことが大切なのだと思う」

「今回掲載した資料や体験記を見てもわかるように、女学生たちは、素直に真面目に、そして一生懸命に与えられた仕事に従事していた。だが、真面目であるというその姿勢が侵略戦争遂行にとり込まれていったとき、大きな過ちに加担することになったのである。その事実を、私たちは『仕方がなかった』と済ますわけにはいかない。戦後三九年目の夏を迎えるいま、再びだまされたといわないためにはどうしたらよいか、という問いかけが私たち一人ひとりになされてくるように思う」

この日から、女性たちと私の学び合いは、「何故、疑問をもたずにのめりこむようなことになってしまったのか」を知るために、新たな学習の一歩を踏み出すことになった。それと同時に次世代に伝えるために「わたくしたちが受けた教育」の聞き取り作業を開始している。

一九八五年春、急ぎ足で例会会場に入ってきた川口さんが、「昨日思い切って『主人』を『夫』と呼んでみたら、これまで感じたことがない解放感を感じた。夫と対等な関係になれたと思った」と、私に話しかけてきた。その声の表情は明るさに満ち、傍らには笑顔で共感する永山さんの姿があった。

歴史を学び自分自身で考える力を付け、女に生まれたというだけで奪われていた自己を確立しつつ、自らの体験を後世に伝えることを目標に掲げて生きる力に変えていった「旭川歴史を学ぶ母の会」の女性たちの存在は、細やかではあるが、戦後女性史のなかに貴重な足跡を残したといえよう。

第一部

＊

私たちの記録 I
――戦争・平和・そして学習

大雪婦人会館での「旭川歴史を学ぶ母の会」の例会
（資料を拡大映写する幻灯機（スライド・プロジェクター）を使っていた）
『北海道新聞』（1984年9月29日）

はじめに

「旭川歴史を学ぶ母の会」は、本年（一九八四年）七月で満六年の歴史をもつことになる。「戦争中に学ぶことができなかった日本の歴史をもう一度学び直したい」「五〇歳になるいま、学習する経験を取り戻したい」と情熱をもって語られた二人の女性と私が出会ったのが、一九七八（昭和五三）年六月二〇日であった。太平洋戦争を青春期に経験した女性たちの熱意には、戦争、敗戦とその後の女性の生活のなかで抑えられてきたものが、エネルギーの塊となっていままさに爆発せんとする火山を思わせるものがあった。歴史を学ぶなかで現在の自分を確認したいという強い気持ちの表われであったと思う。

以来、その思いを大切にしながら、日本の歴史の基本的な流れを学習してきた。と同時に、私たちの生活の基盤である地域の歴史にも眼を向け、年二回の特別行事を組んでいる。この分野においては旭川市立郷土博物館の学芸員の方々や、北海道開拓記念館の学芸員、および各地の資料館の方々から学ぶ機会をもつことができた。それは、毎月の例会の学習と重なり合いながら、日本の歴史の全体像のなかで地域の歴史を見つめ直すきっかけにもなっている。

こうした学習の積み重ねのなかで、圧巻であったのは、なんといっても太平洋戦争について学んでいた一九八〇年一二月から八二年三月までの一年余りであった。毎回二時間半の学習時間のなかで、何度驚きの声が上がったことだろう。女性たちが戦争中に学校や新聞、ラジオなどから受けていた情報と学習のなかで知る事実との差に深い憤りを示す溜息が流れた。それまでの学習では知る喜び、学ぶ喜びを素直に表わしていた女性たちも、それだけでない何かをつかもうと緊張した雰囲気があった。「私たちは戦争の被害者だった」という思いは、アジアの人々を視野にいれたとき、払拭《ふっしょく》せざるを得なくなっていた。そのことは、女性たちの戦争体験をもう一度見直すことにつながり、現在の生き方をも問い直すことにもつながっていったように思う。

それがこの冊子を出すきっかけともなったのである。本冊子は、これまでの学習の成果を基礎に会員の一人ひとりが戦争の体験をまとめたものを中心に編成、あくまでも事実を記録することに重点を置いている。初めて原稿用紙に向かった人や文章を書くことに躊躇《ちゅうちょ》し、ためらいながら筆を執った人もいる。自らの体験と向き合って書く作業の過程は、女性たちにこれまで自ら歩んできた道を改めて歴史の流れのなかで見つめ直す機会をもたらすものとなった。

人間の歴史を学習するうえで私がいちばん大切にしていることは、「いのち」の問題であり、「平和」の問題である。歴史は人間が歩んできた道であり、その人間は生命をもつものである。「いのち」が脅かされるところに豊かな歴史は刻まれない。豊かな歴史の育みはなによりも「平和」によって保障されうる。産声を上げた新たな「いのち」が祝福を受け、自分の人生をまっとうすることができることこそ、歴史の原点であると考えるからである。その意味で生命を産みだす能力を与えられた女性が歴史を学ぶ意義は大きい。

現在、本会は教育史的側面から日本の歴史を学習している。「教育というものが、どんなに大きな意味合いをもっているか」を実感として感じた「昭和一桁世代」の女性たちの声に基づき始めたものであるが、今後どのような成果が生まれるか楽しみである。

一九八四年七月

山村　淑子

1 「歴史を学ぶ母の会」の歩み

(1) 学習のなかで

この会に求めたもの

永山　鈴子

私の生まれたのは一九二七（昭和二）年、日本に金融恐慌の起こっていた年です。ものごころのついた一九三一年には、すでに十五年戦争が始まっていました。それから、一九四五年の敗戦まで、私たちが受けた教育および情報は、いまにして思えば国粋主義的な考えを基礎としたものでした。

敗戦後から、外面的生活は時代とともに流され変化して三十有余年を過ごしてきましたが、かつて培われたものの見方が、現代のそれとはあまりにも相違していることを知り、あせりを感じていました。

一九七八年六月二〇日、来旭されてまもない山村淑子先生と、日本史を学びたいと思っていた母親二人との貴重な出会いがありました。初対面だったのですが、強引にお願いしてこの会が発足することになりました。

七月の第一回の学習会に、先生が講義のなかで人間と他の動物との違いについて触れられ、「『ヒト』は四つ足歩行から、やがて前足を解放して直立歩行し『手』を使うことにより脳の発達が促され、そして火を使い、道具を作り、労働を通じて言葉が生まれ、考える人となりました。今日の私たちはこうした『ヒト』の先祖から一二〇万年もかかった人間の歩みを、たった一年足らずの間に赤ちゃんが生まれ、やがて四つん這いでハイハイし、二本足で立ち上がり、手を自由に使い、言葉を発するという過程を通して目《ま》のあたりにみることができます。このことは、子どもを育てる両親にとって、そして、とくにその主たる担い手となっている母親にとって、人間の歴史を追体験できるという意味で大変興味深いことなのです」と話されました。

何の意識もなく子育て期を過ごしてきた私には、その視角の広がりに目を見張ると同時に、「私の荒れた手にも人類のさまざまな伝承があり、可愛い赤ちゃんの手には未来が広がっているのだなあ」と感銘を受けました。もう一人お誘いした友人と三人だけでは貴重な講義がもったいないので、『こうほう旭川市民』で「昭和一桁の方を中心に日本史を学びませんか」と会員をつのりました。申し込みが定員を超えましたが、まず二〇名で締め切り、九月から「歴史を学ぶ母の会」として毎月一回の学習が始まりました。

毎回の学習に情熱をもって講義される先生と、戦時中、学ぶことのできなかった会員の意欲で、七四回（一九八四年七月現在）の例会がつづき、一九八〇年以来「会報」も発行されています。

何時の時代にも私のような民衆の女性たちは、生活に直結して、田を起こし、食べ物を作り、糸を紡ぎ、子を育て、足を地につけて歩んできました。そのなかで「戦後女性は強くなった」といわれ、今日では女性が積極的に社会の多方面に関わりをもちつつあります。その一方では依然として家父長的慣習が未だ残っている社会や「家」のなかで、多くの矛盾を抱えながら生活している女性がいます。

とくに、知る権利のなかった時代に成長した私たちは、太平洋戦争の被害者だと思っていましたが、例会や特別行事の学習のなかで、中国、朝鮮をはじめ多くの民族に対し加害者側の一人でもあったことを知りました。これからも歴史学習を一つの手がかりに、人間としての「個」の確立をめざしながら、多くの人と手を結び「戦争と平和」のはざまを経験した女性として「いのち」の大切さを草の根のように語り継いでいきたいと思います。

この六年間、意識変革が難しい私たちにしんぼう強く語りかけてくださった山村先生に深く感謝するとともに、今後とも少しでも長くご指導くださることを心からお願いしたいと思います。

一年を回顧して

上野えみ子

熱心に意欲をもって学習する仲間に入れていただき、回を重ねるごとに満足感も得られる嬉しさも出てきたころ、会の基礎を作っていただいた永山鈴子さんと川口千恵子さんに代わり、松本高子さんとともに連絡係を引き受けることになりました。一九八〇（昭和五五）年三月で寒さも緩み、春の息吹きが感じられるときでした。

最初からお世話になった中央公民館から大雪婦人会館に会場が変わったのは七月からでした。松本さんに会計を受けもってもらい、船は一カ年の航海に向けて出帆したのです。会員も新しく六名の方が入りました。

山村先生には坊ちゃんの健康状態に疑いをもたれるというアクシデントに遭いながらも、私たちの学習に協力を惜しまず健闘してくださいましたことは、頭の下がる思いです。

「維新変革期」「自由民権運動と憲法制定」「日清戦争期」「日露戦争期」「第一次世界大戦期」「第二次護憲運動と政党政治」「日中戦争期とファシズム」そして「太平洋戦争」と進んできたのです。

七月には、年中行事の一つで通算三回目の郊外学習がありました。神居《かむい》古潭《こたん》、旭川空港発掘現場の見学でした。博物館の其田良雄氏を講師として招き、マイクロバスで、旭川の歴史を訪ねた一日は、用意された資料とともに内容の濃いものであったと思うのです。

八月にはアイヌ語研究者魚井一由氏から「言語一般についてとアイヌ語」のテーマで講演を聞きました。ユーモアたっぷりの話しぶりには好感がもてたと思います。一方では、若い方々が「会報」の作成に情熱を燃やしているのも大きな成長の過程だと考えます。

初めは荷が重いということもあり、緊張感でいっぱいでした。長いようで短かった一年も過ぎ、松本さんとともに安堵の胸を撫でおろす昨今です。

（「会報五号」より）

Viola riviniana Rchb
すみれ

(2) 学んだもの

太平洋戦争を学習して

藤田佐智子

生徒の死

一九四五（昭和二〇）年八月、旭川工業学校の建築科と化学科の三年生は、勤労動員で留萌《るもい》町に長期滞在していました。ここでは戦争も末期になり、いよいよ不足のガソリンを補うため、石炭からガソリンを作る「人石工場」の建設が進められていました。建築科の生徒は工場の基礎造りに勤労し、化学科の生徒は試験工場で一日にドラム缶一本のガソリンを製造するため、昼夜交替の作業にあたっていました。

ある夜、灯火管制で閉め切った試験室内にガスが充満、引火爆発し、夜勤作業中であった生徒の大槻さんは全身に火傷をし、手当ての甲斐なく亡くなりました。工場葬、学校葬を終え、自宅で告別式が行われたのが八月一五日であったということです。

　これは当時同校の教師をしていた義父の悲しい思い出です。米英との開戦は、石油獲得のためでもあったと学習しましたが、これを裏づけるような、しかも戦場から遠く離れた場所での殉死であったと思います。

望郷

　戦時中、私は札幌市の鉄道官舎に住んでいました。官舎には高い板塀がめぐらされていました。一九四五（昭和二〇）年初夏、空襲に備えてその塀を撤去することになり、その作業に朝鮮の人たちがきました。休憩のとき、取りはずされた板の上に腰を下ろし、土の上にしきりに漢字を書いている一人を、子どもの私は傍で見つめていました。その人の右手が第二指までしかなかったのが不思議だったのかも知れません。が黙々と働き、休憩のときもお互いに話もせず、淋しい姿であったと子ども心にはっきりと記憶しています。

「強制連行」を学習したとき、私は幼いときの記憶のなかのこの朝鮮の人を思い浮かべました。もしかすると、あの人もある日突然、家族に別れを告げることもできずに、日本へきたのではなかったのでしょうか。そしてあの土の上に書いていた字は、遠い故郷の妻や子ども、あるいは親や兄弟の名前ではなかったのでしょうか。私にはそう思えてなりません。

李さんのこと

私の中学、高校の同級生に、在日朝鮮人作家の李恢《イフェ》成《ソン》さんがいました。李さんは樺太から引き揚げてきて、当時は「岸本」さんと呼んでいました。彼は中学時代には勉学、スポーツ、生徒会活動にいつも中心的存在でしたし、高校でも一、二年では新聞部、文芸部で活躍していました。

　高校を卒業して何年か後、「岸本」さんは実は朝鮮国籍で「李」さんと名乗っている…と、知りました。そのとき私は大変驚きました。でも、何故「李」さんが「岸本」さんであったのか――、私は深く考えてみませんでした。

その後李さんは作家活動に入り、一九七二年に『砧をうつ女』で芥川賞を受賞されました。彼の作品を読んで、「李さんは中学、高校時代に、自分が朝鮮人であるということをひたすら隠し、その欺瞞《ぎまん》にやり切れなく、自己嫌悪さえ感じていた」という意外な事実を知り、一いっそう驚きました。しかし私はこのときも、その根本原因をよく考えてみようとはしませんでした。

それから一〇年余、いま私は事実を学習してやっと、「李さんを理解すること」ができたのです。あのころの李さんには、非凡な人間性を感じていましたが、それは私たちの想像もつかないことで悩み、深く考えていた姿であったのでしょうか。それが日本に起因していることとも知らず、私たちほとんどの高校生は何とのんびりと過ごしていたことでしょうか。

私はいま、李さんのやさしい、憂いを含んだ瞳を思い浮かべています。

東川遊水池

私たちは、旭川市の隣町、東川町の遊水池が戦時中、強制連行の中国人の労働によって建設が進められたことを知りました。こんな身近な場所でも……、という驚きと戸惑いを胸にして、特別学習の折、現地を訪れました。

バスの走る道々の両側の水田には、七月の稲が緑に敷きつめられていました。道々より一〇〇メートルほど入ったところ――背の高い草の生い茂る原野――に、遊水池は静かに水を湛《たた》えていました。

この遊水池は戦後完成されるのですが、この労働のため亡くなった中国人は、一年余りの間に八八名を数えるとのことです。この方々のお墓は、町営墓地に建立されているとのことですが、時間がなくお参りすることができず心残りでした。

墓碑に通じる道路の端に、それを示す白い標柱がひっそりと立っていました。――合掌

生命（いのち）

私たちは、一九八〇（昭和五五）年一二月から一年四カ月にわたって「太平洋戦争」を学習しました。この戦争は「日本人の人権感覚の欠如」にあることを、明治維新以後の歴史の流れのなかに位置づけられて学びました。広島、長崎の原爆を思うだけでも、ひとり日本人のみでなく「戦争は、すべて人権無視のうえに進められる」と思うのです。

現在の日本は平和で豊かな物資に包まれています。使い捨てが横行し、物を大切にしない風潮は、戦争を体験した人たちにまでいつしか浸透してきました。今朝の新聞では、「親子三人排ガス心中」を報じています。このごろこのような幼い子どもや病人を道づれにして「心中」する事件が後を絶ちません。そして小学生、中学生の自殺も珍しくなくなりました。物だけでなく、生命をも大事にしないのは、どうしたことでしょうか。

日本人はいま、忘れてはいけない悲惨な「戦争」を忘れかけ、いちばん捨て去らなくてはならない「人権無視」を根強くもちつづけているのではないか、と思われてしかたありません。

――一人ひとりの生命を大事にしたい――と切に願います。

自衛隊見学

高橋　栄子

課題学習として、初めて自衛隊の本陣に足を踏み入れた瞬間、なぜか場違いに立っている戸迷いを感じた。でも私たちを案内してくれる人が背広姿であることに緊張がほぐれる。

最初の見学は北鎮《ほくちん》記念館。そこには屯田兵《とんでんへい》時代の開

拓から第七師団の歴代の師団長の顔写真が麗々《れいれい》しく並ぶなか、最後の師団長の写真が心なしか影がうすく見えました。種々の陳列には、北海道の歴史が、年月を圧縮した形で収められている。そして戦争の悪夢をも歴然と留められている北鎮記念館でした。男の世界である堅い建物の一階に、可憐な花が咲いていたのが印象的でした。

私が強く興味をもったのは、三一六円の昼食です。食堂に入ってから少し説明があり、隊員である若者たちの活力のため、少ない予算で苦心のうえ計算されたカロリー。

でも隊員たちの胃袋は「平和」であり、多くの残飯が出るといいます。私たちはすぐ税金の一部が捨てられると、心の中でつぶやく。でも裏を返せば、自衛隊の残飯が多く出る間は日本は安泰です。

本日のメニューであるカツカレーを、セルフサービスで運び味わってみました。量としてはたっぷりすぎるほど、味はまあまあ。これが家庭用食器に盛られていたら、みた目からいっても、もう一味違っていたと思います。私も食べ切れずに残飯に出しました。

自衛隊とは「国の平和と独立を守り、国土を防衛する」とある。GNP比〇・九％の国防費も非難をあびている。自衛隊の生みの親、育ての親であるアメリカが親の権威で日本の自衛隊を別なものに作り替え、どこかの国へ派兵？　などということになりませんよう、願わずにはいられません。

（「会報十号」より）

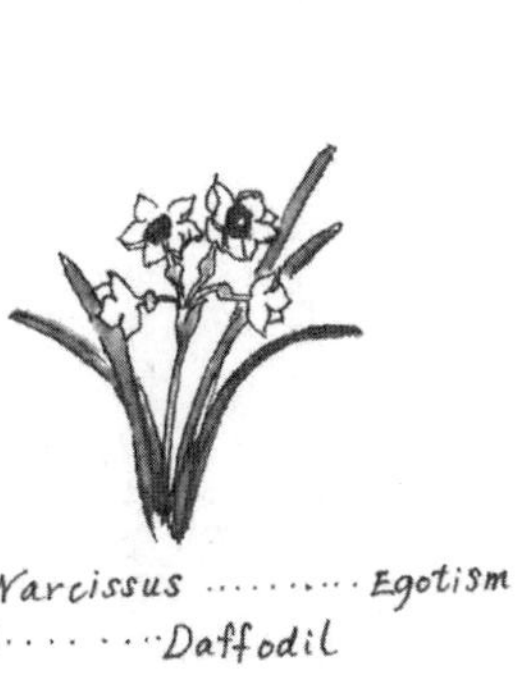

(3) 伝えたかったこと

いま、歴史を学ぶことの意味

山村　淑子

(1) 個を大切にすることの大切さ

現在育児の渦中にいる私のまわりには、子育てをするうえでぶつかる問題が毎日のように積み上げられてきます。私が育ってきた時代と違って、物が豊富に用意され、購買力をそそるために電波を通じて声高に呼びかけられる時代に生を受け、育っていく現代の子どもたちが、必ずしも「豊かに育ちえない」という現実があります。

私たちが「もったいない」という言葉を使うとき、それは物そのものに対してもいいますが、その物を生産するために、そして購買するために、人々が要した労働への感謝と、人生に対する考え方をも含んだこととして考えているのだと思います。しかし現実は「もったいない」という言葉があまり使われなくなる一方で、欲しがるものはすぐに与えられ、ポイと捨てられるなかで、子どもたちの多くは育てられています。そして、このポイと捨てる行為は、物そのものに対してだけでなく、「人」をも使い捨てる行為、あるいは自分や他人を安直に傷つける行為にもつながるとともに、そうした不当な行為に対して毅然《きぜん》と立ち向かえない人間をも作り出す風潮を生みだしているように思います。こうしたことを考えるとき、豊かさが本来の軌道を離れ、人間を生きいきとさせるのではなく、人間性をも失わせる素因として機能している現実に敏感にならざるを得ません。

長い歴史の積み重ねのなかで、一歩一歩獲得してきた「人間らしく生きる権利」が「抽象的概念だ」として私たちの生活から切り離されかねない現在、それを私たちの毎日の生活のなかに取り戻し、生かす作業に取り組むことの大切さをひしひしと感じています。歴史を学習することが趣味や片手間なこととしてのみ終わるのではなく、現実の生活と深く結びつき、生活のなかで生き、生かされるものだということを再認識したいと思います。

私たちが昨年（一九八〇年）一二月よりとりかかった「太平洋戦争史」のなかでも、徐々に人権が奪われ、人々が戦争への大きな流れのなかに巻き込まれていく姿を見てきました。と同時に、その動きに対して毅然と抵抗した人々がいたこと、そのためには勇気と大きな犠牲とを伴ったことも学びました。

このように「人間らしく生きる権利」獲得の歴史を振り返ってみると、その時代の人々が、生活そのもののなかから要求を出し、それに多くの人々が立ち上がったときに初めてその権利は獲得されているという事実を見いだすことができます。

この事実はとても大事なことだと思います。それゆえ、自らの個を確立することの大切さに気づいた女性たちが、生活者として歴史を学ぶことの意義はとても大きいと思います。

（「会報六号」より）

(2) 生命を維持するために

私にとって「新しい年」という言葉は、「未来」という言葉と同義語のように頭の中で切り離されないであるのですが、それはまた生命という言葉とともに一つのグループを形成しています。

人間の歴史の原型は、まさに生命の生産と、その生命を維持するための物の生産という過程にみられるわけですが、近来、その基本的な型さえ逆転させてしまうような実態が「整理不可能」とも思える勢いで進行していることに強い憤りをもつと同時に、それに対していかに対処していったらよいかと日々試行錯誤を繰り返しています。

最近の新聞記事を見ますと、ひときわ目立つことは、生命の再生産の場である家庭が、さまざまな理由で崩壊の危機にさらされ、「家族」が、本来の家族としての機能を果たし得なくなっているということです。

一九五五（昭和三〇）年より開始された「高度経済成長」政策のもとで、農村においては「出稼ぎ」が増大し、家族がバラバラにされる状況が引き起こされ、他方、都市においても大企業を中心とした労働強化のもと、モーレツ社員や転勤族の輩出（単身赴任の増加を含む）、企業による家族管理の浸透などが進み、「エコノミック・アニマル」の汚名を世界に轟《とどろ》かせました。そのなかで最大の犠牲者は子どもたちだったと思います。

未来を担う子どもたちを育むべき家族およびそれをとりまく地域社会が、子どもたちの生命さえも危うくし、軽視するような状況に抗しえないという事態に陥っています。

本来、人間は物の生産をするために生きているのではなく、人間としての生命を維持するために物の生産を行うのだということをもう一度改めて見直し、考え直していくことが、今日のさまざまな現象を捉えるうえでひときわ大切なことであると思います。

いま、私たちが学習している「戦争」も、この視点から捉え直すとき、戦争こそ人間の本来の姿を真っ向から否定するものだということが、明確になってくるだろうと思います。

（「会報九号」より）

Aquilegia buergeriana Sieb. et Zucc

おだまき

2　戦争と平和——私たちの戦争体験

(1)　学校のなかで

灰色の時代

越後　和子

私が小学校三年生のとき、一九三七（昭和一二）年七月盧溝橋《ろこうきょう》事件を機に日支事変が始まり、日本軍は華北一帯に戦火を拡げ、やがて上海にも上陸した。当時軍部の方針におされて、戦争は中国本土全体におよび、長期戦となり、ついに太平洋戦争に発展していった。

一九四一年一二月八日朝、ラジオから、「今未明真珠湾攻撃に成功せり」と日米開戦のニュースがあり、思わず息をのみ、体中電撃を受けたようなショックであった。その朝登校する（女学校一年）と、校長先生から朝礼のとき、非常事態を迎えての覚悟等を訓話されたと思う。その後、全校生徒が長蛇の列をなして、護国神社へ必勝祈願に行った。

次々報道される戦果のもとに、戦争はますます熾烈《しれつ》なものとなっていった。国内では、物資不足、食糧不足となり、統制経済のもとに耐乏生活そのものであった。

衣料品も切符制であったし、米の配給も大人一人当たり一日二合三勺であったと思う。代用食とかいって、一日のうち一回は芋と澱粉《でんぷん》のだんご汁で間に合わせたこともある。いまでもだんごというと、すぐ戦時中の耐乏生活を思い出すので、あまり好きではない。

毎月八日は大詔奉戴日《たいしょうほうたいび》といって、戦地の人への慰問文を書いたり、お弁当も日の丸弁当で、質素なもので我慢しなければならなかった。

女学校三年になると、私の好きだった「英語」の課目が「商業」に変わってしまった。

そのころから、農村の繁忙期には援農にも出かけた。春、秋一〇日間くらいの期間であったが、慣れない農作業でも一生懸命取り組んだ。なかでも、暑い陽射しをじりじりと背に受けながらの水田の草取りは、腰をかがめて這うように泥の中を稲の株のまわりを手で取るので、向こうの畦《あぜ》に着くまで容易ではなかった。いま考えるとよくできたと思う。

また、校内の教室で縫製作業といって、兵隊の軍服の下に着るシャツ、ズボン下等の繕いをすることもあった。

その当時は、学校の先生になるか、進学しないと女子挺身隊となって軍需工場に行かなければならない状況であった。私はもう少し勉強がしたいし、女でも職業をもちたいと考えていたので、親の経済のこともあるし、近い所でと、岩内町《いわないちょう》にある北海道女子学院に行き、栄養学について学んだ。

日本海に面した小さな漁の町であったので、魚も美味しいし、景色も非常によかった。私たちのなかには、東京は空襲が激しいので、学校を辞めて入ってきた人も二、三人いた。全寮で、広い農地に作物を作りながらの勉強は、互いに励まし合い、扶《たす》け合いで一年間を過ごした。

八月一五日は、朝早く昆布温泉へ山を越えて遠足に行った。その帰り道、日本は戦争に敗けたようだと聞き、思わず泣けてきてしかたがなかった。

いま思えば、私たちの青春の前半は灰色であったように思う。


（「会報二号」より）

古いノート

上野えみ子

物置の片隅から、ほこりにまみれた一冊のノートが出てきました。

それは、私が女学校の四年生のときのものでした。一九四二（昭和一七）年一一月中旬に、本州方面へ、修学旅行をしたときの出来事をしたためたところもある国語のノートでした。

東京の宿で、寝入り端《ばな》に空襲警報を思わせる無気味なサイレンの音が、静まりかえった夜空をつき破ったのです。引率の先生の厳しい声で、「起きて服を着ろ」「ズボンをはけ」の命令と、宿の人の「電気を消してください」と廊下をけたたましく叫んで歩く姿に、身も心も動転した、と書いてありました。そして、もくもくと身仕度にとりかかった乙女たちでしたが、さすがにあわてふためき、上着を裏返しに着たり、さかさまにズボンをはきかかったりのありさまが、生々しく記されてあったのです。そして、後でそれが、上野駅のサイレンが故障して、開放したまま止まらなくなったのだと聞かされたときの、安堵感は、筆舌に尽くしがたいものだったと書かれてありました。

生まれて初めて海を渡った者が大半だったであろうと考えられるのです。そのまぎらわしいサイレンを耳にしたときの、心境はいかばかりだったろうかと、つくづく当時を偲びました。

私たちの後の五年間くらいは、修学旅行は中止されていたようですから、まだ恵まれていたのかもしれないのです。しかし、戦時下に青春を送った者の淋しさを思った暗い一日でした。

（「会報一〇号」より）

(2) 太平洋戦争と青春

「何か得ること、ありますか」

澤口　道子

一九三一（昭和六）年生まれの私は、「満州事変」とともに、この世に生を受けたことになります。いま歴史を学び直し、改めて日本の軍国主義の歩みとともに育ったことに、思いが残ります。

一九四三年旧制女学校に入学してまもなく非常時の訓練として、全校生集合!! がたびたび行われました。教室に数名の留守番を残し、運動場に集まるのです。たまたま残った少女たちの間に歌声が生まれ小さな合唱となりました。こんなときに歌ってよいのかしらと思いながらもその流れを止めるすべもなく、週番の上級生に見つかり、担任からきつく叱られました。私は歌わなかったのにと思いながら、出たことのない鼻血まで出て、涙とともに止めどなく流れました。全員立たされました。

二学期になり英語担当であった担任は、ゲートルに足元を固めて登校するようになり、担任は女の先生に替わりました。

一九四四年からは援農の明け暮れとなります。除草機を持たされ、素足で水田に入りヒルに吸いつかれるのを恐れながらの生まれて初めての農作業でした。旭山公園の麓でした。

夏は営林署で植林の下草刈りに従事し、そこでヒマワリの種から油が取れるのを知りました。

秋は稲刈りでした。愛宕《あたご》地区で現在は住宅地となっています。近年テレビで、中国雲南省の少数民族の生活ぶりを見て、まったく同じ稲刈り風景を体験したうえでの実感として、日本人のルーツ説にも納得できたものでした。

冬はもっぱら慰問袋の製作でした。級友に発疹チフスにかかった後、髪の毛がポヤポヤと薄くなったまま登校していた人がおりました。薬も栄養物も不足していたのでしょうか。

一九四五年は西御料地小学校での合宿となりました。各自布団を持参して、運動場半分にゴザを敷いての自炊生活です。二人ずつ当番で食事の支度をするのですが、慣れないため升《ます》の大きさを勘違いして倍量のご飯を作ってしまったり、干魚から出る燐光《りんこう》が人魂《ひとだま》に見えて、夜のトイレは全員つながって、歩きました。

教室では朗々と漢詩を吟じてくださった先生も白粉が縞々《しましま》になるほどの汗を拭っての監督ぶりでした。主食はそのほとんどが豆とか馬鈴薯で、魚は当番が自転車に乗り、現在の神楽支所まで出かけました。五キロほどあります。私の家はその先六〇〇メートルほどでしたので、親の顔見たさに慣れない自転車を操り忠別橋を越え市内に入り、我が家に行きました。誰もおらず唯《ただ》猫がニャーとすり寄ってきたのを覚えています。淋しく引き返すとき電車線路にタイヤがすっぽりはさまり転倒。それがまたなかなか抜けてくれず悲しくなりました。以後自転車は大嫌いです。

合宿所から農家に行く途中、グライダー練習場（現在の医大付近）を通りますが、何となく時間をかけて見ながら歩きました。

畑作業は暑くて大変でした。鋤《すき》を持つのは初めてで、あまりの切れ味の良さに作物の根元までスパリと切れて困ったものでした。おやつに草餅が出ました。

旭川が空襲を受けたとき、丘の上から爆弾が落ちるのが見えました。逃げ込んだ納屋には馬もいて、昂奮した馬の踏むひづめの音や目の前でギラギラしている押切り（たてがみ）が恐ろしく、身の置き所がありませんでした。

お風呂は屋根があるだけの野天での五右衛門風呂で、湯に浮いた板を上手に踏み込めなく、鉄の風呂桶も熱いのではないかと、おそるおそるの入浴でした。まわり一面のいちごを失敬しながら、ずいぶん天真爛漫《てんしんらんまん》な入浴でした。

まもなく各農家に住み込みの分宿援農となり、自分の布団持参で納戸住まいとなりました。村会議員さんの家でした。夏の大掃除のとき、私たちの寝所に積まれていた畳を干すため運び出され、ついでにたくさんの子ねずみまで出てきて肝をつぶすと同時に、何か非常に不当な扱いを受けた気持ちになりました。広い明るい部屋が他にいくつもあるのにと……。

食事は箱膳に一人分ずつでした。お汁もおかずも、芋ばかりの日もありました。お風呂も桶《おけ》がぬるぬるして気持ちが悪かったのを覚えています。

珍しくご主人も水田に出ていた日、私たちの稗《ひえ》の取り方が下手で、「この穀潰《ごくつぶ》し!!」くらいに文句をいわれた後でした。プロのくせに稗がワンサと残っているのです。憤慨した私たちは、その夜ハンストに入りました。自宅から持ってきた炒り豆で飢えをしのぎながら……。

時には隣家で働いている級友の姿も見えます。担任の巡回姿が遠くに見えると「ああ先生よ」と、さっさと水田から上がって待っているのです。私たち三人は、先生が目の前に来られても、家の人たちは何もいってくれず、水田のなかにおりました。いっけんおとなしい者たちにも、やはり五分の魂あってのハンストだったのでしょうか。

丘陵地での畑作業のある日のことでした。慣れない天秤かつぎをしていたとき、丘の上から見ていた若い兵隊さんがいいました。「何かうること、ありますか」と。一面畑のなかで何か売る所なんて、と瞬時その意味が取れませんでした。勉学半ばで、応召された人だったのでしょうか。農家を手伝っていた私たちに「何か得ること、ありますか」と聞いたのでした。その後この言葉は私にとって忘れることのできない言葉になりました。

「何か得ること、ありますか?」

戦時下の学校で学んだのは学問ではなくて、歌声事件で流した涙で得た、集団行動のなかにおいてもある「個の責任」と、すべての経験のなかにある「得ること」への目覚めでした。

玉音放送を自宅にもどって聞き、分宿農家で秋の取り入れを済まし、自宅に帰ったのは、予科練から除隊した兄より後のことでした。

戦中体験記

村上　礼子

一九四一（昭和一六）年、太平洋戦争勃発の年、私はミッションスクールの女学校に入学、終戦まで授業のほかに種々の奉仕作業などをしており、このたび戦時中のことを振り返ってみました。

一九四一年秋には、外国人教師四人は帰国されましたし、毎日の礼拝時には賛美歌合唱をしていましたが、いつのころからか朝礼になり、天皇御製の御歌や、「海ゆかば」などに変わっていきました。四月二六日には御真影を奉安殿にお迎えいたしました。

一九四二、三年ころには、学校でも国策に沿って校庭と円山の用地に馬鈴薯の植付作業に全校生徒が参加しました。また、札幌郊外の月寒へ援農に二度ほど行き、数人ずつ農家に分散して畑の草取り、りんごもぎなどしました。

一九四四年ころには軍服のボタン付けや、糸の始末、ズボンのベルト通し付けと貫抜止めなどをいたしました。厳しい検査なので一日に何着もできず、それでも数日つづけて慣れたころに終了しましたが、教室は被服工場のようでした。また、製麻工場の手伝いに行ったり、糧秣廠《りょうまつしょう》に雑穀の選別作業にも出かけました。

一九四五年一月から終戦までは千歳海軍航空廠に学徒勤報隊として席を置きました。私たちは鉄道局と電話局と千歳航空廠の三カ所に希望により従事することになり、最初は直接お国の役に立つ航空廠に希望者が殺到していましたが、結局家を離れるということもあり、健康上等諸事情のため、五年、四年合わせて一〇〇人くらいが千歳に決まりました。軍のトラックで、一同千歳に着きましたが、身体検査で数人は不合格で泣く泣く札幌へもどって行きました。

国防色の作業服が渡され上衣には白の替衿を、袖には学校名の入った布を縫い付けました。つなぎのズボンにベルトをして私たちの服装は決まりました。

いよいよ庁舎の前で海軍将校の訓辞を受けて配属部所を指示されると、飛行機科と発動機科とに分かれ、私は発動機科気筒部へ友だちと三人が回されました。いちばん外れの細長いその棟は三つの班があり、奥の班には留萌《るもい》の女学生三人と中学生も数人おり、徴用で集まった工員さんたち、一般工員さんを含めて、三〇人くらい働いていました。私たちの班は女性一人を含めて一〇人くらいおりました。私たちの班では大きな発動機のまわりに円になって腰かけて、二本の弁を気筒のなかに入れたり出したり往復運動させて、こすり合わせ、滑らかにして、きっちり合わせる仕事が主でした。私たちは初めは意味もわからず、ただやみくもに手を動かして意気ごんでいましたが、一本の弁も、なかなかパスできず、ずいぶん厳しいものでした。仕事は毎日毎日単調で気抜けしたような気分にもなりました。発動機科の上司は、海軍大佐と少佐と兵曹の三人がおられ、仕事中にたまに見廻りに来られましたが、兵曹さんがとても勢いのよい方でした。飛行機科の友だちは、鋲《びょう》打ちをしているというので、羨ましく思ったりしたものです。また飛行機科には若い将校さんがたくさんおられ、年じゅう大きな格納庫で監督されていて、素敵な中尉さんや少尉さんは憧れの的で話題の一つにもなりました。

寮の生活は起床就寝時は必ず点呼があり、時間厳守の軍隊式でした。私たちの入居した女子第三寮は新築の二階建てで学徒ばかりでした。洗面所などは冬期間は水道も出し放しでしたし、七畳半の部屋は六人ずつ入居してかなり窮屈でした。二階はストーブがなく、寒中でも火鉢に木炭で暖を取りお粗末なものでした。入浴・食事は、隣の女子第二寮に行きお世話になりました。食事はいつも白米で、副食も当時としては結構良い物をいただいたように思います。祭日などにおはぎが出ましたが、餡《あん》と餅《もち》米が別々の容器に盛付けられ、ピンとこなかったことを思い出します。

三月末になると、五年生は卒業で帰札しましたし、私たち四年生も繰り上げ卒業で、就職の決まった人たちと上級学校へ進学の人は帰札して、残った四年生は半数くらいに減り、千歳組は卒業式もできないままに後になって、卒業証書をいただいたようなわけです。

仲間たちが急に減って三〇人ぐらいになり、私たちも家恋しくなってきましたが、そのうちに戦争も、敗色が濃くなり、私たちのする仕事もなくなってきたものか、学徒は編成替えになり私たちの仲間は、自動車科にまとめられ、野積みされている古トラックの解体作業をすることになりました。スパナを持ったのも初めてで、ナットを押さえて釘を外すのですが、さびついたねじは、なかなか廻せず、一人ついておられた班長さんに、緩めていただいては、ナットを外したものでした。私たちは軍歌等を歌いながら作業をつづけました。

空襲警報があったときには、工員さんたちと山へ避難しましたが、B29を垣間見た程度でした。一人の工員さんが蛇を捕まえると、たき火をして焼き皮をはいで、うまいうまいと食べ始めたのを、私たちは気味悪く見ていると、わざとからかわれ騒いだりしたこともありました。私たちの期待に反して毎日が陽気なものでした。

七月ごろから私たちは札幌の田井自動車工場に出張命令が出て、半年ぶりに親元にもどり、近くにあった工場に通うことになりました。そこも私たちに向くような仕事はあまりなかったようで、木炭自動車の釜を作るため粘土を混ぜたり、たたいたりしていたことを思い出します。

そのころ、就職の決まった人は千歳海軍航空廠から席を外せるという話があり、それぞれが対策を考え始めておりました。

八月一五日は、田井自動車工場で玉音放送を聞き、一同敗戦を知りました。その後荷物をまとめに千歳にもどり、毛布や衣類、食糧品などたくさんいただき、そのうえ思いもかけず出張手当をたくさんいただいて帰宅しました。生まれて初めて職場からいただいたお金でしたが、自分の家にいてこんなお土産までいただき、とても嬉しく両親に差し出し喜ばせたことを思い出します。

鉄道組は切符切りなどをしたそうですし、電話局組は交換手などをしたということで、私たち軍関係を希望した組は、いま思い出しますとろくな仕事もできず、無意味であったことを感じます。

私の一九四五年

川口千恵子

ハワイ奇襲攻撃で始まった太平洋戦争は、旧制高等女学校第一学年に在学中の一九四一（昭和一六）年一二月であった。当時は天皇すなわち「現人神《あらひとがみ》」であり、学校の式典で行う「教育勅語」の拝読に頭をたれ、御真影に対する礼拝は当然のことで、お国のため忠誠を決意したものである。

第四学年になると、春から合宿して田畑の草取りに始まり、秋には稲刈りと人手不足を補うための援農に、その合い間に学校で軍服の補修作業をした。また、旧旭川第七師団で鉄砲の油取りの作業をしていたとき、師団司令部にまわされて仕事をしたことがある。そのとき〝赤紙と台帳上の名前の読み合わせ〟のなかに、大学生のいとこの名前があって非常に驚いたが、軍の仕事の内容は家族にも秘密厳守との命令であったから、誰にもいえなかったことがある。

満足な学習もできない日々であったが、一九四五年一月よりいままでの短期間の動員と異なり長期学徒動員の要請がされた。旭川郵便局を第一次として鉄道工機部など次々と命が下り、私は旭川郵便局に決まった。各組から五名くらいで一部、二部全員で三〇名ほどの人員だったと思うが、確かな文書も残っておらず定かでない。

一九四四年度の卒業生で横須賀の海軍工廠に行った人がいて、友人とその勇気を羨望と崇拝の念で話し合っていた。しかし私にはその勇気もなく、父母も私の将来についての希望もあったが、食糧事情の悪さもあり、祖父母とともに自分の近くに置くことを望んだので、第一次の郵便局に志願した。

学校にくる数々の動員はどこから指令されていたかわからずにいたが、最近になって当時学年担任だった先生にうかがってみたところ、「校長から今度はどこに何名動員するようにと言われただけで、どこからきた命令なのかわからなかった」ということであった。私たちもただただその先生方の言葉に従ったのである。

旭川郵便局は四条九丁目（現在の拓銀ビル）の一角にあった。数棟の古ぼけた木造建築と石造の建物からなる。一月一四日から動員され、学生は各課に配置されて私は庶務課になる。ほかの三名とともに係も決まって非常に緊張した。

私の歳出係の仕事は、局員の給料の支給表を作り計算をして局内からの金銭を出す係で、出征中の職員は休職扱いとなり、留守家族に給料は支給されていた。物資不足で使用済みの封筒のうえにザラ紙を切って張ったり、裏返して作り直す、ザラ紙を張って使用したうえにまた張って使うなどはあたりまえのことで、紙が悪くペン書きでは見づらく毛筆であて名書きをしたものである。

局長は高等逓信所卒の若いけれど有望といわれた方で月給二〇〇円、女子職員で三六円から四六円ぐらい、私たち動員学生はなぜか五六円である（終戦後に残って職員になったとき、四〇円に下り三カ月後に四四円になったと友人より聞く）。この金額が他都市の動員学生と同じだったと聞いているので、一律に決まっていたのかと思われる。

三月になって卒業式があり、久しぶりに学校に出る。再会を喜び合い賑やかであった。しかし何か落ち着かない。学生ながらお国のために働いているという気持ちが強いのか、二カ月間で職場に慣れてしまったからか、学校に残っていた人と話が合わなかった。

卒業式も終わったが、専攻科として在席し引きつづき動員は終わらない。学校には当時、映画館、食堂の出入り禁止の規則があった。卒業したはずだが学生であり、働いていて学校で教えを受けていないのに月謝（六円一五銭）を払う、大変な矛盾である。せめて映画だけでも見られるように学年の先生に団体交渉した。後日、「映画鑑賞よろしい」との許可を得て話はすぐに伝わり、早速友人誘い合わせて映画見物となった。

六月四日からの北海道護国神社祭がくると、毎年更衣の時期だったが、その夏は冬のセーラー服を着用していた。白い夏服は空襲のときに目立つとの理由だが、緊張した生活のせいか暑くて困った記憶がない。

青壮年は戦場に、また学生・生徒も繰り上げ卒業や在学一年短縮など、徴兵適齢も一九歳に引き下げられている。一二歳から男は六〇歳、女は四〇歳までが徴用の対象となって、郵便局にも場違いな化粧の濃い女性や国民学校高等科の女子もきていた。七月一五日は旭川も空襲に遭うが「神国日本」であると教育を受けていたので、広島、長崎と引きつづき原爆が投下され敗戦の色濃くなっているにもかかわらず、私は父母にも、職場の方たちにも守られて、平穏な毎日であり、勝つと信じて疑わない日々であった。

そのころ家では再度の鉄製品の供出につづき、貴金属の供出命令があり、母の指輪が出されることになった。ダイヤが飛行機の部品に必要との話で、日常指を飾ることもなくタンスの引き出しにしまわれていた箱を出し、一個一個私は母と一緒に指にはめて眺めていた。母は女学校を卒業したとき父親が東京から買ってきてくれたという真っ赤なルビーの指輪を私の指にして、ちょっと考えて「しまっておきなさい」といった。二人は何か悪いことをしたように、私は母の顔を見て大急ぎでしまった。思い出のある数個の指輪も手元から離れたのだが、勝つための役にも立たず敗戦後も日銀の金庫に眠っていたとわかり、せつなく情けなかった。

敗戦の日は重大放送があると、局長室に庶務課職員とともに、私たちも最後部に並び玉音放送を聞く。しかしラジオの雑音がひどく「タエガタキヲタエ、シノビガタキヲシノビ」のお言葉で「国民みな頑張ってくれ」と天皇陛下自ら激励されたのかと思いながら、さっぱりわからない。終わって上司から「敗けたんだよ」と小さな声で教えられ、まさか！　と友人と顔を見合った。職員も私たちも一言の言葉もなく椅子に座り、これからどうなるのかの思いがいっぱいありながら、部屋のなかは空白状態がつづいたのであった。

出征中の職員も、近くの連隊にいた人から次々と復員してきて、お互いの無事を喜び合い局内も賑やかになってきた。動員は九月三〇日で解除になり、学生も職員として残ってもよいとの話があったが、私は多くの友人とともに九カ月間の数々の思い出を残して職場を去ったのである。

(3)　疎開

戦時中のこと

中里　孝子

一九四五（昭和二〇）年八月一五日、その当時、国民学校四年生だった私は、青森県黒石市に疎開していましたが、その日のことは、夏の暑い日だったとしか覚えていません。また国民学校とは、一九四一年に公布された国民学校令により、それまで尋常小学校といわれていたのが変わったものです。

一九四四年ころから学童たちの疎開が始まりました。疎開には、学校または地域などでまとまって、都会から離れた安全と思われる所に移る集団疎開と、親類などを頼って地方へ行く縁故疎開と呼ばれるものがありました。

私は弟と二人、東京から、父の実家である埼玉県川通村（現 岩槻市）の祖母の所に預けられました。埼玉県は東京のすぐ隣りですが、農村地帯のゆえか食糧も豊富にあり、戦争中とは思えぬほど静かでした。ただ一度、浦和の近くにあった中島飛行場が爆撃を受け、真っ赤に燃える火を、土手に立ってみていた記憶があるくらいです。B29は何度か飛行してきてキラキラ光る物を落としていきました。電波探知器だということでしたが、らせん状になったジュラルミンのようなものでした。

学校では供出する縄をなってくるようにいわれ、一人ずつの割り当て分を作って持っていったり、ひまわりの種は飛行機のガソリンにするとかで、みんなで植えたりもしました。

やがて一九四五年の三月九日から一〇日にかけての空襲で、東京もだんだん危険になり、それまで東京に残っていた母と一緒に、六月に青森へ疎開しました。

汽車に乗るときの上野駅の混雑は大変なもので、軍服を着た人に窓から乗せてもらったほどでした。青森駅に着いたときは、青森市街も爆撃を受けた後で、見渡すかぎり焼け野原、遠くの寺の塔がみえるだけでした。

まだ戦争がそれほどひどくならず、疎開も始まらないころ、隣組でよく防空演習などをやっていました。男性は国民服にゲートルをまき、女性はモンペ姿、みな防空ずきんを背負い、竹槍をつく練習をしたり、空襲で火災が起きた場合の消火作業（バケツに水を入れ手渡す）訓練をしたりしていました。

また学校でも、避難訓練とか、警報が出たとき、何分で自宅に帰ることができるかを調べるため、学校と家の間を走ったりもしました。その学校も、空襲で校舎半分が焼かれ、廊下などコンクリートと鉄骨がむき出しになった無残な姿になっていました。そのなかで、戦後しばらくの間、印刷されただけで手渡されたものを、各自で綴じて教科書にしたものなどを使い授業を受けたものです。

歴史を教えていただくようになって、いままで何気なく通りすぎてきた年月のなかに、実に重大なことがらが数多くあり、現在の自分が、そのなかで育ってきたのだというあたりまえのことを、改めて痛切に感じるこのごろです。

Cherry blossoms
Language of flowers ..... spiritual beauty
やまざくら

(4) 勤労奉仕

宿泊援農のこと

阿部　栄子

援農すなわち勤労奉仕は、一九四〇（昭和一五）年五月一日に興亜《こうあ》奉公日《ほうこうび》が制定され、当時小学校五年生の私たちにも援農奉仕が始まった。その前、一九三九年に英独が宣戦、第二次世界大戦に突入、大陸戦はいよいよ拡大、国民徴用令によって農家の働き手はしだいに少なくなり、戦争には第一の食糧、老人と女・子どもで食糧増産に励まねばならなくなり、父も母も半強制的に駆り出された。主食以下必需品は切符制の配給、庭の隅や軒下まで菜っぱを作る家がほとんどであった。私の生家でも何十年も経た松の大木が次々と切りたおされ野菜畑に、または防空壕にと変わった。

そのような急迫の最中、「紀元二千六百年」の式典は盛大をきわめ、日本国中津々浦々まで、日の丸の小旗で埋まったほどであった。このころの私たちの援農は近郷の農村に、田植え、除草、稗《ひえ》抜き、稲刈りなどそれぞれ一週間くらいずつ、子どもの私たちはたいして役立つほどでもなかったであろうが、泥田に入り草取りをしながらお米の大切さ、農家の人たちの苦労をしみじみ感じさせられた。

そうして「大東亜戦争」開戦援農二年目も終わり、一九四二年春女学校に入学、援農はぐっと時間的に延長され、また園芸が必修課目となり週二回（四時間）白半袖の上衣に黒のブルマー、ズック靴、白鉢巻といういでたちで、耕す者、モッコでジャリを運搬する者、肥桶《こえおけ》をかついでよたよたはねて悲鳴をあげるもの、か弱い乙女たちでも集団の力は恐ろしい。たちまち美しい芝生もテニスコートもみな畑となり、実りの秋に一人当たり配給された芋は一〇個くらいずつ。その他は料理の時間ともなれば芋はスイトン、南瓜《かぼちゃ》のパン等自らの手作りの味はまた格別。だが素手でとるキャベツなどの青虫取りのつらさは忘れられない。

一九四五年、終戦の年私は最上級の四年生であった。前年から各組五名くらい昭和炭山（留萌線）に動員されて事務をとっていた。

そしてこのころから本格的な宿泊援農が、雪どけを待って始まった。学年は二学級であったが、東京方面からの疎開組で、一学級が七五名近いすし詰め教室となっていた。虚弱者、農家の生徒以外、三、四年が二隊に分かれ、一隊は妹背牛《いもせうし》、一隊は沼田へ。私は七〇名の沼田の隊長として行った。四月末深川駅頭の壮行会では大勢の見送りの人々に決意と謝辞を述べ、男女二人の先生に引率され勇躍現地に向かった。

沼田ではまず神社に詣で戦勝祈願と決意を誓い、次いで宿舎にと向かった。宿は小学校につづいた青年の練成場一〇〇畳敷くらいの大部屋に各自持参の夜具を敷き、枕元に作業服を置いた。先生より明日からの生活日程などを聞き、緊張と親元を離れた不安とでその夜はなかなか眠られなかった。

五時半起床、六時ラジオ体操、つづいて朝食は五名くらいずつし、各農家に出向き八時くらいから作業開始。服装は制服（セーラー服）にモンペ。作業着は上衣にモンペ、胸に名札をつけ麦ワラ帽子をかぶった。お風呂は週二回、町の銭湯に指定された時間帯に行き、一〇名くらいずつ入浴。開放感の楽しさからときどきはしゃぎ過ぎ、銭湯からの苦情に先生から大目玉をいただいた。暑さと若さと労働の汗とで二回の銭湯は少なく、ことに当時はみな長い髪を二つに分けて耳のところで三つ編みにし、みづら（奈良時代の少年の髪型）のようにゴムで束ねていたので、むれてシラミが頭じゅうかけめぐり、櫛ですくとポロポロと落ちてきたものだった。

作業は水田、畑と各農家によって異なったが、私たちは軍馬飼料の燕麦《えんばく》畑であった。作業時間は八時から四時半まで、その間一〇時と三時に三〇分、昼食後一時間の休みがあった。月一度は町役場の二階を会場に、本州方面から来た援農の男子学生との交流会がもたれ、作業や作物についての疑問点など討論し合った。一日の労働を終え、休む前のひとときグループに分かれての布団座談会はとても楽しく、男子学生の品定めや噂話、そして男女の間のことなど乙女らしく胸を躍らせた。いま考えてもおかしなほど幼稚なものだった。責任者として夜中に一度は必ずねびえのないよう見廻りをしようと心に決めたら、寝坊な私でもその時刻になると必ず目がさめたのが不思議なくらい。疲れてぐっすりの寝ぞうの悪さは、もう大変なもの。

食事といえば、朝食は一汁一菜、昼食は出先の農家ですませた。ご馳走はなくとも銀メシご飯は十分いただけた。一〇時と三時には塩ダンゴ、塩おはぎ（砂糖が少々入っていたところもあったとか）をいただいた。夕食は煮魚におひたしぐらいであった。ときおり親たちからのさし入れは煎り大豆、チョッピリ砂糖かサッカリンで甘さをつけたもの、そのおいしさは当時としては最高のおやつであった。

ひと月ごと、中間報告に帰校したとき、校長先生が体がはれたのではないかと心配されたほど制服がハチ切れそうに太っていた。引率の先生は一カ月ごとの交替でそのつど歓送会があり、各班ごとに作業の休憩の時間に練習し、それぞれに趣向をこらした。ちょっとしたことにも楽しさを感じそれを喜びとした。

七月に入り暑さと連日の作業の疲れとでみなだいぶまいってきていた。あと数日と頑張っていた中ごろ、草刈りをしていた頭上を轟く爆音とともに一機また一機、思わず畑に伏せた、アッと思うまに飛び去った。後で聞いたことだが、それはB29およびグラマン機で留萌港を爆撃し、数名の死傷者が出たとか。いよいよ〝本道にも……〟いま、日本はどうなっているのかと不安にかられたが、まさか終戦が迫っているとは想像もつかぬまま、八月初め全員無事帰校した。

長期にわたる援農

島田ムツ子

一九四三（昭和一八）年の春、初めてひと月にわたる長期援農に出ることになった。農作業のことは、少しもわからない。学業を離れ、家を離れるのも初めて、すべてがお初である。

そう、あのときは軽い気持ちで畦道《あぜみち》に立たされていた。「除草機は、このようにして使いなさい」といわれるまま私は取っ手を、しっかと握り素足で田んぼのなかへ。足が「ぬるぬる」と地面にはまりこんでゆく感じがした。ふと見ると水面にはたくさんの大きな「くも」が泳いでいる。「あっ」と思う間もなく、そのくもがすい寄せられるように窪《くぼ》みのできた私の足もとめがけて寄ってくる。こんな驚きはいままでになかった。その恐怖はいまだに忘れることができない。私は必死で、そこから逃れようと除草機を押しまくった。

あたりの稲は、どうしただろうか、このありさまから察すると多分に迷惑をかけたに違いない。

一九四五年、秋、終戦直後のこと、また学業を捨てて私たちは援農へ出なければならない。敗戦のショックも手伝ってか重い気持ちである。考えてみれば戦争は終わっても人手のないのは同じだし、やっぱり援農は必要だったのであろう。

目的地へは夕暮れに着いた。そのせいか目の前の山が黒々と巨大であり、そして私の前に立ちはだかり、とても恐ろしかった。私はわけのわからぬ涙を流した。

合宿所は村の国民学校裁縫室。そこには畳が敷かれ部屋の真ん中に投げ込み式の石炭ストーブが取りつけられてあった。私たちはここから各農家へ仕事に出かけていくことになるのである。心なしかみな静かであった。

翌朝、ねむい目をこすっての身仕度である。私は母の着物で作ってくれたモンペと、綿入りチャンチャンコを身につけた。制服は、きれいにたたんでそれぞれが棚の上に置いた。さあ稲刈りに出発だ。炊事当番に送られて白い息をはきながら合宿所を出る。なぜか背の高い者と低い者二人組なのである。私たちは細々とはるか彼方までつづいている山あいの一本の道を、肩寄せ合ってそれでも元気に歩き出した。そして家の近い人から順に二人消え、四人消え、そして六人と次々にそれぞれ決められた農家へ手を振りながらすい込まれていく。

私は一番遠い村境いの家であった。稲刈りもなかなか難しい。見よう見まねで家人の後から、かなりおくれてついていく。痛くなる腰を伸ばし伸ばし、穂も落とさぬように。仕事はさっぱりはかどらない。けれどもありがたいことに頭上の太陽は少しずつ移動してくれる。気がつくとはや西のほうに。「さあ時間だから帰っていいよ」の声がかかる。するとこれが不思議、友ともう少し、もう少し、と作業意欲が急に湧き、心の中とは裏腹な行動をしたのである。まことにおかしい。

帰路につくとまたあの一本道、朝別れた友が点在する家の陰から急ぎ足で出てくる。長い一日が終わって長い道のりを合宿所へと急ぐ。みんなの口から急に合唱が起こった。

　夕空晴れて秋風吹く
　月影落ちてすず虫なく
　思えば遠き故郷の空
　ああわが父母いかにおわす

炊事当番は朝が早い。朝食は一汁一菜、丼一杯の麦ご飯。労働のせいかやたらとお腹がすく。昼食は農家で食べさせてもらう。私は麦ご飯が苦手であったので昼食が楽しみであった。それは豆のたくさん入ったご飯であったが、空腹も手伝ってとにかくおいしいと思った。私は遠慮ということを知らなかった。四、五杯もお替りをしたであろうか。それでも茶碗に山盛りついでくれる。ありがたく思った。

あるとき、誰かが合宿所の窓越しに収穫の終わったトウキビが、長い茎そのままにまとめられて、畑のすみに立ててあるのを見つけた。そのなかにまだ取り残しがあるらしい。誰が最初に交渉したのかわからない。とにかく夕食後の自由時間に小遣いを出し合って買ってきて焼いて食べた。そのうち馬鈴薯も買ってきた。大きなストーブの前で、誰かが長いデレッキ（灰かき棒）でロストル（網状の台）をゆする。火花を散らしながら赤い灰が「さらさら」と下へ落ちた。灰の中にはすでに各自の「芋」が埋められている。大小あるが、それでも他人の「芋」とは間違いはしない。世話やきの動く手許を生つばを飲んで見守った。あの固いトウキビも、口の中でじゃりっとする生焼きの「芋」も、最高においしかった。

ただこのように食い気盛りで飢えているような状態のなかに、その輪のなかに入らない友がいた。これはまさに尊敬に値すると思う。だが、「がやがや、わいわい」することによって、疲れや寂しさが緩和されたのは間違いないのである。里心のついた弱虫な私のような友も多かったに相違ない。しかし先生も黙認してくれたのであろう。
そんなある日、兄が突然合宿へ来てくれた。その日は雨だったのか全員が部屋にいた。訪れてくれる人のいないなか、みんな我が身内でもあるかのように喜び迎えた。ここは駅からかなりの距離があり、「てくてく」と歩いてくるしかない所である。その労のねぎらいの言葉より先に、早速手に提げた風呂敷包みを解いた。

重箱が幾重あっただろう。大きな「ぼた餅」がぎっしりと詰まっていた。歓声が上がる。どのくらいみんなにゆき渡ったのやら、そんなこと憶えていない。甘いも辛いもない。食べ物を前にして目の色も変わったことなのであろう。ゆっくり味わって食べるゆとりがなかった。一気に飲み込んでしまったのだから。

いま振り返って見て苦しかったことなどあったのだろうが、あまり思い出せない。ただ一〇月も末ごろになって初雪がきた。一面真っ白。稲にかかった雪をはらいのけながら、たおれた稲を刈り取った。冷たいよりも「あかぎれ」のほうが痛かったのを覚えている。

それと、一〇月といえば紅葉の時期である。周囲を山々にかこまれているにもかかわらず、なぜその美しさを思い出せないのであろう。それがまことにせつなく悲しいのである。

Trichosanthes cucumeroides

からすうり

(5) 日々の生活のなかで

私と戦争

榎本　桂子

私が小学校に入学した年は、忘れもしない一九四一(昭和一六)年、太平洋戦争が勃発した悲しい年でありました。また、この年は、小学校が国民学校と呼称変更になり、ますます軍事色が濃く前面に押し出されつつある年でもありました。

翌二月、戦況も順調に進み、シンガポールが陥落し、国を挙げての祝賀会があったそうです。その祝い酒に酔った男性が燃えさかるストーブを倒し、我が家も類焼の憂目にあいました。我が家は三人家族でしたが、父は「満州」へ召集され、母と二人だけの生活でした。母は家を守るため、私にランドセルと大切な書類を持たせ、近くの親戚へ走らせたのです。怖さと寒さでいつまでも震えが止まらなかったのをいまでもはっきりと憶えております。そのシンガポールの占領によってゴムまりが配給されたのです(いままでゴムまり等は店頭から姿を消していた)。白いゴムまりを手に、悲しさと嬉しさが交叉し複雑な思いでした。

また登校の際には、町内ごとに一団となり、上級生が下級生を引率し、防空頭巾《ずきん》を背に通学するのです。上級生はつねに「教育勅語」や歴代天皇名を暗誦しているのです。「私も高学年になったら同じことを……」と思っていたのですが、覚えることもなく終戦を迎えました。

旭川が空襲の洗礼を受けたのは、五年生の一九四五年七月一五日のことです。母は家に残り、私だけが近くの防空壕に入りましたが、凄い轟音《ごうおん》、そして射撃音に生きた心地がしません。壕の中はすべての宗教のお題目を唱える人たちの声で、いっそう恐怖感が募るのです。後で知ったのですが、空襲のさなか、近くの目の不自由な老人が壕を探して歩き、低空より機銃掃射を浴びたため、とくに近所一帯の轟音が激しかったようです（老人は無事でした）。

その日のうちに私は疎開すべく東旭川行の電車に乗り、車窓より被爆したパルプ工場を目の当たりに見ました。いままで遠くにあった戦争を身近に感じ、改めて戦争の恐ろしさをはっきりと知ったのです。

疎開先には、すでに祖母や叔母従姉らが農家の納屋を借りて住んでいました。電気も水もなく、暗くなると布団に入り、明るくなると少し離れた泉に湧き水を汲みにいくという生活でした。そのなかで家族と離れ、居候する辛さ悲しさも経験しましたが、農家に援農に来ていた学生さんも同じらしく、励ましてくれた思い出でもあります。

ラジオもない生活のため、敗戦は数日経て知り、子ども心に日本は負けるはずがない、もし敵が上陸してきたら縁の下に隠れて竹槍で倒すのだと真剣に考えました。でも敗戦は事実で、またもや旭川の学校へもどりましたが、教育制度が大幅に変わり、女学校を受験することなく、新制中学一年生となったわけです。高校の修学旅行も復活第一号で関西まで、お米持参で行くことができました。

大きな犠牲のうえで街のなかは日一日と平和になり、それも三十有余年もつづくと平和にも馴れ、ありがたみも薄れ、またもや憲法改正、軍備増強等と新聞を賑わせております。我が子、そして孫を戦場に送ることなく、平和な世界を望むのは、もはや無理なことなのでしょうか……。

（「会報三号」より）

白茶けた青春

高橋　栄子

「歴史を学ぶ母の会」も、私たちが経たいちばん悲惨な時代の学習に入っています。当時は隠されていた真実を学ぶほどに戦争のむなしさが蘇ってきます。

当時、私は青春の真っ只中にいました。食糧難もさることながら日用品の不足で、いまでも思い出すのは髪を洗うにもシャンプーがなく、「魚油石鹼」で洗ったら、髪がすっかり白茶けてしまい、思わず泣いてしまいました。いまでいう生活の知恵で祖母がふのりを煮て、その液で丹念に洗ってくれ、元にもどるのにずいぶんかかったように思います。貴重なふのりを戦時とはいえ、年ごろの私の洗髪用に苦心して確保してくれた祖母が、パーマの時代になっても、黒髪は、女のいのちとばかり断固として許してくれなかったことが恨めしかった。

いまは生まれるとすぐ良質のシャンプーを使う若い人たちのつややかな髪が、私なりに平和の象徴を見る思いがします。


（「会報七号」より）

食べものの思い出

高木　絢子

戦中戦後の食糧不足は、北海道の片田舎でも例外ではなく、人々は食べることの心配から一日が始まった。お米や醬油、砂糖は配給であり、それも十分にはあたらない。

私の家は旭川に隣接する小さな田舎町であったから、わずかばかりの畑で作物も作れたが、自給自足にはほど遠く野菜にも不足した。道端のたんぽぽや、あかざの葉など食べられるものを探して歩くのが子どもたちの遊びの一つであり、それらを採って持ち帰り母親を喜ばせるのが楽しみでもあった。

また近所の子どもたちと川へ遊びにゆき、泳いだりどじょうやかじかをすくったり、河原の石をひっくり返して虫をつかみ、エノコロ草にしばりつけて釣をしたりした。パケツや空き缶に、それぞれ収獲物を入れ一列に並んで帰る。途中ぶどうの蔓《つる》を取って皮をむいて食べたり、野苺を摘んで食べたりしてすきっ腹をまぎらわせた。どじょうやかじかは、そのころどこの家でも飼っていた鶏の餌になったり、その日の夕食の卓にのったりして、子どもたちの遊びも食べ物につながっていた。

当時小学校一、二年くらいの私でもいかに食べ物がないかを強く感じていた。毎日の食事はいつも馬鈴薯や南瓜ばかり、ご飯といえば数えるほどの米粒と、あかざの葉やいもの入ったゆるいお粥、すきっ腹にはそんなものでも食べられるだけよかった。

しかし、いまだに記憶に残っているひとつの情景は、四〇年近く過ぎたいまでも忘れられない。それはある日の昼食時、すいとん風に作られたものだったと思うが、米糠《こめぬか》団子がでた。いま考えてみると米糠だけでは団子にかたまらないから、いもがまざっていたのかも知れない。それは口に入れただけでざらざらとしていて、とても喉を通るものではない。私はそんなものでも食べなければならない状況だということを、子ども心にもわかっていたから、目をつぶって飲み込むようにして食べた。私と五歳ちがいの妹は、お腹がすいていても、どうしてもそれが食べられなかった。母はきつい顔で、「食べないと死んでしまうから食べなさい！」と叱った。幼い妹は私にしがみついて泣いた。そのまずさは私もよくわかっていたから、妹が食べられないのは無理ないと思い、可哀想でしかたがなかった。私も一緒に泣いた。母も泣いていたかも知れない。生きていくためにはそれを食べさせなければならなかったのだろう。

このように当時五人の子どもを抱え、一家七人の食糧を確保するにはずいぶん苦労したという。

田も畑も、土地を持たないサラリーマンの家庭では闇米に頼るしかなかった。買い出しに行った母は厳しい取り締まりを避けるため、お米を入れた布袋を紐《ひも》で赤ん坊の形にしばり、ベビー帽をかぶせて背負い、ねんねこを着て、あたかも子どもをおんぶしているようにして帰ってきた。混んでぎゅうぎゅう詰めの電車のなかで押されながら、泣きもせぬ赤ん坊に不審をいだいた乗客もいただろうと、帰ってきて話す母の知恵に感心したのを覚えている。

またあるときは、闇米をやっと買って家近くまで来たとき警察につかまり、なんとか見逃してもらったものの、ねじあげられた腕の筋は四〇年経たいまも痛むという。法や規則よりも生きることが先決の時代であった。

ある木材会社の社長は、鋸屑《のこくず》小屋に闇米を埋めていたと聞く。いま考えると滑稽な行動も当時は真剣であった。

戦争、あのころのこと

野津智江子

一九三二（昭和七）年「満州国」成立、日本は侵略への確実な足がためをつくった。この年の暮れ、私は生まれました。一九三九年、愛別《あいべつ》尋常小学校入学。翌年九月、日独伊三国同盟調印。世界戦争への坂道をのぼり始めたのです。

この年、国民への景気づけの祭りの「紀元二千六百年祭」が行われました。学校では毎日、「紀元二千六百年、ああ一億の胸は鳴る」と練習の唱歌が響きました。一一月一〇日、その日は村長を先頭に、村をあげての提灯行列が行われ、その賑やかさは、いまでもありありと思い出されます。

一九四一年一二月八日、太平洋戦争突入。真珠湾攻撃、シンガポール占領、フィリピン、グアム島、ジャワ島、マニラ占領。次々と報道される戦勝ニュースに誰もが酔いしれていったのです。「一億総火の玉となって」とか、「欲しがりません勝つまでは」とかいって、家々にある鉄瓶やアルミニウムの弁当箱など供出しました。軍艦や飛行機になるとのことでした。やがて出征兵士の家もどんどん増え戦死の公報も次々と入り、悲壮な戦闘ムードのなかで、四年生になりました。

　受け持ちの先生は、当時の時局にぴったりの大和撫子《やまとなでしこ》でした。そのため何事にも熱心で、とくに長刀《なぎなた》の時間はきりりと鉢巻を締めて、良く通る声をはり上げ、全身生きいきとして美しくさえありました。「戦地では兵隊さんが戦っているのに」といわれながら、毎日のようにクラスの誰かがビンタをはられたり、廊下に立たされたり、バケツに水を入れたのを持って立たされたりしました。女子ばかりでとくに悪童などいなかったのに。

　悪童といえば近所に大変ないたずら坊主の町田忠義君がいました。食糧難の時代によその畠の大根をぬいたり、トウキビをもいだりしたのです。町田君のお父さんは木工場で働いていました。直径五〇センチもあるような丸太がどんどん切られ、たちまち板や角材になるのです。そこで出るオガクズ（家庭燃料になる）を工場が引ける夕方、カマスに入れて背負って家へ運ぶのを手伝ったりもしていましたが、その町田君が工場で丸太を切る鋸《のこぎり》に服が引っかかり巻き込まれて大怪我をしました。そして助かる見込みのないまま、見守るお母さんに笑いかけ、（戦争映画のなかの兵士のように）天皇陛下万歳、と叫んで死んだのです。

　このことがあってから、いたずら坊主が、立派な日本男子と評判になりました。こんな小学生にも忠誠心が植えつけられていたのです。

　このころ、私の父は在郷軍人であり消防団員でもありました。銃後の守りは引き受けたとばかり公務に励んでいました。祖母は「お国のためかは知らんが、雀の涙のお手当で、家族は食べんでいよというのか」とこぼしていました。母は乳飲子を抱えていたので、六〇を過ぎた祖母ひとりが、家業の商売をしておりました。絹は統制品、すべての物資が不足の折、売買する品はなく、木綿糸や晒《さらし》など配給で、切符をもって来る人にだけ売っていました。

　そのころになると都会の人々の大切な着物や帯も何

ほどの価値もなくなり、それでも食糧を得るため手ばなしたのでしょう。高価な品ほど売れないなかで、芯《しん》地《じ》がしっかりしている帯は引っ張りだこでした。山子《やまご》といって造林に従事する人のズボンになるからでした。

冬になると大きな丸太を何本も馬そりに積み、太いくさりでしばり、その馬にムチ打つ姿を見かけたものです。羅紗の乗馬ズボンを穿きゲートルを巻いていました。羅紗不足にともない綿の芯地を利用したのでしょうが、できあがったものは見たことがありません。

そうしたある日、祖母は仕入れ先の旭川から朝鮮青年をひとり連れて帰ってきました。職もなく食べるのに困っていたとのこと。「家族が食べるにことかいているのに」と母はこぼしておりましたが、一年近く家にいて、祖母の荷物を運んだり、外まわりの仕事などをよく手伝っていました。とても真面目な人だったので、戦後は村の女を娶《めと》らせ仕事にもつけたそうです。

一九四五年、敗戦のその日、陛下の玉音放送を家族みんなで聞きました。私には難しい言葉が多く、わからなかったのですが、父がだんだんうつむき、放送が終わると、「日本が敗けた」と言って泣いたので、やっと事の重大さを知ってはかり知れない不安を覚えました。

しばらくして家業に身を入れ出した父は、物さえあれば何でも売れる時代を迎え、たちまち大荷主となりましたが、ある日在日朝鮮人の暴動が起こり、父の全商品を持っていかれました。「戦中あんなに朝鮮人の世話をして、とかげ口を聞かれながらしたことへのお返しとはあまりにひどい」と祖母は泣きました。私たち一家は敗戦の日の暗雲をまた見たのでした。

父に赤紙がきた日のこと

阿部　麗子

一九四四（昭和一九）年上士別村、両親が結婚生活一二年で子どもが三人。家族五人、田んぼ四町四反。

家も建て苦労も実り、ようやく豊かな生活にさしかかろうとしていたころ、「大東亜戦争」も激しくなってきました。父は兵隊に取られることを察して、やむなく土地と家を手放すことになりました。

二月はじめ旭川の兄を頼りに引っ越してきた父は、国策パルプ工業に勤めることになりました。父は三六歳、母は三二歳、長女の私は五年生、妹は二年生で大成小学校に入りました。田舎の学校の一クラスに比べて、五クラスもあり、音楽室、理科室、家庭科室と学校の広さに驚きました。勉強するよりも、防空壕掘りをやり、町内でも同じで、父が家の前に大きく掘ってくれました。

当時の服装は、手編みのセーターに母の着物で作った縞《しま》の胸あてズボンです。胸には白い布に住所、氏名、血液型を書き入れて、右の肩には綿入りの防空頭巾《ずきん》を提げ、左の肩には、大豆、乾パン、薬、包帯などを入れた白の帯芯で作った袋を肩からかけての通学です。体操の時間は、はち巻をして長刀の稽古、エイ、ヤー、ツキー、面、胴、大声で厳しく稽古をしました。また、信号旗練習もおそわりました。勉強中、空襲警報発令と聞くと身支度をして防空壕に避難しました。

家でも空襲警報発令と聞くと、カーテンを張り、電球には布地を被せて外に光がもれないように十分に注意しました。窓ガラスには、白い紙で十文字に張り、さらに、爆撃のために少しでも被害を受けないように、母と紙をばってんに切ってのりづけをしました。町内の人たちは、バケツに水や砂を手渡しで火を消す練習をしたり、竹槍も使いました。当時は品物もなく、わりあての券で米、砂糖、魚、野菜、軍手、晒《さらし》、タオル等の配給を受けました。

雪も消え桜の花がほころびる五月一〇日に、父に横須賀海軍兵として召集の赤紙がきました。出発前夜、親戚の人たちがきましたが、私はこの日から胃が痛み床についてしまいました。代わる代わる心配そうに枕元にのぞきにきました。当日父は、家を出る前に親戚の人に「よろしく頼みます」と、言葉を交わしました。

母にも「留守頼むよ」といい、私と妹たちには「お母さんのいうことをよく聞くように」と、父は頭をなでてくださいました。大きな厚みのある暖かいぬくもりでした。黙って頭を下げ、うなずきました。言葉にはならなかったです。

父は国民服に身をかため、肩からタスキをかけてみなさんの前で「お国のために行ってまいります」と敬礼をしました。「巻口修一君万歳、万歳、万歳」との声に、父は深く頭を下げておりました。日の丸の旗に送られて、その後ぞろぞろ駅に向かいましたが、私は胃の痛みがひどく床につきました。

このころ母のお腹には、子どもが宿っておりましたが、生活のため夜遅くまで非常箱の仕事で、隣りの部屋で紙を張ったり、トントンと、釘を打ったりして、その音を聞きながら私たち子ども三人は眠りに入りました。

父は兵隊に行く前に農業で使う道具と交換に、食べ物を分けていただくことをお願いしてくれていました。母は大きなお腹を抱えながら、夜遅く永山《ながやま》に私と一緒にリヤカーを引いて、スイカ、トマト、トウキビなどをいただいてきました。秋遅くにも何回となく分けていただき、食糧として大変助かりました。

一〇月一二日、学校から帰ると、親戚の叔母さまがきておりました。流し（台所）仕事をしながら「男の赤ちゃんができたわよ」といわれ、部屋に行くと、母の横に赤ちゃんが寝ていました。我が家では三人娘ばかりのところに男の子が生まれ、大喜びで家じゅう飛びまわりました。

母は床についているので、「麗子、お父さんに名前を何とつけてよいのか手紙を出してちょうだい」といわれて、さっそく便りを書きました。今日か、今日かと返事のくるのを待ちました。二週間がたち届け出の最終日になりました。三時ごろ母と相談をしていくつかの名前から、進にしようと決めて市役所に行く準備をしているところに、郵便屋さんがきました。父の返事でした。急いでハガキを読むと、名前は勝雄とつけるように書いてありました。

母は「いい名前ね」といいながら横に寝ている赤ちゃんをだっこして、「あなたの名前が決まりましたよ、勝雄ちゃん」。私も妹も代わる代わる「勝雄ちゃん」と、小さな手に握手をしながら呼びかけました。勝雄ちゃんは笑いました。

私も安心して印鑑を持って市役所に弟の名前を届けに行きました。日本が勝つように名前もあやかったのです。三日前から母はお乳が出なくなり、困っていましたが、その夜からお乳が出るようになりました。父の便りに安心したのでしょう。

やがて、戦争がますますひどくなり、田舎に疎開することになりました。五月はじめ、伯父さん家族とともに上士別《かみしべつ》に引っ越しをしました。山の麓の大きな家です。家畜には牛が一二頭、馬が三頭、豚、めん羊、うさぎ、鶏とたくさんいます。九三歳のおばあちゃんがいまして、子どもは一一名の子だくさんで表彰されたお宅です。そのうちの二人が戦地に行っておりました。そこに八名がおしかけました。東京からは、明治大学の学生二名が泊り込みで援農にきていました。

家族のみなさんは、男も女も、仕事の分担をしながら朝四時に牛乳をしぼり町に配達する人、家畜に食べ物を与える人、牛を山に連れていく人、女の方は食事を作る人、洗濯をする人がいました。食事も四回にわたって食べました。

春一番には山にこぶしの花が咲き、桜も咲くと学校の生徒は遠足に行きます。春先に食べるアイヌネギは、ゆでて酢味噌あえにし、コゴミ、ぜんまい、たらんぼの実はごまあえ、わらび、ふきは冬に食べるために大きな桶に漬けて涼しい所に保存します。

小川のそばの大きな木の下に流し台があり、お天気の良い日は外で食事の用意です。川でお米をといだり、野菜を洗い、いも、だいこん、にんじん、いんげんを入れ、煮こんでおろしぎわに牛乳を入れますと、とってもおいしいのです。大きな土のかまどからお鍋が下ろされ、お姉さん方が準備します。私も手伝いました。

母も田んぼに畑にと働きました。

私たちは、農家の男手のないところに学校から田植に行きました。学校からの指導でイタドリの葉をかわかすと、これがタバコの葉の代用になることも知りました。クローバーの種は戦場で馬のえさになるため、種を空地に植えたりして、学校にできた種をたくさん取って役場に持って行くと、その代金が貯金されました。

田舎でも防空壕を掘るようになりました。一九四五年七月一五日、旭川にもB29およびグラマン機の空襲被害があったことが、ニュースで流れました。

八月一五日、ラジオから流れる天皇陛下の戦争終結詔書の言葉にびっくりしました。今後アメリカは、どのような手段でくるのかと、おそろしさと、不安な気持ちでみながやがやとささやき合いました。

九月の末、橋の向こうから復員兵の姿が見え、背には大きな荷物をしょっていました。八名の子どもたちが、誰だろうと走り寄りました。「叔父さんだ」という声。妹が「お父さんだ」と父の手にぶらさがりました。私も目を見開きました。「お帰りなさい、お父さん」。父は、日焼けした顔に笑顔でうなずきました。私の背に弟がおぶさっています。父は「勝雄だね」と、そっと手をさし出し握手をしました。私は稲刈りしている大人たちに、お父さんが帰ってきたことを知らせに行きました。

その日は、早目に仕事を切り上げて、叔父、叔母、お姉さん、母たちとお祝いの赤飯を炊いたり、おにしめを煮たり、枝豆、スイカ、トウキビなどを用意し、夜は賑やかに食事をしました。その夜は遅くまで、父はいろいろなことを語りました。「何度となく敵の攻撃に会いましたが、無事復員することができました。みなさん、留守中お世話になり、ありがとう」といいました。

おばあちゃんも「よかった、よかった」と手に手を取って喜び合いました。父が持ち帰った物は、毛布三枚、ハンゴウ、アルミの食器などでした。

母はどんなに嬉しかったことでしょう。私はそっと外に出ました。夢じゃないかと疑いました。夜空には星が出ていてこおろぎが鳴いていました。

父がいまここにいる。現実に父のたしかな声を耳にして涙が頬につたわり、嬉しさをしみじみとかみしめていました。

えんれいそう

(6) 旭川地域で

強制疎開と旭川空襲

表　敬子

一九四一（昭和一六）年一二月八日、真珠湾攻撃に始まった第二次世界大戦も戦況が激しくなるにつれて、経済統制の政策がますます強化され、生活必需品はほとんど配給制になりました。このような戦時色のなか、私の家は旭川市二条四丁目の住宅密集地にあり、古い木造住宅で、隣には市場がありました。そのために建物の強制疎開に遭いました。それは一九四四年一二月半ばのことで（一二月いっぱいには立ち退かなければならなかった）十数軒がその対象となりました。

暮れも押しつまり両親は代わりの住宅を捜すのに大変苦労をしたそうです。やっと住宅がみつかり、一二月二七日に三条一九丁目に落ち着くことができました。学校は冬休みだったので、三学期からは電車で青雲国民学校に通うことになりました。「青雲国民学校は、昭和一九年一月二十八日防空模範学校に選定され」(『旭川市史』より)、一九四四年八月二四日に学校待避壕整備により、学校の校庭に防空壕掘りもしました。それは五、六年生以上の男女で校庭の周囲に縦二メートル、横一メートル半、深さ一メートルの穴でした。

先日、建物の強制疎開のあとの二条四丁目に行ってみたところ、隣の市場は道北バスの事務所に、また家の壊された空地はバスの青空車庫になっていました。

やがて一九四五年六月二七日(水)午前一一時一二分から午後一時一五分まで、米国の偵察機が飛来しました(月日、時間は『東高校五十年史』より)。偵察機が飛来して二〇日近くたった一九四五年七月一五日(日)午前七時三〇分ころだったと思いますが、警戒警報が発令になったので、父は会社(合同酒精)に行きました。そのとき、ものすごい轟音《ごうおん》がするので空を見上げると、すぐそこまで米国機(B29およびグラマン機)が頭上にきていたので、私たち家族は急いで家の横の防空壕に入りました。

父は会社に行く途中でB29およびグラマン機の機銃掃射に遭い、松林のなかに逃げ込んでかろうじて「いのち」が助かったそうです。

このとき合同酒精(敗戦後、父から聞いた話によると、会社は軍需工場になっていて、ブタノールという飛行機の燃料を作っていたそうです。原料はとうもろこしだったとのこと)は、機銃掃射だけですみましたが、国策パルプ工業株式会社(通称パルプ)には五機編隊で地上には機銃掃射を浴びせながら、大きな建物めがけて爆弾が落とされました。

このときの様子をかつてパルプに勤めていた方に聞いたのですが、爆弾が落とされたところは、目標が狂ったのか、チップのたくさん積んである建物だったそうです。パルプはそのとき軍需工場になっていて、飛行機の燃料のアルコールを作っていたそうです。その燃料を作っていた建物には被害がなく、機械類は助かったとのこと。

爆弾が落ちたときにチップの山が燃えあがり、それを消すためになかに入った二、三人が怪我をしたそうです。パルプに爆弾が落ちたとき私は三条一九丁目にいて、防空壕に入っていたのですが、ものすごい轟音が響いてきました。私の家からパルプは北の方角に見え、パルプはもうもうと炎上しており、紙の燃えがらのようなものが風に乗って飛んできました。

そのとき一七歳だった夫は、五条一六丁目でやはり防空壕のなかにいたそうですが、機銃掃射の音が背中のほうから「ブス、ブス」と迫ってきて、生きた心地がしなかったと話していました。それからまもなく空襲警報が解除になり、家にもどり、みなで無事を喜びあいました。

後で知ったことですが、北海道は七月一四日に空襲があり、引きつづき一五日には太平洋沿岸一帯、日本海沿岸の一部、オホーツク海沿岸の一部が無差別の空襲に遭い、根室は全道一の死傷者が出、根室に次いで釧路でも多数の死傷者が出ましたが、旭川は幸いにも死者はありませんでした。

旭川が空襲に遭ってから一カ月後の八月一五日に終戦になりました。ちょうど夏休みのことで「玉音放送」（戦争終結詔書）を父は会社で、私は母、祖母、弟と一緒に聞きました。私は六年生であまり意味がわからず放送が終わってから母に聞きました。「日本は戦争に負けたのだよ」と教えられ、悔しくて涙が止まりませんでした。少し時間がたち落ち着いてから、母たちとこれからの日本はどうなるのかと話し合いました。数日後には街にいろいろな噂が飛び交っておりました。それは「アメリカ兵が上陸してくる、いやソ連兵が上陸してきて、女、子どもまで危害を加えるそうだ」というたぐいのもので不安な毎日でした。

私の家では戦争が終わった日から二、三日後に、今度は知人のお世話で街の中心街に近い三条五丁目に引っ越しました。

敗戦後は戦時中よりもいちだんとひどい食糧不足となり、その他の生活必需品も極度に不足しました。こんななかでの食糧の配給は、とうもろこしのひき割り、コーリャン、粃《シイナ》の粉のだんご（稲の実の入らないものを粉にして、それに少しの澱粉を入れてだんごにしたもの）などでした。シイナの粉のだんごはあまりにもひどいもので食べられませんでしたので、二階の窓につり下げて干しておいたのですが、朝になったらありませんでした。食糧事情はこのように逼迫《ひっぱく》しておりました。

一九四五年九月二三日、旭川にも米軍が進駐してくるという街の噂どおりに、「ハミルトン大佐」一行が事前調査に来旭し、一〇月六日には進駐してきました（月日は『旭川市史』より）。

終戦間際になって、現在の緑橋通りの八丁目側建物が一条通りから八条通りまで強制撤去になり、戦後はその跡地に引揚者や、戦災者の青空市場ができました。これは戦後の一時期をいろどる風景であり、市民はこれを闇市《やみいち》と呼んでいました。そこで売られる品物は市民には欠かせないものでした。その闇市も一九四八年代から取り壊しが始まり、一九五三年ころには最後の建物が壊され、その後現在の緑橋通りが完成しました。

旭川空襲のころ

松本　高子

一九四五（昭和二〇）年三月一日、硫黄島の日本軍全滅、三月一〇日東京大空襲と、しだいに戦況が不利になりつつあった三月末、私は旧制女学校四年を卒業、歩いて二〇〇メートルほどの化学肥料を作る昭和電工株式会社へ、徴用を逃れて就職し、物資不足とはいえ両親のもとで幸せに暮らしていました。

工場には二〇人くらいの朝鮮の若い男性が働いていて、少々の怪我にも、大声を出し泣き叫ぶ様子を、不思議さと驚きで見ていました。「強制連行」を学習して、思い出すのは言葉の通じない遠い北海道まで、親兄弟と別れて連行されてきていた人たちだったのではと思うと、悲しそうな泣き声と重なって胸が痛みます。

旭川が空襲を受けたのは七月一五日、日曜日の朝のことでした。無気味なほどの静かな空の向こうからゴーッという音、「早く防空壕へ」と叫ぶ父の声に、私は一〇歳の弟、七歳、三歳の妹を連れて飛び込み、もう一度母が縁側に出してくれた布団を引きずって(蓋《ふた》をすることができず)入った途端でした。

ズドーンという地響きとともに、キーンキーン、ブスンブスンと防空壕に盛った土に突きささる機銃掃射の音に、頭から布団を被って息をこらしていました。小さな妹も泣くこともせず、じっとしていました。何分くらいだったのでしょうか。

壕の入り口が飛行機の進行方向である東側であったためか、蓋をしてなかったうえ、会社から三〇〇メートルほどのごく近い社宅だったのに無事だったのは本当に幸いでした。あの高い煙突の一本に大きな穴があき、製品の紙や、原料のチップ(丸太を粉砕した木片)などが燃え出したのです。

飛行機は当時の旧旭川第七師団(現・陸上自衛隊第二師団)のあった北西方面から飛来したようで、警報が解除になると、隣組の人たちは東旭川や永山方面の農家へと自転車やリヤカーで、布団、行李《こうり》などを積んで疎開しだしました。我が家は行くところもないまま、再度の空襲におびえていたところ、知り合いの坂本さんの小父さんが、裸馬に乗って「とにかく家においで」といって来てくださったので、食糧だけ持って永山一丁目の石北線沿いの道路から二〇〇メートルほどの農家へと疎開することができました。

黒煙のなか、赤い火も見えて燃えつづける工場を、これからどうなるのだろうと思いながら、夕方まで呆《ぼう》然《ぜん》と眺めていました。その夜は着のみ着のまま戸を開け放した真っ暗な部屋で休みました。目標の工場から少しだけ離れたという安心感はありましたが、恐怖と興奮のため、なかなか寝つかれませんでした。

同時刻の空襲で現在の合同酒精、旭川ガスも、機銃掃射の被害を受けたということです。社宅では相沢さんのおばあさんが、怪我をしたということを聞きました。

二〇日ほど前の六月二七日午前一一時一二分から午後一時一五分まで、米国の偵察機が飛来しているという記録が、『北海道道立東高校五十年史』に記されていますが、私は覚えていません。

一九四五年七月一四日、四時五六分より翌一五日にかけて大編隊をもって、函館をはじめ道内各地を襲い、根室、釧路では、たくさんの死者を出す被害があったことを、北海道空襲の記録『ハマナスのかげで』を読んで改めて知りました。旭川の空襲は敵の機動部隊艦上機五機による爆撃であったと、『北海道立旭川東高校五十年史』に記録されていますが、はっきりした時間はわかりません。

日華事変を契機として、日本経済も自由経済から戦時統制経済に急施回し、この体制化のなかで、北海道の各地には多くの軍需工場が設置され、一九四四年に工業統制組合ができ、国策パルプ工業株式会社（現山陽国策パルプ）をはじめ、各工場が軍需工場として操業を開始していましたから、そのために旭川も空襲の目標になったのでしょう。

戦時体制は一九四一年一二月八日を期してかなり敏速に浸透していったようで、天気予報、気象報道が中止され、翌年には、『旭川新聞』ほか道内日刊紙は統合され、そのためか新聞などにはほとんど報じられず、正確な記録は見あたらず、はっきりした時間などはわからないのです。

沖縄の日本軍も玉砕し、戦局はますます緊迫し、旭川にまでおよんだ空襲の恐怖が去らない七月末のある日、職場にいた父が、そのまま憲兵隊に連行され、連絡のないまま帰らないという何日かがありました。軍需工場だったため、資材の横流しか、何かの疑いがかかったようです。灯火管制のなか、繕《つくろ》いものなどしながら、じっと堪えていた母の姿が思い出されます。

父は大きくはありませんが、色白で骨太のがっちりした体格で、几帳面で曲がったことの大嫌いな明るい人でしたので、信じられませんでした。顔や肩、背中にたくさんの打撲傷を受けて帰ってきたときの驚きと、もどってきた喜びは、憤りに変わりました。このときの後遺症のためと思っていますが、一一カ月後の七月六日、四一歳で亡くなりました。

間違いだったということで、その後父の仕返しを憲兵隊では怖れていたと、戦後になり聞きました。技術屋だから召集令状がこないのだということで、日夜仕事に精を出していたのに、とんだ落とし穴で、平和になった喜びも、束の間の幸せも、一瞬にして崩れさり戦中より戦後の地獄のような年月は、「人権無視」の戦争の犠牲であったように思えてなりません。

参考資料『旭川市史』、『旭川東高校五十年史』

(7) さまざまな体験

「満蒙開拓戦士」との触れ合い

上野えみ子

毎年終戦記念日には、思い出す私の青春の一頁です。満蒙開拓青少年義勇軍内原訓練生が、鷹栖《たかす》の奥にきていました。一九四三(昭和一八)年七月のことです。世の中は、「月月火水木金金」「欲しがりません勝つまでは」といった戦時一色にぬりつぶされていた時代です。

私はその年の三月に女学校を卒業して、一七歳になったばかりのときでした。町内会から、未婚の女性三名がその訓練生たちの炊事係として派遣されました。

義勇軍の人たちの寝泊まりは、小学校の運動場でした。炊事係は農家の狭い暗い一部屋を借りて、二〇日間ほど奉仕しました。
訓練生の最年少者は一四歳で、年長者は一九歳と、まさに人生の朝ぼらけにいる少年たち三〇名ほどでした。一名の指導員に引率され、遠く広島県からきていたように記憶しています。「渡満」する前に、基礎訓練と援農の目的で各農家に割り当てられ、二カ月間ぐらい滞在していたと思います。
昼は各農家で食事をするのですが、朝食と夕食を作るのが、私たちの役目でした。朝夕の点呼時に、訓練生は、みなで声を合わせ、何やら言ってるなあーと思っていましたが、後になって聞くところによると、
天晴《あっぱ》れ
あな面白
あな手伸《たのし》
あなさやけ
おけ……
と斉唱する座右の銘があり、日本体操《やまとばたらき》の後、一日が始まり、そして仕事の終わりにも同じことをして、暮れていったものです。
炊事係は「コケコッコー」の鶏の鳴き声で起き出し、眠さと燃えない薪のけむたさで、目を真っ赤にしながらの、悪戦苦闘でした。なにせ設備がなくて、小さな釜で三〇人分を作るのですから、何回もあけては、炊いたのです。それに味噌汁も同様で、食膳に並ぶときには、すっかり冷えていました。そして塩漬けの漬け物と、たったそれだけですが、材料もぎりぎりですから、それは大変でした。夕食のときには、いかに国策にそったとはいえ、離れがたい肉親や、故郷から離れて、その淋しさに耐えているといった表情が、幼な顔に出ていました。それをいやしてあげるのは、心のこもったおいしい食事が何よりと思うだけで、どうすることもできなかったもどかしさが、いまもよみがえってきます。
そのような日が、一〇日もつづいたころ、もともと身体の弱かった炊事班の一名が倒れたのです。医者もいないし、短日に治りそうもないということで、旭川

の病院に連れていくことになりました。年上で意地の悪い班長が付いていくとばかり思っていたのですが、病人の希望で、私にその役がまわってきました。お天気の良い日で、バスを待つ間の沿道に咲いていた可憐な花も印象的でした。

義勇軍訓練の隊長も一緒に行くことになりました。彼は、色浅黒く、長身でスマートな体格は、スポーツマンを思わせ、開拓戦士たちの指導者に相応《ふさわ》しい堂々たる風貌の持ち主でした。それで、次々に炊事班に行った女性たちの憧れの的だったと聞かされていました。その日は、友を送り返す日だというのに、何かそわそわしていたのが、申しわけなかったように思います。友の病名は腸チフスでした。訓練生も私たちも、伝染することもなくて、本当に幸せでした。

鷹栖にもどるときには、隊長と二人でした。彼は、三重の農林学校を出ているということや、秋には甲種合格で、広島の故郷から、現役入隊するなどと話していました。そして、戦地に行ったら、私のところへ手紙をよこすともいっていました。約束どおり、中支戦線から、自分の似顔を書いたハガキが届いて、しばらく戦地と内地の文通はつづきました。そして、一九四五年終戦になり、数カ月後に、彼は元気で、広島の実家に帰還したむね便りがありました。そして、写真も送ってきました。なぜか、王道楽土建設を夢見ていたころの面影は、頭髪をのばし、背広を着て、ネクタイをしめている姿からは、感じられませんでした。

私のほうにも見合いの話がちらほらあって、彼との文通は途絶え、私の第二の人生もスタートしたわけです。時は一九四七年でした。もはや満蒙開拓青少年義勇軍を知っている人も少なくなってきました。

あのころの隊長も、そして、「満州」へ渡った少年たちも、私同様に、霜をいただく年になり、どこかの地で、人生の後半期を元気に頑張っているであろうことを願わずにはいられません。

「満州」から引き揚げてきた姉のこと

越後　和子

戦後三八年を経た現在、戦後に出生した人口が日本の総人口の半分以上を占めているという。戦争を知らない人たちが過半数なのである。しかしその後遺症ともいうべき身元未判明中国残留日本人孤児の訪日とその肉親捜しがまだ行われている。

私はこのことがあるたびに、姉が五歳の子の手をひき、三歳、二歳の子を背負って、「満州国」黒竜江省訥訶《ノーホ》県訥訶街から一九四六（昭和二一）年一〇月に祖国日本へと引き揚げてきた当時のことが思い出され、胸の痛むのを覚える。

義兄は当時、興農合作社という所に勤めていて現地では農業指導と、その振興に従事していた。

その家族である姉たちは社宅に、寒地であるだけに完備された住宅にオンドルで家の中は暖かく、日常の所用はボーイさんといって、現地の人が使用されていたという。

戦争も激しくなって、五月に義兄が現地応召となってからは、興農合作社の日本男子はみな出征し、残った家族は共同で暮らしていた。異国での非常時に不安な日々であったが、帰国することもできずにいた。その夏、にわかに家の周辺に銃声の轟き、これは何かあったと感じた。戦いは負けた。とにかく着のみ着のまま家から逃げだし避難したが、もう一度引き返し荷物を取りにもどると、ソ連兵が土足でドカドカ踏み込んで、めぼしいものを物色して奪っていく。ただ家の片隅に身を寄せて、息をひそめ、身を縮めているだけで精いっぱいであったという。

それから日本人の家族たちは集結して収容所に、配給になるわずかのコーリャン（中国産のモロコシ）のお粥《かゆ》で飢えをしのぎ、暖房も敷物もない板の間に、身動きもできないほど詰めこまれ、座っているのさえようやくであった。おむつを干すところもなく、寝ている間に体温で乾かすために、下に敷いて寝たという。

しだいに南下するために、あるときは貨車に乗り、あるときは行軍し、畑のトウキビの芯をかじって水分をとり、満天の星とともに一夜を野宿したこともあった。明日の朝まで子の生命が、自分の生命が、もちこたえられるであろうかと、ハラハラしながらも、行けるところまで行こう、死なばもろともという覚悟で生き延びてきたという。そんな極限状態のことを語る姉も、それを聴きとる私もしばらくは無言のまま、胸にこみあげてくるものをしずめるのに、やや時間がかかった。

とにかく日本へ帰ったら何とかなるという一念で、三人の子を抱えて無事に帰国することができた。引き揚げてきた当時は栄養失調で、しばらくは三歳の子も、二歳の子も歩くことさえできなかった。生気のない顔、バサバサした髪の毛、長い間の悲惨な生活を物語るかのようであった。

故郷の土を踏み、暖かい肉親のもとに帰って生活するほどに、傷心の身をいやして、姉も教職に就き、三人の子を女手一つで育てあげることができた。容易なことではなかったと思う。幾多の試練を乗り越えて、いまは孫の成長を楽しみに余生を送っている。

Sorbus commixta

ななかまど

(8) 敗戦・戦後

五日間の逃亡とアメリカ兵

加藤笑美子

　終戦の玉音を聞いて、これからどうなることだろうと、心配しながら暮らしていた矢先のある日、用事で出かけていた父が早々に帰ってくるなり、「これから台場の○○さんのところに、母、姉、私を連れて行く、近々ソ連か米国の兵隊が旭川にも進駐してくる、女、子どもは何をされるかわからないので、様子がわかるまで居ないほうが良い、必要なものだけ大至急まとめなさい」といいました。

　父の知人の家族はもう出かけたそうです。あれこれと行李《こうり》に詰め、風呂敷包みにしましたら、大八車にいっぱいになり、父に多過ぎると叱られ、また荷をしなおして家を出たのがお昼ごろでした。

　それはそれは暑い日で、父と弟、従兄弟が、代わる代わる大八車を引っぱったり、押したりして（いまの国道一二号線高砂台あたりの坂らしいですが、そのころは雑木林や笹が生い茂っている坂道を）ガッタン、ゴロゴロ、と虚しい音を立てながら、あえぎあえぎ登って行きました。私たちは後から、ただ黙ってついて行くだけでしたが、暑いのとあまり歩いたこともないような遠い道程で、父たちとだんだん離れてしまうため、鳥や木の葉の音にも、いまにもそこらから何かが出てくるのではないかと、ビクビクしどおしでした。喉は渇き胸は苦しく、ようやく○○さんの家に着いたときは、張りつめていた気が緩んだせいもあり、もう一歩も前に進めないくらいでした。父たちは「様子を見て大丈夫だったらすぐ迎えにくる」と、もどっていきました。

　翌日近くの農家の人がきて「街の人間は都合の良い時ばかりきて迷惑をかける、いまに食糧だって買いにくるだろうけど、今度は農家が良い思いをする番」等々私たちに聞こえるようにいっておりました。後で小父さんや小母さんは「気にしないほうがいいですよ」といってくれましたが、母は心細さのため涙を浮かべておりました。

家の横手によしずが張りめぐらされていたので、のぞいて見ましたら、鉄の大きな釜のようなものが、レンガの上に乗せてありました。やがて娘さんがバケツを持ってきてその釜のようなものに、すぐ横の小川から（いま思えば農業用水でした）いっぱいになるまで水を入れました。五右衛門《ごえもん》風呂だったのです。陽が落ちて入るようすすめられましたが、家にお風呂があり、あまり銭湯にも行ったことがなかったものですし、いくら人が居ないといっても、よしずだけの囲いの、しかも小川からの水のお風呂にはとても入浴する気にはなれませんでした。が、さりとて昨日からの汗と埃には勝てず、姉に見張りをしてもらい、勇気を出して入ることにしました。十返舎一九《じっぺんしゃいっく》の膝栗毛《ひざくりげ》にもある、蓋のようなものが、プカ、プカ浮いており、釜の縁も熱くなく少し煙たかったですが、満天の星を見ながら、鼻歌でも歌いたくなるような気分でした。

食事は麦は入っていましたが真っ白いご飯、皮もむいていない新ジャガのお味噌汁も、手作り味噌のため、それは美味しかったです。家の人たちもみな良くしてくださり、二、三日過ぎると、気持ちも落ち着き、このような生活も悪くないと思い始めたころ、「アメリカ軍進駐後も心配はない」と父が迎えにきてくれました。

それから二カ月くらい過ぎたある日、父と姉と用事の帰り道で三人のアメリカ兵に会いました。（布をたたんだような形の変な帽子、丈の短い上衣に半長靴、映画で見るおなじみの姿ですが、日本軍の服装しか見たことがなかったため、スマートと思いながら、ゲートルをしていないのにはとても驚きました）。何やら声をかけており、姉と私は父の後に隠れるようにして、道端に寄っておりましたところ、突然父の帽子を取り上げ、父が返してほしいと身振りでしましても、ニヤニヤしながら何事かわめき、返してくれません。父はあきらめて帰ろうと歩き出しましたら、帽子を父の頭にポイとのせ、ガムやら、チョコレートなどたくさんくれようとします。私は悔しくて、サッサと歩き出しましたが、姉はとうとう持たされました。

敗戦国の私たち父娘がどのように見えたのでしょう。いま思い出してもあまり良い気持ちはいたしません。

津軽海峡

永山　鈴子

全日空機トライスターの巨体は千歳へ向けて羽田空港を浮上し始めた。一九八一（昭和五六）年六月四日の夕刻である。高度一万メートルに達すると、眼下の雲海が夕日で菫《すみれ》色に映えている。たった一時間半で津軽海峡を飛び越えて、北海道へ着ける時代になったのだなあ、と三十数年前と変わらない空の青さが、一瞬のうちに敗戦前後の青函連絡船のことを思い出させる。

太平洋戦争中のこと

一九四五（昭和二〇）年二月に仙台の女専受験のときは、急行で旭川から函館まで一〇時間、青函連絡船四時間四〇分、青森から仙台まで一二時間、まずは順調に行けた。

当時の汽車は一等は白、二等は青、三等は赤と列車の窓の下に横線が入っていた。私たちは学割で三等に乗って行くことにしていた。青函を渡るのが初めてだった私たちに、「連絡船の三等は船底で揺れが大きいから二等に乗り換えたほうがよい」と父が教えてくれた。乗船のとき、車掌さんに申し出て変更すると、学割がきかず差額が予想外に高額だったので驚き、以後は三等で我慢することにした。

太平洋戦争はしだいに激しくなり、七月一四日、一五日にアメリカ機動部隊の戦艦や航空母艦が、北海道の沖合に近づき、道内各地を空襲した。函館地区は本州と北海道をつなぐ大動脈を切断するため、主として青函連絡船に攻撃を集中された。このため連絡船一三隻のうち、一〇隻は沈没座礁炎上し、二隻は損傷した。残る亜庭丸も東北地方空襲に際し八月一〇日茂浦沖で沈没した。このため青函経由の乗車券は発売停止され、軍公務と緊急旅客だけは軍艦等で輸送をつづけた。

七月二八日夜九時過ぎ、青森市はB29一二〇機の空襲を受け、青森の桟橋待合所も天井に大穴があけられ破損がひどかった。市街地は燃えつづけ、一万戸の家屋が焼失した。駅前から焼け野原を見ると生木まで焼け焦げ、一メートルくらいの幹が残るだけだった。

敗戦後

八月一五日の敗戦のとき、津軽海峡を運航できたのは空襲で受けた損傷を修理した第七・第八青函丸と樺太丸の三隻だけだった。

マッカーサーが八月三〇日に空路厚木へ降り、九月一七日にいよいよ米軍が仙台に進駐してくることが決定した。寮の舎監であった黒沢チヤ先生から、「こんな山の中の寮に女子ばかりおいては、どんなことになるかわからないから、各自家に帰りなさい」と申しわたされた。

当時は、種々の流言蜚語《ひご》が流布されて学校も期限なしの休校になった。主に東北の人が多いので寮の友だちは郷里に帰った。同室の樺太出身の二人は家族の安否もわからぬままに栃木の親戚へ向かった。北海道出身者は二〇名ほどいたので、七月一〇日の空襲で焼けたバラック建ての仙台駅へ切符購入のため何度か頼みに行ったが、だめだった。

敗戦後の青函航路は樺太からの帰還者、各地よりの復員兵で大混雑となり、その輸送で満杯で一般人の乗船は許可されなかった。私と妹は頼るべき親戚もなく、やっと北見の友だちの紹介で福島県相馬市中村で一部屋を借りた。知人もいないところなので配給米を朝一回、近所の山で拾ってきた薪で炊くとお弁当箱に一つになる。それを三回分に分け目を入れて二人で食べていた。夕焼けを見て「故郷の歌」を口ずさむと涙がこぼれ、津軽の海がうらめしかった。

その間、八月二四日、米軍進駐のため一六時以降一〇〇トン以上の船舶は航行を禁止された。二六日には武装解除の白十字の標識を付けて航行を許可された。その後もたびたび運航禁止があり、何度か中村駅へ通い、やっと北海道行の切符を並んで手に入れたのは一〇月の一〇日ころだった。

一九四五年一〇月二五日からは進駐軍専用の〇《ゼロ》番ホームが新設され、一二月一九日からは連絡船の一、二等室も進駐軍の専用となった。

一一月になると学校から出校の催促が幾度かあったが、道中を考えると決心がつかず休んでしまった。

冬、旭川から

一九四六（昭和二一）年の正月過ぎ、やっと登校することにしたが、仙台行の切符を入手するのが大変だった。本州行は割り当てが数枚しかないので前夜から交通公社前に列を作る。オーバーに襟巻をグルグル巻きにした格好で兄弟五人が二時間ずつ交替で雪の中を立つ。やっと明朝六時発の切符が手に入ると、母はおにぎりを二人分二〇個くらい作ってくれた。

寒くまだ暗い雪道をおにぎり・米・味噌・馬鈴薯・澱粉等で一杯にふくらんだリュックサックをヨロヨロとかついで歩き出す。駅へ着くと雪で列車が不通だという。次の日の朝早くまたなけなしのお米でおにぎりを作りながら、「これで行けなければ、今度は玄米になるね」となさけない顔で母が言った。

敗戦から五カ月、買い出しで誰もが背中を丸めて背負えないほどのリュックと両手に荷物を下げて窓から乗り降りしている。函館まで立ち通し、青森でやっと座るとガラスが破れたところで冷たい風に吹かれ通しだった。現在の国電のラッシュのようで、男の人は停車の間に窓から降りて用を足していたが、私たちは

「ごめんなさい」と人をかき分けトイレまで行くのは大仕事であった。進駐軍専用の車両は一両付いており、米人が二、三人ゆったりと座っていた。

春、青森から

一九四六（昭和二一）年三月、仙台から旭川への帰省のとき、もんぺをはきリュックをかついで寮を出た。配給米で作った三日分、九個のおにぎりを入れて。青森駅へ列車が止まるやいなや、乗客は我れ先に窓から降りる。長いホームを先頭に向かって走りに走る。乗船順序の整理券をもらうためである。その札の番号がアナウンスで呼ばれるまで、二日も時には三日も待合室でじっと待たなければならない。

青森空襲で被害を受けたバラックの待合室は夜になると冷え込む。ときどき手をすり合わせ、足踏みをするがお腹が空くのでなるべく動かないようにする。

当時正規の配給では衣食の生活はとうてい賄えなかった。主食・生鮮食糧品は近距離へ買い出しに、衣類等は大阪方面までなど、流通商品の多くは復員または引揚者の人々の背によって運搬された。それらの軍隊払い下げの服を着た人たちが桟橋の壁板をバリバリとはがしてきて、コンクリートの床で焚火が始まる。待合室中、煙で喉《のど》がえがらっぽくなり咳込む。

ウトウトとまどろみ、朝が来、そしてまた夜が来る。本を読む気もしない。一個ずつかじるおにぎりもしだいに固くなり、「これがあるうちに、家へたどり着けるだろうか……」。

やっと二日目の夜、自分の番号を呼ばれたときはホッとする。米軍が監視している室へ行列で入ると、白い殺虫剤のＤ・Ｄ・Ｔを頭から襟り首まで吹き込まれる。髪をこすり首を振ってもとれず、みなが白髪頭になる。

かろうじて一番船底の三等室へ入る。すでに人がいっぱいで私の横になる場所はない。隅っこに少しだけ腰を掛けさせてもらう。やがて船が外海へ出ると激しく揺れ始めた。船に弱い私はこれまで何とか横になり船酔いしないようにしていたが、今度は駄目だ。いよいよ胸がわるい。あわててデッキへ走り上った。

わずかな物が胃から、しまいにはからあげがつづく。「このまま海へ飛び込もうか。でも母さんが泣くかなあ」、暗夜の冷たい風の海、デッキの細い綱をにぎりしめながら、敗戦の混乱と津軽の波にゆられつづけていた。函館港までの六時間は何と長く感じられたことか。

夏、一九四七年

春ごろから輸送状況はしだいに好転して、六月から全国的に急行列車も復活され始めた。

それでも青函連絡船に乗るときは一日は止められ、夏にはおにぎりを割ると、やにを引くようになる。やっと乗船して横になり眠っていると、顔に「ザーッ」と水がかかり、さては沈むかと飛び起きたことがあった。吃水線《きっすいせん》近くの場所なので丸いハッチが開いて揺れで、海水が流れ込んだのである。

そのころになると、農家の小母さんが籠に白米のおにぎりを五、六個入れたり、浜の人が丸々とした「茹でいか」をコッソリと待合室を売り歩くようになった。懐中の乏しい私は横目でにらんで買えなかった。

一一月には新造洞爺丸《とうやまる》も就航して輸送力は急速に回復されていった。しかし、インフレが急激で青函の運賃も一九四五年四月に四円五〇銭（三等）が四七年七月、四〇円。四八年七月には一〇〇円となった。生活費も急騰して我が家の経済的負担は大変であったと思う。

おわりに

一九四八（昭和二三）年三月に卒業し、最後の青森発連絡船のボーッと低い出帆の音を聞いたときは、戦中戦後三年間一八回の往復を思い感慨無量であった。

その後、一九五〇年一二月一一日に青森栈橋待合室に暖房が復活し、次の年の九月九日には栈橋ホーム上の米軍と日本人を区別する「オフ・リミット」と書かれたロープも取り除かれた。敗戦以来、何時も混雑と叫び声の日本人通路と、たまにしか人影の見えない米軍の通路が半々に分けられたロープである。ようやく戦後の混乱から脱することができたのである。

参考文献　青函船舶管理局編『青函連絡船史』一九七〇年。

（「会報七号」より）

戦後の思い出

相田　恵子

一九四六（昭和二一）年四月、私は旧制の高等女学校に入学しました。当時は物資が不足しておりましたから、特別配給で新制服を買って着ましたが、上衣だけで、下はおのおの工夫してほとんどがズボン式のものを着用しておりました。男の先生は、カーキー色の国民服が主で、粗悪な品ばかりでした。戦後とはいえ、古参の女の先生は和服で袴を着けておりました。前年一二月に修身、国史、地理教育の停止指令が出されていましたが、新しい教育指令は未だ出されていないという時期で、礼法の授業が残っておりました。和室で襖のあけたてや、座布団やお茶のすすめ方等を、正座に苦しめられながら習いました。教科書は仮綴じのうすいものがありました。教材の不足を補うため、先生の選んだ文章を黒板に書き、各自がノートに書き写した記憶があります。

翌年、教育基本法・学校教育法が公布され、私たちは併置中学校の生徒となりました。新学制の小中学校が発足し、五月には初の民選知事に、田中敏文が誕生しました。学校名には北海道庁立とあったのが、九月から庁の字が消え、社会科の授業が始まりました。戦中、軍需工場にいて戦後、大学に復学したとか、復員して教職にもどったとか、それぞれに戦争の影をひきずった先生が新たに加わり、グループ学習だの、自由研究等を試みるようになりました。先生にも生徒にもまったく未経験のことで、身につくはずもなく、落ち着かぬ学校生活でした。

　一九四八年、新制高等学校が発足し、教科書は紙質、印刷ともに良くなりました。物資は相変わらず乏しく闇ブローカーが活躍していたころで、私は父のセルの和服を染めて苦心してセーラー服とスカートを作りました。洗剤類が不足でやっと入手しても質が悪いのには泣かされました。燃料、食料、その他生活必需品は、すべて質量ともに不足でした。

　一九四九年、女子高校一年に進学、新制中学からも、定員増で新たに加わり、単位制も取り入れられました。湯川秀樹がノーベル賞に輝いた年です。

　一九五〇年四月から、男女の高校が統合されることになり、それに先立って三月に、生徒会を組織するための準備委員会が男子の高校で開かれました。各級からの代表が出かけて行きましたが、女子高のほうはもっぱら顧問の先生を頼るばかりで、実に恥ずかしい思いをしました。いまでは小学校でさえ児童会がありますが、当時は暗中模索のありさまで指導部の積極的な先生や、行動的な生徒が、苦労して案をねり上げたのです。生徒総会が開かれ、認められた規則にのっとって選挙も行われ、男女共学の高校生活が始まりました。私たちの学年は、この年やっと下級生をもつことになりました。

　新任の先生のなかには、アルバイトに進駐車の運転手をしていた人、通訳を経験した人、軍人だった人などおりました。玄関に置いた靴がなくなるようなことがよくあり、物心ともに満たされざる時代でした。

　「民主主義」「自由」「男女同権」等の新しい言葉に振りまわされ、どれ一つ定着しないままに一九五二年三月、新制高校二回生として卒業、社会人として出発しました。初任給五三〇〇円、毛糸等が少しだけ、出まわり、輸入されたナイロンの靴下が五〇〇〇円でした。お金さえあればなんでも買える時代でしたが、一般に生活は苦しく、パチンコ屋が繁盛しておりました。


（「会報六号」より）

高校生のころ

藤田佐智子

一九五二（昭和二七）年四月、私は高等学校に入学した。今年はテレビ放送開始三〇周年ということで、いま記念放送をしているが、初めてのテレビ放映は一九五三年二月ということだから、私の高校一年のときである。新制の男女共学もやっと落ち着いてきたころであるが、一学年八クラス、一クラスは六〇人近いすし詰めであった。このうち、女生徒は四分の一の一三、一四人であった。

当時の公立高校進学区域は小学区制であったので、小学校、中学校、高等学校と同じコースを歩む人が多かった。したがって現在のように、学習点、学力点さらに偏差値などと、目の色を変えて進路を決定することもなく、静かな高校受験であった。大学への進学率も高かったが、生徒の生活は実に淡々として余裕があった。塾もなく、家庭教師なども耳にしたこともなく、進学は自分の力＝マイペースの勉強で果たす人が普通であった。なかには相当努力する人もいたが、それは現在の受験戦争とは異なるものであった。

社会的な背景としては、一九五〇年に発足した警察予備隊が五二年に保安隊に改組、五四年には再び改組されて自衛隊となり、防衛庁が発足した。一九五〇年の朝鮮戦争、五一年に日米安全保障条約の調印、五二年のメーデー事件、五四年の米国のビキニ水爆実験、と国内外ともに揺れ動いていた。

中学校で新憲法を学んだばかりの高校生は、こうしたことに無感心ではなかった。みんなで考えよう！という風潮もあって、広島の子どもたちの作文集〝原爆の子〟を校内新聞で取り上げたことが思い出される。クラブ活動に「社会研究会」があり、社会問題に積極的に取り組む人が主に男生徒のなかにいた。彼らの論じるマルクス主義などは、別世界のように思えた。折りから学生運動の芽生えのころで、彼らのなかには大学で運動を実践し、いまもその思想を貫いている人もいる。

こんなに急進的な人ばかりでなく、ごく一般的な生徒（それがほとんどであった）の一人として、私は何をしていたのであろうか、忘れられないことがある。

三年生になって誰からともなくできたグループに、私は友に誘われて参加した。日曜日などにメンバーの家に集まって話し合う男女延べにして二〇、三〇人くらいだった。社会問題について、学校生活や将来、あるいは文学や恋愛など、果てしなくつづくさまざまの話題に、理屈っぽく、熱っぽく語る友もいた。

〝集い〟からやがてノートをまわして自由に書き合うようになった。これは後に『乱像』という小冊子になった。内容はもうすっかり忘れてしまったけれど、相当突っ込んだものもあった。私は卒業後就職と決めていたので、「社会へ出てからも自己に忠実に生きていきたい」とノートに記した。再び手許にまわってきたノートには、「〝自己に忠実に生きる〟ということはとても難しいことである……」と書かれてあった。

あれから二八年が過ぎた。卒業後銀行で働いた六年間に、そして結婚後夫と子どもと、夫の両親をはじめ、生活のあらゆる場面に出会う人々との関わりのなかで、いつもこのノートを思い出す。

私はあのとき、友の言葉が理解できなかった。しかしいまは、純真で世間知らずであったあのころを懐かしく思う。

いまもなお、この旧友の忠告を忘れて失敗を重ねている私であるけれど。

（「会報十一号」より）

3　戦後民主主義の問い直しのために（その1）
——戦争＝敗戦体験記録資料を整理して

山村　淑子

はじめに

戦争の体験をどこまでわがものとすることができるか、どこまで深め、思想化し得るかが問われている現在、「歴史を学ぶ母の会」に集まった女性たちにとって、それはまず隠されていた戦争の実態を知ることから始めなければならなかった。

そこにこの学習会の意義があったと考える。そして知ることにより戦後四〇年近く経たいま、自分たちの経験が日本史全体の流れのなかでどんな意味をもっているのか、またはどう位置づけられていくのかを試行する試みが各々のなかでなされていったと思う。

この過程で、一方的「被害者論」あるいは「だまされた論」は、不十分ながらも少しずつ訂正されていくことになった。

こうした試みを背景として、私から女性たちに課題として提案したことは、自分たちの記録資料を作ることであった。それが一九八一（昭和五六）年二月に整理した「戦争終結の放送を聞いて（一九四五年八月一五日」である。ここでは、八月一五日の一日に焦点をあてて四つの設問を用意し、記憶として残っていることがらを列記してもらった。その際可能なら、本人だけでなく夫や両親など、家族からも聞いてほしい旨をつけ加えた。

それから三年後、二回目の資料作りは前回の経験を踏んでいるため、時期的にも内容的にも多岐にわたる設問であったにも関わらず、記憶が鮮明でない場合には、その当時身近にいた人にも問い合わせるなど、正確を期する作業が自然な形で行われていった。その結果返ってきた回答には、大変小さな字でびっしりと書かれたものが多く、とくに「日常生活の実態」についてはそれが目立った。

ともあれ、二回にわたる作業の結果、記憶として呼びもどすことが可能なことがらから、戦中・戦後史の画期となる六つの出来事を選び、記録資料を作成した。「とくにいうほどの経験もしていない」という声も聞かれたが、会員二十数人の記録を集め整理してみると、「当時誰もが経験したこと」とはいえ、一般国民の戦争への関与のあり方、あるいは開戦、敗戦等の受けとめ方などがさまざまな姿となって表れてきた。

ところで、戦争体験といっても個人差と同時に、地域差があることを見過ごすわけにはいかない。その意味で、ここに掲載した記録は、次の限定をつけ加えなければならない。

まず第一に、数例を除いては旭川および旭川周辺での体験であること。その旭川は、明治以降軍都として「北の守り」を課せられてきており、現在も継続してつねに兵士がいる街である。経済的にもそれに依拠して成り立っている部分が大きく、しかも護国神社の存在が、市民生活と密接に関わっており、現在もその構造は変わらない。

毎年六月五日には市内の大半の小中学校は休校となり、また地元企業の多くが半日で仕事を切り上げて、街全体が護国神社祭一色に塗りつぶされる。またこの地域は、日本の米作の北限地帯でもあり、明治・大正以来大きな冷害に何度か遭ってはいるが、それでも戦争中比較的食糧が手に入りやすい農村地帯であったことを考慮に入れておく必要がある。また空襲も受けたが小規模であり、街全体が火の海に包まれたという経験はない。

一方戦後になると、樺太や中国からの引揚者がつてをたどったり、「戦後開拓」という形で北海道に来ており、旭川および周辺地域も同様で、その数が多いことも指摘できる。移住者の多くは農業未経験者だった。

以上のような地域の特徴を踏まえたうえで、この記録の第二の特色は、この「学習会」を構成する大半の女性が「昭和一桁代」に生まれており、太平洋戦争中に女学生あるいは小学生であったことである。このことは、性別とともに年齢の違いによる体験の差や、どの程度の教育を受けていたか、そこでどんな教育を受けていたかも考えるうえで考慮されねばならない。また今日とは異なり、当時にあっては、女学校に通学することができた人は数少なかった、ということも指摘しておきたい。

太平洋戦争開戦（一九四一年一二月八日）

「ばんざい、ばんざいと言いながら、子ども心に何かしら頑張ろうと思った」「ラジオから流れる勇ましい軍艦マーチのひびきとともに、よし米英と戦って、必ず勝つのだとの心意気でした」「日本は神国でいままでに一度も負けたことがなかったので、必ず戦争には勝つと思った」というように、当時女学生であった一一人のうち七人までが勝利を信じて疑わなかったし、残る四人のうち三人も、「とても不安だ」と思ったり、「大変なことになったな」と思いながらも勝つことだけは信じている。一人だけ「大国アメリカとの戦争は勝てる見込みは難しいと思った」と記している。

開戦が国民に告げられたその朝、小学校、女学校、商業高校、中学校では、いずれも朝礼があり、校長訓示を受けている。とくに女学校と商業高校では、雪の積もった校庭で分列行進をした後、校長以下教師たちに伴われて市の北西にある護国神社に参拝し、「武運長久と戦勝」の祈願をしている。このとき札幌のミッションスクールでも校長から訓示を受けているが、礼拝と授業は普通に行われている（だがこの学校でも一九四一〔昭和一六〕年四月二六日から御真影を飾り、その前で手を合わせることになって、しだいにキリストに向かい合う礼拝の回数が少なくなっていったという。

また当時予科の二年生だった青年は、昼食時に「こんな重大な発表のとき、飯を食うてる者があるかと、教授に大声で叱られた」と述べている。これらは、戦争遂行のために、学校教育が日常的に果たした役割がいかに大きかったかを物語っている。

当時女学校三年生だった一人は、「弟たちは、みな学校で教わったように、我が軍の勝利を信じ、張り切っていた」こと、自分も昭和一五年に校長が入れ替わってから「軍国主義一本槍で敬礼一つでも怒号されるので、これからは、ますますひどくなるのではないかと恐ろしかった」と記している。

一方、「父母は戦争の話はしなかった」とあり、生活を担っている両親と弟たちのはしゃぎようとの対象的な姿を画き出している。また大人たちのなかには、「家で作ったものを自由に販売できないことや、食物が不自由になったことへの不満」を述べている者もおり、日常生活に関する「統制」(一九四一年四月一日に生活必需物資統制令が公布され、東京・大阪で米の配給通帳制が実施されている)が、すでに行われていることを示している。

敗戦(一九四五年八月一五日)

「玉音放送」の内容をよく聞きとれなかった、あるいは聞きとれてもよくわからなかったという人は、全体三三人中二〇人で、自分は理解できなかったが、他の人に教えてもらい負けたことがわかった人は五人、その場の雰囲気で負けたらしいと思った人が四人、すぐに負けたと理解した人が四人である。

そして「わからなかった」人のなかには、「忍び難きを忍び耐え難きを耐えの言葉だけは判ったので、決戦のためか」と思ったり、「忍び難きを忍んでもっと頑張るようにとの意味か」と思ったりした人が二名いる。ラジオの雑音がひどかったとか、聞き取りにくかったということももちろんあっただろうが、「勝つ」と信じていた戦争だったがゆえに、咄嗟《とっさ》にその内容を理解するのは困難であったと思われる。

その状況を、学徒動員先の自動車工場にいた女学生は、「工場の上の人や一般工員はわかった人もいる様子で驚きざわめいて、私たちも半信半疑の状態でした」と記録している。また放送を聞いて、もっと頑張るようにと思った当時一四歳の女学生は、「玉音放送そのものから、直接敗戦という事実が素直に自分のなかに入ってこなかったように思えます」と当時の自分を振り返っている。

敗戦の事実を知ったとき、「良かった」「ホッとした」「嬉しかった」と記しているのは九人。そのなかには、「父が帰ると言われ喜んだ」少女、「死なずに済んで、また学生生活にもどれると思った。生涯こんなに嬉しかったことはない」とその喜びの大きさを感じた青年もいた。また「その夜は赤々と電気をつけることができて嬉しかった」ことを記した人が三人いる。なかでも樺太で終戦を迎えた当時二〇歳の女性は、「いままでの遮光で暗かった家々の窓から明るい光が流れているのをみたとき、ああ本当に終わったんだと自分も家じゅうの電気を全部つけてまわった」とそのときの自分の姿を思い出している。

逆に敗戦の事実が信じられずに「悔やしくて涙が止まらなかった」人が二人、その他ボーッと虚脱状態になって「もう敵機がくることはないんだな」と青い空を見上げた人、「いままで一生懸命（防空壕を）作ってきたけど、もういらないんだ」と思った人もいる。また当時学校に勤めていた女性は、「全職員声をあげて泣いた。なぜだか死を考えた。その時点までは戦争に負けたものは死だけだと思った」という。「戦争中は新聞・放送そのままに日本の勝利を考えもなく子どもたちに話し、敗戦後いままでと正反対に教えることの矛盾についていかれず、結婚のために学校を辞め、もう二度と教師はしたくない」と職場を離れていった女教師（当時二〇歳）の例もある。

やがて街には、「アメリカ兵が上陸してくるらしい」「ソ連兵が上陸してくるかもしれない」という流言蜚語《ひご》が飛び交った。これに関しては一〇人にもおよぶ人がそのときの恐怖の模様を書いている。とくに女子は、「暴行を加えられる恐れがある」から外へ出られなくなるとか、いつやってくるかわからないから、「床の間の下を少しあけてすぐかくれるように」とか「断髪して男装しなければならない」などといわれており、そのため会社を退職したり、「アメリカ兵が身近にきたら、縁の下に隠れ、アメリカ兵を一人でも二人でも竹槍で倒すのだと自分にいい聞かせた」一〇歳の少女は、「自分も死を覚悟していた」という。

また動員先の師団司令部にいた一六歳の女学生も、「我々若い人はみな殺されると思いました」と記している。これらに関することで、最近この学習会に参加した女性（敗戦当時は横浜に在住）から、「当時上陸してきたアメリカ兵は、みな紳士的で、むしろ、当時の日本の兵隊や警察官のほうが野蛮な感じがしました」という証言が例会の席で出されている。アメリカ兵とともにソ連兵がくるという捉え方が多いのは、北海道の地理的位置からくる特色かもしれない。

先の女学生が勤めていた司令部の練兵場では敗戦を知った兵隊が、「アメリカのルーズベルトとイギリスのチャーチルのわら人形をイヤーッと銃剣で突きつづけていた」ことが紹介されている。

軍の動きについては、回答者の大半が女性であるため、今回の資料では数少ないが、それでも夫たちからの聞き取りを中心に、七カ所に見ることができる。そのいくつかを見ると、帯広の師団通信隊には八月一四日に北部司令部から「一五日陛下の重大放送があるから、将兵を兵舎前に正午、全員集合させよ」との指示通信が入り、翌日その重大放送を聞いて、「現役の将校は泣いていた」とある。

そして三日ほどたったころ、若手飛行士が乗った二機が海に自爆したことや、自分も「一週間くらいは本土決戦があるのではないかと動揺していた」が、やがて司令本部から「武装解除」の指令がきて、「武器は一カ所に集められ処分されたらしい」様子が述べられている。また八月二日に士官学校入隊のために出かけた候補生が、仙台空襲で学校が焼けてしまったため、山形県近くで敗戦を迎えた際、「敵軍が押し寄せて来たら困るから」と、入隊以来初めて鉄砲が与えられたことや、そのとき「将校は泣いていた」ことを伝えている。

一方、北見の山奥にいた人からは、「最後まで戦うと息まいた下士官がいた」ことが述べられ、軍組織が崩壊していく一端を見ることができる。それは、当時樺太知取町にいて、学徒動員先のパルプ工場で働いていた一五歳の少年の「ソ連との国境を守っていた兵隊は、トラックに乗って早々と引き揚げてしまった」という証言で、より明確にされるのである。

なお、付随的に敗戦後数年の日常生活について触れておきたい。この設問には実に多岐にわたって日常生活の状態が細かく記されている。食糧状態についていえば、「旭川では、量的にまずまず食べることができた」とあるように、全体的にみた場合、家族状況、収入状況の違いがあるにせよ、まだ米を手に入れることが可能であったらしい。この点は、東京からの疎開者が多かった茨城県南西部で敗戦を経験した私の母から聞いていた給料生活者の状況と比べると、旭川のほうがはるかに余裕があったように思える。

一方、食糧が不足した場合は、農家の人と物々交換を行っている。貨幣価値が大幅に下り、現物のほうが幅を効かせたときであったので、この方法がとられた。

また衣料に関する回答に、綿羊を飼い、その毛を利用してセーター、下着、チョッキ、靴下、手袋を作っていたことを記録した人が四人いる。北国ならではの寒さに対応する方法であった。

住まいについても、「冬は石炭が買えなくて、一〇畳の茶の間だけストーブがつき、七人の家族が起居した」こともあるという。現在と違って断熱材も入らない家屋で、零下二〇度〜三〇度の厳冬を過ごさなければならない北海道旭川周辺での生活の厳しさが示されている。

一般的に当時主食としたのは、米・馬鈴薯・カボチャ・トウキビ・豆・乾めん・サツマイモ・コーリャン（高粱）などであり、米を親戚などから運ぶとき、警察の取り締まりを逃がれるために、「（袋状に縫った）チョッキを着て、そのなかに米を入れ、コートをはおって」隠したり、「米を入れた布袋を子どもの形にしばり、おんぶし、ねんねこを着、ベビー帽子をかぶせて背負って」きたことも記されている。

婦人参政権獲得（一九四六年四月一〇日）

この設問に関する回答がいちばん希薄だった。回答者の大部分が当時未成年であったためと思われる。まだ樺太より引き揚げていなかった人もいる。学習会の例会時の反応も「ほとんど記憶にありません」という答えが多く、いま一つの感があった。そこで、可能なら当時投票権をもっていた女性に聞いてほしいと伝えた。その結果、本人たちよりも、母や姉といった人の声が多く記されている。

一七人の回答者中、女性も投票できるようになって良かったと答えた人は六人。そのなかにはまだ自分には選挙権はなかったが、「有効にそして意義あるものとしてほしい」と願い、「これでやっと、全国民が平等になれる」と思った少女や、「国民の一人として認められた思いがした」と、聞き取りをした娘に語った母親もいる。

一方、「何も感じなかった」「関心がなかった」「面倒くさいものだと思った」「あまり感激はなかった」「責任感だけだった」といった答えが六人、実際に投票した女性は九人おり、そのなかで参政権を得たことを良かったと捉えた人は四人で、残る五人はあまり関心がないけれど投票している。

そのなかの二人は、「誰に投票したらよいかわからないので」夫に聞いて、夫と同じ人に投票している。この日投票所には「初めてのことだったので好奇心を含めて様子をみるため投票していた」人々がいたこと、「四列縦隊の長い列を作っていて投票に大変時間がかかった」ところもあったようだ。

またある女学生は、自分には選挙権がなかったが、「婦人の代議士がたくさん当選したのは嬉しかった」としながら、「戦争中愛国婦人会の役員をしていた人が、敗戦後もまた地域の婦人団体の役員をして選挙運動をしていた」ことに疑問をもっている。この疑問は、日本の「戦後」を考えるうえで、重要な意味をもってくると思われる。

その他「婦人参政権実現のことで、学校の授業のなかに取り入れられ、総選挙のときは各立候補者が教室にきて『我が党のアピール』と婦人参政権のことなど語ってくれた」という証言や、「選挙は面倒だけれども、やっと自分たちの時代がきて自由になれると身近にいる人々が話していた」ということは注目されよう。

憲法公布（一九四七年五月三日）

回答者の数からいえば一三人といちばん少ない。しかし、数こそ少ないが、自分の考えを率直に記したものが目立った。そのなかで当時憲法を読んだ人は、「学校で一部を読んだ」人も含め四人で、それ以外はみな後年になって読んでいる。

まずその回答を読んでみると、新しい憲法が公布されたことによって、「絶対に戦争のないスイスのような国になるというので、とても嬉しかった」「中立国のようになって、もう戦争をしなくても良いという安心感をもった」「戦争がなくなって若い人を死なせなくてよかったと思った」「戦争を放棄したことで永久に軍備はないと思って安心した」「周囲から戦争放棄ということを聞き、安堵感をもった」というように、「戦争に負けて平和になった日本が、戦争をしない憲法を作ったのは、ごくあたりまえに受けとめていたように思う」という人が多い。と同時に、「全国民の基本的人権は守られ、日本はもう戦争はしないのだとうたっているけれども、本当に将来にわたって守られるだろうか」と懸念をもった人もいる。

次に天皇制については、三人が触れている。当時、金森徳次郎の講演を聞き、「いい憲法だ」と思った男性（四五歳）は、「天皇が象徴になったので、天皇の責任が軽くなり、安泰がつづくことが良かった」と述べ、成人前の二人の女性は、「天皇が神でなく人間であることが印象的だった」し、「当時は、天皇を『テンチャン』と呼んでいた。神様でなく人間であることをみなが感じたゆえで、そのうちいまの天皇は戦争の責任をとって退位する」と思っていたと当時の気持ちを率直に書いている。

この「学習会」に参加して、初めて憲法を読んだと答えた人たちもおり、「主権が国民にあり、平和理念のもと、戦争放棄をうたっていることは大変良いことだと改めて意識した」「おしつけ憲法だから改正しなければという論をもっている人もいるが、私は戦争放棄を守り通してほしいと感じた」と、現在の動きのなかで捉えた感想が述べられている。

一方、「戦争を体験した者は、もちろん平和を念願するが（憲法前文を読んで）敗戦国としてはきれいごとのような気がした」と率直にその気持ちを述べた人もいる。このほか、憲法公布後、前述の金森徳次郎（一九四六年六月、第一次吉田内閣時の国務大臣、憲法学者）が、全国を遊説しているとき、仙台と旭川でその講演を聞いた人が一人ずついる。また、憲法公布を記念して「平和」「迎日」「不盡」という三枚の官製絵はがきが発売されていたことも記され、当時の政府が国民に対して新憲法を普及させるため、いくつかの試みをしてることがわかる。

広島・長崎（一九四五年八月六日・八月九日）

原爆が落とされたことは回答者二二人中三人（うち

二人は軍隊にいた）を除いた一九人が当時の新聞・ラジオで報道された範囲内でその事実を知っていた。しかし、それがどんなものだったかについては、「新型爆弾」で、「光で人を殺してしまう」もので、「ものすごい威力」をもち、「永久に草木が生えないほどおそろしい」ものである程度にしかわかっていない。そして実際の姿を知るようになるのは「だいぶあとのこと」であった。今回の記録をみると、ほとんどの人が後年になって、ニュース映画や永井隆博士の『この子を残して』などの出版物、およびテレビ番組や写真展をみることによって、そのありさまを知る機会をもっている。原爆資料館をみてきた人もいる。あるいは、近所に住んでいた被爆者の女性から後遺症のありさまを聞いた人もいるし、この「学習会」に参加し、学ぶことによって「意識的に知る機会が増えた」という人もいる。

このようにして、だいぶ時間が経ってから戦争といのちの問題を捉えるきっかけが作られていること、しかもそのことが自らの意志で試みられていることに注目したい。こうした自主的な試みは、戦争をもう一度、自分の意志で見直す作業を始めているという点で重要である。どんな歴史的体験も、意識的に捉えなければ、自分のものとすることができないと思うからである。

おわりに

私は、この「学習会」で女性たちと触れ合うなかで、「彼女たちの戦後民主主義の捉え方の弱さは、その戦争体験の把握のしかたと深く関わっているのではないか」と考えた。そこでその視点に立って今回の記録資料を整理してみると、次の三点が指摘できるように思う。

まず第一に、開戦時と敗戦時の資料を比較した場合、その鮮明度に明らかな違いがあることである。それは、今回の記録を作成した女性たちの多くは、昭和一桁代に生を受けて以降、日常茶飯事に戦争状態がつづき、それと比較する平和な状態をもてなかった。そのため日米開戦も、それまでの戦争状態の延長線上にあり、「いままでよりはもっと大きな戦いになるから、より頑張ろう」（例会時に聞く）という受けとめ方をしている。そのために、一二月八日については、当初私が予想していたほど、強い印象をもっていないことがわかった。

それに比べて、八月一五日は、これまでの価値観がいっきょに崩れた一日であったため、大部分の人が、記憶としても鮮明に残しており、その差が表れたのではないかと思う。

第二には、この資料を見る限りにおいて、当時の女学生たちが、疑問をさしはさむことなく、あたりまえのこととして戦争に参加しており、敗戦後も戦争の実態に向き合い、それを深めていくことが希薄であったため、客観的には自分たちも戦争に協力していたことが明確に捉えられず、あいまいな形で今日までもち越すことになったという点である。「戦争との関わり」と「敗戦体験」とは、人間らしく生きていく権利が大きく損なわれていたことを実感として促える機会でもあったし、そのことはつきつめていけば民主主義の問題にいきつくのだが、それを戦後もあいまいに処理したために、婦人参政権や新憲法成立を真正面から積極的に受けとめられなかった人が多かったのではあるまいか。

回答者の多くが当時まだ未成年であったこともあり、自らの生活と戦争との関わりを具体的に捉えにくかったことは考慮されなければならないが、だからこそいま、自らの戦争体験をあいまいにせず、なぜ、疑問をもたずにのめりこむようなことになってしまったのかを真正面から捉えていくことが大切なのだと思う。

敗戦直後に東久邇内閣が唱えた「一億総ざんげ」は、戦争の原因を作り出した為政者の責任と、国民自身の問題とを明らかにすることをあいまいにさせ、それは同時に日本国民が、「戦争との関わりあい」を直視することを阻んでしまった。そのため、一部の人を除いて「被害者意識」さえも徹底せず、また客観的には戦争遂行に関わった側面をも見過ごすことになった。それゆえに戦後民主主義を意識的に捉える姿勢も弱いものになったと思われる。

第三には、原爆に関する記録のなかに、戦争をもう一度見直す作業が、後年になって試みられているということである。自ら意識的に捉えていく芽をそこに見ることができるという点で注目したい。

今回掲載した資料や体験記を見てもわかるように、女学生たちは素直に真面目に、そして一生懸命に与えられた仕事に従事していた。だが、真面目であるというその姿勢が侵略戦争遂行にとり込まれていったとき、大きな誤ちに加担することになったのである。その事実を私たちは「しかたがなかった」と済ますわけにはいかない。戦後三九年目の夏を迎えるいま、再びだまされたと言わないためにはどうしたらよいか、という問いかけが私たち一人ひとりになされてくるように思う。

（一九八四年六月一六日）

たんぽぽ

第二部

＊

私たちの記録 Ⅱ

――私たちが受けた教育

「子供たち」山内壮夫氏作　市立旭川郷土博物館所蔵

はじめに

この夏、敗戦四五年目を迎える。

「戦争中に学べなかったものを取り戻したい」、と歩みだした「旭川歴史を学ぶ母の会」の活動も一二年を経過した。会員の八割を占める「昭和一桁世代」を中心に、「少国民世代」と「戦後世代」を交えての「学習会」は、互いに試行錯誤を繰り返しながらも、「民主主義」を自ら実体験する一二年でもあった。「民主主義＝多数決の原理」という図式でのみ捉えていた段階から、基本的人権思想を踏まえた理解への道のりは、知識として「わかった」としながらも、「学習会」の運営および日常生活のなかで実体化していくことの難しさを伴った。とくに戦争体験を現在どう生かしていくかという課題を抱えて、会員一人ひとりの自己変革が要求され、辛い経験を幾度か重ねて今日まで継続してきた。夫の転勤や老親の看護、孫の世話、あるいは新たに自分を生かす場を見いだしたりして「学習会」を離れた人々も含め、この「学習会」に関わって得たものは程度の差こそあれ大きかったと思う。

私たちは右のような過程をたどりながら、「日本の歴史」を通史的に学び、そのうえで会員の戦時体験を踏まえて「教育」の側面から再び日本の歴史を学び直してきた。その学習成果の第Ⅰ号が一九八四（昭和五九）年・夏の『私たちの記録 Ⅰ――戦争・平和 そして学習』であり、第Ⅱ号が今回の『私たちの記録 Ⅱ――わたくしたちが受けた教育』である。

この二つの成果は、いずれも学習の課題として取り組んだものであり、初めから冊子として刊行することを目的としたわけではない。「勉強より援農の時代に、リポートなど書いたことがない」といった一桁世代の声や、「課題を設定するところからやりたかった」という、戦後民主主義教育を経験した世代の意見もあった。ためらう気持ちを克服し、話し合いを重ねながら作業を進めていくなかで、それぞれが視点の広がりと思考の深まりを少しずつ獲得してきたように思う。

このたびのタイトル「わたくしたちが受けた教育」は、太平洋戦争について学んでいたときの「戦争中に学校や新聞などで受けていた情報と学習のなかで知る事実との差に深い憤り」を感じ、「教育というものが、どんなに大きな意味合いをもっているか」を実感した「昭和一桁世代」の会員たちの声に基づき生みだされたものである。そこで私は、その実感を会員たち自らの手で検証することを提案した。検証のフィールドは旭川地域、対象人員は一〇〇名、方法はアンケート形式で、検証のための資料収集を開始した。「生まれて初めての経験」と尻込みする声もあったが、二〇名全員が協力しあって目標を達成することができた。

それが資料「教育に関するアンケート」である。全二八項目にわたる調査結果は、会員の予想を越えて貴重な資料を提供してくれるものとなった。初めての集計作業は、「自分たちの方法を見つけながら」との条件が出されて、全員悪戦苦闘した。「方法の雛形《ひながた》を」という要望もあったが、私はあえて提案時の方針を貫いた。会員の自立のときをつくらなければと思っていたからだった。一年をかけて集計作業は終了した。

その作業半ばで私は止むなく旭川を離れる（夫の転勤）ことになった。「今後どうするか」で悩んだ。結果は離れていても可能な方法で連絡を取り合って継続すると決まり、アンケートの報告書作成作業を進めてきた。これには七人の会員があたり、その努力の甲斐あって地域の歴史資料として残すことが可能になったのである。『私たちの記録』は、第Ⅰ号・第Ⅱ号ともに会員自身の記録と会員が収集した地域の記録から構成されている。

本書は、青春時代を戦争のなかで過ごし、戦後の激動期に結婚適齢期を迎え、高度経済成長期に、仕事中心の夫を支えながら、子どもたちを育ててきた女性たちが積み重ねてきた地域史記録の一二年間の成果である。この試みの芽が、将来旭川の地で育てられていくことを期待したい。

一九九〇年八月

山村　淑子

はまなす

1　戦争体験と歴史認識

忘れることのできない日

川口千恵子

第Ｉ回目の『私たちの記録』校正段階のある日のことです。私は山村淑子先生の資料の「まとめ」の草稿を読んでいました。

「おわりに」の文中に自分の気持ちと異なる言葉のあるのに気づきました。それは「資料を見る限りにおいて、当時の女学生たちの戦争に対する向き方が希薄であったため（兵士として出向いた青年たちと比較してみるとよくわかる）」、という一文でした。何度読み返しても気になるのです。次の集まりに思い切って先生に申し出ました。

戦争当時、幼い気持ちですが私たち女学生の心の中には大人以上に、純粋にお国のために尽くしたいとの燃えたぎった気持ちがありました。しかし、女であること、女学生であることで、直接戦争で戦うような行動はできません。一学年上の方で卒業と同時にほかに決まっていた就職を辞めて、横須賀海軍工廠《こうしょう》へ出向いた友人がおりました。後年になってお会いすると、「あのときは、私がお国のためにと、若かったわね」と話をされますが、その友人だけでなく、私たちもお国に尽くすことは当然と考えていたのでした。

同年代の編集員も、四〇年前の自分たちの状態や、心のうちを思い出しながら、先生との間に激しく、また、熱っぽく議論が交わされました。そして当時女学生だった私たちが、軍服の縫製作業をし、人手不足を補うための援農に、また、学徒動員（軍需工場や郵便局等）と、純粋にお国のために働いたことも、結果的には戦争遂行を支えていたことになり、「女学生であっても間接的には、戦争に協力してしまっていた」との結論が出ました。私たちは本当にショックを受けてしまいました。

「学習会」で『太平洋戦争』を学んでから頭の中では、自分は戦争の被害者であると同時に、アジアの人々に対しては日本国民の一人として、加害者の立場であったとわかったつもりでいました。このたびの戦争は、日本が中国や朝鮮に侵略することから始まった戦争で、日本国民は政府の政策と命令のもとに総力戦でたたかいました。しかし、その体験を現在どう生かすかという視点から捉え直していくと、上層部の指導者や、直接戦場で手を下した者のみが「加害者」であったと言い切れないことに、ようやく気づいたのでした。私たち女学生が純粋に「銃後を守らなければ」と思った気持ちは「国のため」であり、「戦争を支える」ということにつながる当然なことが、私にはこのときまで納得できずにいたのです。

「学習会」での発言も少ない私たちでした。太平洋戦争について学習しながら、当時の戦果の報道内容と事実との違いに戸惑いが大きく、ただ、驚くことばかりが多く、先生とこんなにも議論したことは初めてのことでした。この数十分が私には何時間にも感じられ、そのときに先生が、

「いまでも、わかったのは遅くはないのですよ。みなさんはこれで一つ乗り越えて、出発点から一歩踏み出すことができたのですから」

とおっしゃってくださった言葉とともに、決して忘れることはできないでしょう。

重荷だった編集のことも、人との関わりによって知ったたくさんのことがらや、忘れられないこの日の出来事が、手にした『私たちの記録』にこめられていて、私のこれからの糧となることを嬉しく思います。

戦後に教育を受けた友人は、記録集を読んで「何も

知らなかった自分が恥ずかしい」といいました。しかし私は戦争を体験しながら、何もわからずにいたことをいっそう恥ずかしく思いました。

「おわりに」が脳裏《のうり》に焼き付き、改めて考えさせられています。


（「会報一二号」より）

「重い・思い」

松本　高子

一九八五（昭和六〇）年一二月六日（金）「旭川歴史を学ぶ母の会」の本年最後の例会時に、岩波創刊40周年記念の『世界』一一月号のなかの、R・ヴァイツゼッカー西ドイツ大統領の演説について学習しました。感動とともに何故か忘れることができぬまま年を越しました。

同年九月二〇日に発行された会報『ハンド・アンド・ハンド』No.13の掲載文中、すでにこの演説にこだわった高校生がいたことが紹介され、その意見にも感じ入っていました。

そして、二日後の一二月八日（日）『朝日新聞』の「座標」で開戦記念日の反省として、論説主幹松山幸雄氏の―過去の教訓学ぶ日に―という次のような記事を見かけました。松山氏は、

「米国の新聞はよく、太平洋戦争開戦記念日の一二月七日（日本の八日）に、社説や特集で『真珠湾攻撃』について書きたてる。米国人にとってこの『汚辱の日』は、油断を戒める国民的反省の日、だからだ。

一方日本人の反省は、もっぱら八月一五日に行われる。甲子園の高校野球が熱戦を中断して全員黙禱《もくとう》することで象徴されるように、多くの日本人は厳粛な気持ちで一日を過ごす。

だが『あやまちを繰り返すまい』と決意を新たにするのに、果たして敗戦記念日が最適の日なのかどうか、私はこのごろ疑問に思うようになった。むしろ開戦記念日こそ『国民的自戒の日』にふさわしいのではない

だろうか。（中略）

今年五月、ドイツ降伏四〇周年にあたりワイツゼッカー西独大統領は『過去に目を閉じるものは現在にも盲目である』『（ドイツ民族の苦難の）原因は、終戦ではなく圧制のスタート（ヒトラーの登場をゆるしたこと）までさかのぼらねばならぬ』と演説した。

いつの時代でも、政治の最良の教科書は歴史だが、問題は歴史のどの部分から何を学ぶか、にある」と、締め括っている。

この記事を読んでいっそう、日本と違うのは何故だろう——民族の違いか、置かれた場所の相違か、環境か、いや教育か、宗教か、いまの私には答えがみつからないのですが、こんなにも被害者の立場、加害者の立場を冷静に平等に述べた演説は、いつも建前ばかりを述べる日本の多くの政治家の演説と、大きく違うことに驚きをかくせませんでした。私たちも歴史を学ぶなかで、自分たちもアジアの人々にとっては、加害国の国民の一人であり、自分たちも加害者であり、間接的であっても結果的には国民として協力してきたと、気づいてから納得するまで、私のなかではずいぶんと時間かかかったように思います。私は先の演説を二回、三回と読み返しました。自然に素直な気持ちで感動できたのも、過去六年間の学習の積み重ねがあったからだと思いました。

教育史を終わろうとしているとき、私は「今を生きる」ということは、歴史と関係なしではありえないことで、それを学ぶことによって人間が成長し人間らしく生きていけると思いました。教科書問題のなかの〝南京虐殺事件の改ざん〟や〝閣僚らの靖国神社参拝〟に対しては、中国や韓国からの抗議によって問題が提起されています。岩波ブックレット№55『荒野の40年』（一九八六年二月・16頁）で、「後になって過去を変えたり、起こらなかったりするわけにはまいりません」と言われたヴァイツゼッカー西ドイツ大統領の言葉に深く思いを馳《は》せたのでした。

（「会報一四号」より）

遅れた「墨ぬり」

永山　鈴子

はじめに

一九八八（昭和六三）年一一月初旬、私はハワイのパール・ハーバー・パークに立った。常夏の濃い青空のもと、白いアリゾナ記念館が湾内にくっきりと見える。四七年前、日本軍に撃沈された艦と乗組員千百余人が海底に沈み、その上に戦没者慰霊の記念館が建てられている。公園の展示場を見学している間、異国の人々の射るような視線を感じた。日本人の私は身がちぢむ思いだった。犠牲者の方々に心から哀悼の意をこめて拝礼し、早々に立ち去った。

あの日、一九四一年一二月八日、日本の真珠湾奇襲攻撃のラジオ放送を聞いたとき、一四歳の私は「ついにやった」と思った。ものごころついたときには一五年戦争が始まっていたので、その延長線上に英米という大敵が加わり、必勝の信念をいっそう固めたのだった。無謀な戦争に対する疑問や批判等、当時の私は思ってもみなかった。

そこで今回は第一に、戦争中の私の精神形成のもとになったと思われる国語教科書と学校行事を振り返りながら、私が一筋に戦争に関わっていった過程を追ってみようと思う。

第二に、敗戦後、それまで日本国民の精神的支柱となっていた皇民道徳は否定され、私は挫折感で絶望的になっていた。その後、私自身が主体者として生きる自覚をもつまでを記してみたい。

第三に、現在私が抱えているものを整理していきたい。戦後四十数年たつにもかかわらず、当時の教育が私の意識の深層に潜むことを、私は日本史を学習するなかで自覚した。そのため「軍国主義」「国家神道」などを、現在の視点から学び直すことから始めなければばならないと思った。

右のように、戦中から現在まで、私の国家についての心の軌跡を書いてみたい。

一　戦中＝小学国語読本のなかで

私は一九三三（昭和八）年四月、北海道空知郡音江村須麻馬内尋常高等小学校へ入学した。音江山の麓の水田地帯にポツンと建つ学校で、屋内運動場もなく、複式学級であった。

私が教育を受けたのは、いわゆる教育勅語体制下の国定教科書による臣民育成をめざしていた時代であった。田舎では教科書以外の本は手に入りにくい。読書といっても、月一回、祖父が深川町での仕事の帰りに買ってきてくれる『幼年倶楽部』を友だちとまわし読みするだけだった。本が身近に少ない分だけ教科書から受ける影響が大きかったように思う。

私が入学した年から第四期国語読本が使用された。姉が使っていた灰色表紙の白黒刷とは変わって、表紙も本文も各頁カラー印刷の教科書であった。小学校低学年のとき、私は国語読本を声を出して読むことを勉強と思い、毎日、毎日ただ丸暗記をしていた。そのため、他の款科書の内容はほとんど覚えていないが、国語教科書に書かれていたことは記憶している。そのなかで、皇国民意識の根底になる「忠君愛国」「滅私奉公」などが第一義的な道徳として、幼い私の心の深層に積み重ねられた。

そこで、この教科書（文部省『小學國語讀本』複刻版ノベール書房、一九八一年一一月一日発行）をひもときながら、私の精神生活や日常生活につながっていった個所を記憶をたどりながらあげてみたい。

出征兵士

国語読本の最初に開いた頁、「サイタ　サイタ　サクラガ　サイタ」は桜の花の色とともに「日本の花」として私たち世代に強い印象を残している。だが次に開いた五頁には「ススメ　ススメ　ヘイタイ　ススメ」という文と鉄砲をかついだ四人の兵隊さんの絵がある。田舎ではそれまで、私は兵隊さんを見たことがなかった。おもちゃの人形の行列のさし絵は私の軍隊についての原風景になっている。そのさし絵からは過酷な戦場は想像すらできなかった。

二年　巻三の十一　國びき

大むかしのことです。

神さまが、どうかしてこの國をもっとひろくしたいと、おかんがへになりました。（略）東の方のとほい國に、あまつた土地のあるのが見えました。

そこで、神さまは、その國に、太い、太いつなをかけて、ありつたけの力を出して、おひきになりました。（略）こんどは、西の方のとほい國に、やはりあまつた土地のあるのが見えました。（略）

神さまは、かうして日本の國をひろくなさつたといふことです。

小学校へ一緒に入学した向かいのチィやんのお兄さんは職業軍人だった。私が父母と離れ祖父の家に住むようになったとき（一九三三年）には、すでに「満州」へ出征していた。そのためか、チィやんの家のいちばん高い屋根の棟には、いつも細長い旗竿が上げられ、一年中日の丸の旗がひるがえっていた。ある風の強い日に、激しくはためくその日の丸を私はチィやんと一緒に無言でじーっと見上げていたことがあった。そのころの私は「満州」がどこにあるかも知らなかったが、「昔、神さまが日本の国をひろくなさったように、今は神さまである天皇陛下のご命令を受けて、チィやんのお兄さんも『満州』で日本の国をひろげるために戦っているのだ」と思っていた。

一九三七年、五年生になるとき、父母のいる旭川の大成小学校へ転校した。当時、旭川は第七師団のある軍都であった。街の中心は師団通りと呼ばれ、兵隊さんの姿や人通りが多い。夜になると、スズランの形の街灯が美しく輝いて、私には大都会に思えた。

この年の七月七日に日中戦争が始まった。師団の兵士が次々と出征していった。私たちは先生に引率されて師団通りの両側に並ぶ。新聞社からは日の丸の旗が提供された。小学生たちは白い割烹着の国防婦人会の小母さんたちと一緒に、笹の茎につけた日の丸の旗を振りながら「勝って来るぞと勇ましく　誓って故郷《くに》を出たからは　手柄たてずに死なりょうか……」などと軍歌を次々と歌っていた。

軍靴の音をひびかせて重そうな背のうを背負い、銃を肩にした兵隊さんたちの列が近づく。沿道に並んだ子どもも大人も大声で「バンザイ！　バンザイ！」と叫びながら、日の丸の旗がちぎれるほど振りつづけた。私たちは「国のため」「天皇陛下のため」と教えられるままに、出征する兵隊さんを死地へと送った。

現在、私の家に戦病死した義兄の形見となった日の丸の旗がある。墨色がにじんだ寄せ書きの日の丸は私には血の色に見えるのである。

国のはじめ

三年になると、我が国のなりたちについて書かれた単元が急に増えた。「天の岩屋」、「八岐大蛇《やまたのおろち》」、「少彦《すくなひこ》名《な》のみこと」、「天孫」、「二つの玉」と、私が調べたところ、巻五の二五課中で五課、総頁一二八頁中四二頁と一行（約三二％）を占めている。これらは現在、いわゆる神話として捉えられているが、当時の私たちには真実として教えられた。

三年　巻五の一　天の岩屋

「（前略）天手力男《あめのたじからお》のみことは、この時とばかり、さっと岩戸をあけて、大神のお手を取つて、外へお連出し申しました。世界中が、もとのやうに明るくなりました。大ぜいの神様は、手をうつてお喜びになりました。」（傍点は永山）

第四期の教科書で「世界中」となっている部分は第二期では「せかい中」第五期では「世の中」となっている。日中戦争以後、私は「天皇の御稜威《みいつ》はあまねく世界を照らす」という言葉を学校の先生の訓話でよく聞いた。それをすんなり受け入れる下地がここにあったように思う。

• 正式には文部省第四期尋常小学読本巻五の二十一
　天孫

巻五「二十一　天孫」

「天照大神は、天孫にゝぎのみことをお呼びになつて、『日本の國は、わが子孫が治むべき國である。汝、行つて治めよ。天皇の御位は、天地の續くかぎり、いつまでもさかえるぞ。』とおつしやいました。（中略）にゝぎのみことは、天照大神においとまごひをなさつて、大空の雲をかきわけながら、勇ましくお降りになりました。猿田彦《さるたひこ》のみことが、先に立つて、御案内申しあげました。天孫は、日向の高千穂の峰にお降りになりました。さうして、天照大神のおことば通りに、日本の國をお治めになりました」

その挿絵は下の方は雲でびっしりおおわれ、天照大神と一〇人の神様が丸く輪になって、にゝぎのみことお別れをしているらしい。上方にも雲がたなびき、神々の頭上には光が輝いている。

次の頁の絵もやはり雲の上で、天女のような衣をまとった天のうずめのみことが、天孫の道案内役の猿田彦と問答をしているところが画かれている。

この二つの挿絵は三年生だった私の頭に焼きついてしまった。それ以後、先生方が授業で話された「高天原」は天上にあるというイメージを作っていた。「神様は神通力を持って天上から下界へ降りて来られるのだ」と信じてしまった。

そのため、五年生の「国史」の最初の時間に日本の土地が固まっていないころの話を先生が上手にしてくだったときには、それを歴史の真実として受け入れた。それは「伊弉諾ノ尊《いざなぎのみこと》、伊弉冉ノ尊《いざなみのみこと》の二柱の神様が天《あま》の瓊矛《ぬぼこ》（玉で飾った矛《ほこ》）でコーロ、コーロとかきまぜ、その滴《しずく》で島が次々と出来、大八洲《おおやしま》を作られました」というのが我が国の肇《はじめ》であった。

・六年　巻十一の十一　「皇國の姿　（二節）大神のみことのまゝに　神の御子、代々のみかどの　しろしめす我が日の本は、神と人和らぎむつび　天と地とはに幸あり」

・巻十一の十二　古事記の話

「天の岩屋、八岐《やまた》のをろち、大國主命《おおくにぬしのみこと》、天孫降臨、二つの玉等の神代の尊い物語を始め、神武天皇や日本《やまと》武尊《たけるのみこと》の御事蹟、其の他古代のすべての事が古事記にのせられて、今日に傳はつてゐる。それは要するに我が國初以来の尊い歴史であり、文學である」

　このように『古事記』をそのまま日本の歴史として描写した国語の叙述とそれを心にこめて上手に話してくれた先生の授業を受けていく過程で、神国意識が徐々に私の心の中につくられたと思う。

祭政一致

　思い返せば、戦争中は学校の各教科、祝日の訓話、学校行事等で日本における祭政一致を繰り返し教えられた。「敬神崇祖の念をやしなうこと。天皇は現人神《あらひとがみ》であり、大御心を以て日本を統治される。臣民は天皇を大御親と仰ぎ奉り忠義を尽すこと。これは世界に比類ない日本の家族国家の特徴である」等の言葉は、いまも次々と鮮明に口をついて出てくる。

　ここで私は、当時の体験を思い出してみる。五年生で大成小学校へ転校してまもなく、「六月の一カ月間、登校前に上川神社へ参拝するように」と担任のY先生から生徒たちに申し渡された。私は少し不安だった。なぜなら、私の家は通学区域外で神社まで片道二キロメートルくらいはあるし、一緒にさそう友だちも近所にいなかった。翌日の朝、六時ころ家を出る。眠い目をこすりながら駆け足で神社のわき道をかけ登り、みなで参拝する。大急ぎで帰り学校へ行く日がつづいた。ある朝、途中で大きな犬に追いかけられて咬まれそうになった。必死の思いで逃げたことはいまも忘れられない。

元旦には午前六時半に上川神社集合で参拝があった。真冬の朝はまだ暗かったから、一人で神社へ行く道は寒さとおそろしさで大変な苦痛を伴った。しかし、学校行事であれば行かないわけにはいかなかった。神社参拝から走って帰り、学校の「四方拝《しほうはい》」の式に出かける。六年生のとき、「教育勅語」それにつづく校長先生の訓話を受けている最中、しだいに目の前が真っ暗になり倒れてしまった。長い間、寒い運動場で緊張して立っていたためであった。

国語教科書巻五「参宮だより」では「何ともいへない、ありがたい感じがしました」「まことに神々しくて、しぜんとあたまが下がりました」

巻十「明治神宮」では「神氣身にせまるをおぼえつゝ」「大御心のかたじけなさ、そゞろに涙のわき出づるをおぼゆ」「まことに恐れ多き極みといふべし」と教えられた。

一九三九年四月、女学校入学式のあと、上川神社へ参拝し、一年生全員で神社の前で写真をとっている。戦争がしだいに激しくなり、「必勝祈願」「武運長久祈願」を旭川にある二つの大きな神社（上川神社、北海道護国神社）へ学校行事として先生に引率されてよく参拝した。私の小学校時代から敗戦まで、神社、奉安殿はもちろんのこと、裁判所の建物の正面についている「菊の御紋章」にも必ず立ち止まって、無条件で最敬礼をしなければならなかった。私たちの世代の多くはそれが習慣として身につけさせられていった。

私の銃後

国語巻七「弟橘媛《おとたちばなひめ》」は日本武尊《やまとたけるのみこと》が東国の賊を平定するため相模から船で上総《かずさ》の国へ向かったときの話である。船が嵐のため難破しそうになった。おきさきの弟橘媛は「私は、お身代りになつて海神の心をなだめませう。皇子《みこ》は、勅命をはたして、めでたく都へお帰りになりますやうに」と荒れ狂う波間に身を投げた。その瞬間の挿絵がついていた。それは私の脳裏に鮮明に印象づけられた。「勅命をはたす尊のために、自発的に我が身を犠牲にした媛は日本女性のお手本である」と私は思った。

一九四三年三月、私は女学校卒業、戦時統制令によって作られた旭川地方木材（株）に就職した。私には二学年下の妹がいる。四五年に女学校卒業の妹は上級学校進学を希望していた。母はつねづね「女も自活

巻七第二「弟橘媛」

の道をもつように」と娘たちに話していた。私にも妹とともに受験するように勧めた。女学校時代の私は学期末試験のとき丸暗記するだけで、学問に対して魅力を感じていなかった。しかし、私の勤務先は統制会社とはいえ、末端で働いている私には「直接お国のために尽くしている」という実感がなかった。戦局も激しくなり、会社の若い男性社員は次々と出征していった。進学すれば、当時報道されているように「学徒動員の一員として、お国のために何か協力できるのではないか」と思った。

一九四五年二月、S栄養学校を受験した。課題の一項目「榮養学ヲ修メ度シトノ願望ヲ発シタル動機」について書いたのが手許にあるので、その一部分を転記する。

「受験番號　第九七〇號　　山本　鈴子（旧姓）

（前略）食、各人の健康、民族國家の強大發展の原動力たる榮養につき、一般には未だに非科学的に只漫然と考へ作られてゐる。これを打破し、合理的

に改善し指導するこそ、我等女子の使命である。と堅く誓った。戦局は増々切迫し、食糧問題は、日々に質量共重大性を増大し、食は個人的問題より國家的問題となった。民族の生死をとす大東亜戰爭完遂には、是非とも國民の榮養を第一に解決せねばならぬ。新聞を讀み、報道を聞くにつけ、一日も早く歴史ある御校に學び、榮養学を修め、晝夜を分たず決戰増産に挺身する生産戰士、又将來大東亜の指導者たる小國民の強健發育に微力乍らも盡力し、この聖戰完勝の一翼となりたいと思ひます。

結局S栄養学校のあった東京は空襲が激しく、二月に受験した仙台の宮城県女子専門学校（以下、女専と略称）へ行くことにした。時局柄「いつ死ぬかわからない」と考えた私は〝思い出の記〟を書き残した。そして、自分の机の中に白紙で包み、封をして家を出たのだった。その包み封を戦後四〇年経た先日といてみた。

その第一章は「聖上陛下御即位より一ケ月余、一月末私は産声をあげた」で始まる。第六章「もう再びこの家に歸って來れるかどうか分からないが私は今死んでも幸福。（略）旭川の兩親、兄弟よ、さようなら。最後に皇國日本の無窮を祝します」と結んでいる。私は「軍国女子」の文を残して、七月仙台へ進学したのだった。

二　敗戦＝心の葛藤

一九四五（昭和二〇）年七月一〇日は女専の入学式の予定であった。その日の午前零時三分、仙台市はB29一二〇余機による大空襲を受けた。私と妹は中心街より少し離れた長町に泊まっていた。夜空を真っ赤にして燃え上がる炎を防空壕に逃れながら見ていた。女専も北側校舎を焼失、寮も二棟のうち片方は全焼した。入学式は二五日に延期された。焼け残りの校舎で授業が始まったが、仙台は連日空襲警報が発せられた。そのたびに崖に作った防空壕に避難していた。本土決戦が叫ばれ、特攻隊のニュースを耳にしながらも、私は最後には天佑神助《てんゆうしんじょ》があると「神頼み」をしていた。小学校国語巻六「神風《かみかぜ》」で元寇のとき日本が勝利したと教わったように、今度も勝てると思っていた。

しかし、八月一五日、突如「戦争終結ノ詔書」の放送を焼け残った講堂で聞く事態になった。数名の先生と一年生だけだった。上級生は宇都宮の中島飛行機製作所その他へ学徒動員で出かけ不在だった。ラジオを聞いた時点では真の意味がわからず、しばらくして〝敗戦〟を知った。私は呆然として空襲のなくなった青空を見上げていた。

やがて、学徒動員から上級生がもどり、寮は賑やかになった。最上級の国文研究科の先輩が断髪にした。それは大変新鮮に見えた。私たちはおさげをやめて次々と髪を切った。外見は変わった。しかし、私にとって、これまでの「非常時」が日常で、突然おとずれた「平和」は非日常なことであった。

前述したように、私の生きる基準の縦軸は「天皇制日本」であり、横軸は「大東亜共栄圏」に広がる日本であった。その基盤のうえに家族制度下の「家」があり、そこに私が所属していた。ところが、その座標軸が敗戦とともに突然瓦解して、私には依拠するものがなくなってしまった。私は断崖に跣《はだし》で立つ心境に陥り、後へももどれず、谷底も見えないほどの絶望感におそわれた。

世情は平和になり、対岸では「民主主義」「文化国家」の言葉が輝いて見える。多くの学生は日ごと学問に励み始めた。しかし、お国のために学徒動員生として働くことを目指して進学した私は、目的を失った。

しばらくして（一九四六年の初めころ）女専の講堂で国文研究科の二人の研究発表があった。「福沢諭吉について」と「パスカルのパンセについて」であった。発表のなかで、後者の「人間は考える葦《あし》である」という言葉は私の心に深く響いた。私がそれまで受けた教育は、知識を受動的に記憶するだけで、自ら能動的に考えたことがなかったことに気づいた。だが、違いがわかっても、蚕《かいこ》が自らの身体から糸を出すように、私自身が自己内部の蓄積を出しながら橋をかけなければ対岸へ渡ることはできないのだ。そこで手探りで、手当たり次第本を読み出したのだが、暗中模索がつづくばかりだった。しばらくの間、私には新しい生への確信がなかった。「津軽海峡へひと思いに」と連絡船にゆられながら考えたりもした苦しい毎日だった。

当時の日記の一部を抜粋してみると、

「一九四六年八月一一日（前略）愛と認識について、倉田百三の胸の痛い迄の血をはく様な体験からの言句、一句一句心にしみる。精神のはてなき向上、普遍的な隣人愛へと一歩一歩近付く姿（後略）」

八月二九日　昨夜、賀川豊彦氏の講演を聞いた。深い学問的な背景の宗教観より出発せる世界観、絶対者について語り、平和の愛の愛好者として日本の戦争放棄を世界第一の進歩と語る（後略）。

一一月二三日、旭川の妹へ出した手紙によると、阿部次郎の『三太郎の日記』を読んでいる。そのなかに「内面的な絶対的見地よりすれば三尺の竿を上下する蝸牛は、千里を走る虎と同様に尊敬に価ひする」と書かれてあった。そのころから私は大自然の悠久の時の流れのなかに私個人の蝸牛の歩みがあると思った。思案に暮れると、寮の横に広がる暗い校庭で松風を感じながら、星座を見上げるのが私の心の一時の安らぎだった。

「大宇宙、銀河系宇宙、太陽系地球……」とつぶやいては「個」としての生存だけは肯定しようと思い出していた。

一九四七年二月のある日、放課後の時間に、五、六人の級友たちと島田先生（経済学）を囲んでお話を聞いていた。「時代が変革するということは、たとえば、明治維新のとき、急に異なる時代になったのではなく、前の時代を包括しながらなお新しい時代に止揚《しよう》することである」と話された。歴史は連続と断絶ではなく、それ自体のなかに新しい発展の契機を含んでいると知った。私自身もその価値観を矛盾を含みながらも、新しいものへ変えていけばよいのだと納得した。

「一九四七年五月二四日　日記より

模擬国会の代議士会に出席（於　東北大学）

六月一五日夜　自由について話合い

東北大学生三人来寮、寮の食堂で

六月一六日　理論と実践について

羽仁五郎氏の講演会に行く

六月二六日　自治会の準備委員会へ出席、皆活発に発言するのに一驚する。私は何処へも出ず、まだ古い殻から脱し切らない。

六月二八日　自治会発足の〝告文〟を廊下の壁面にはる」

秋には、戦後初の文化祭を行った。その間に卒論を書き、外面的には動いていた。しかし、私は〝当為《とうい》と存在〟について考えあぐねているなかで、学生生活の終わるときがきてしまった。戦争放棄、民主主義などの言葉を頭では一応理解したつもりでも、私の視野は政治、社会へは広がらなかった。

一九四八年三月、卒業すると、級友は教職に就いた人が多かった。私は自分が教える立場になる自信はなく、郷里の旭川へ帰った。

三　戦後＝四十数年を経て

敗戦の翌年（一九四六年）天皇が神格否定の詔書を発布された。私は〝そうだったのか〟とは思ったが、これを国家神道、政教分離の問題として考えることなく曖昧《あいまい》のままにしていた。

井上清氏は『天皇制』（東京大学出版会、一九五三年初版）で、「日本人の天皇にたいする信仰は決して二千年以上の長い傳統によるものでなく、明治以来の天皇を主權者とする政府があらゆる手段をつくして國民に天皇信仰を教育宣傳強制した結果であった。そうした天皇信仰が作り出されたことそのものが軍國主義の必要に基づいていたのだが、昭和以來の軍部も政府も、その信仰を利用し、ますますそれをあおりたて、

『天皇陛下の御為に』の一句で國民をこの戦争に投げこんだ」と記している。

右の論文が発表された年、私は学校を卒業、秋には結婚した。それ以来、自営業者の妻として経済中心の目まぐるしい生活を送っていた。しかし、その間にも気になっていたことがあった。

一九八七（昭和六二）年に亡くなったY叔父（一八九八年生）の長男は海軍に入隊し二二歳で戦死して靖国神社に祭られた。それで、叔父は倒れる一〇年ほど前まで、毎年北海道護国神社祭に必ず出かけてきた。いつもT村が公的に手配したバスで来旭、戦時中のように復活された慰霊大祭に遺族として列席した。その夜は必ず我が家に泊まった。そのたびに叔父は好物のお酒を飲みながら述懐した。「親孝行息子のおかげで、今年も旭川のお祭りに参拝できた。それに遺族年金が下りるので、小遣いには不自由してないからありがたいものだ」と。それを聞く私は、いつも心の中で思った。「息子さんが生きていたら、天皇や国の命令で戦死しなかったら、今ごろはさぞ頼りになったでしょうに」と毎年割り切れない気持ちだった。

一九八五年私は知人一〇人と連れ立って宮崎県高千穂《たかちほ》町へ旅した。「神々の里」と標識の続く山路を高千穂峡へとたどり「天ノ岩屋神社」までいった。真新しい拝殿に向かうと、「お山全体が神域で御神体であります。その山裾の谷川のほとりの左隅に岩穴らしきものの入口が木陰から少し見えます。そのほら穴が天ノ岩屋であります」と神官の説明があった。そのとき、私の頭の先から足のつま先まで、電流が走ったように思った。「神話に出てくる神々は人間だったのだ！」瞬間、ひげをはやした古代の人々が貫頭衣《かんとうい》を身に着けた姿で、この川の水を飲み、魚をとり、山の木の実を食べる姿が白昼夢のように私の眼の前をよぎった。

思えば一八七九年の「教学聖旨」以来、「其幼少ノ始ニ、脳髄ニ感覚セシメテ」という国家方針通りに暗記させられ、教化された国家神道が、私の骨の髄《ずい》までしみこんでいた。その神々からいまやっと解放されたと感じた。そしてまた、古代の信仰が厳しい自然に対するおそれと崇拝から生まれたこともうなずけた。

明治時代に作られた帝国憲法下では、天皇は政治の主権者・唯一最高の軍隊統帥者・国家神道の最高の祭祀者であった。それゆえに私は太平洋戦争の天皇の戦争責任について、国内的には法的に責任はないが道義的にはあると考えている。アメリカを中心とした占領軍政策の変更により不問になったという事情があった。しかし、日本国民自らが自らの力で戦争責任を追及する試みもなく、昭和天皇自身もそのことに触れることなく、一九八九年一月七日、在位六四年の一生を終えられた。

「国家神道」以来、人々に無意識的に定着してきた天皇および皇室信仰が現在も慣習を通して持続していると思う。日本人の「同一血縁集団的家族国家意識」と一種の古典的崇拝信仰が混然一体となっているため、天皇制批判をタブー視する風潮が戦後もつづいてきたと思われる。つまり、第二次世界大戦を経過した他の敗戦国の指導者に対する国民の対峙のしかたと日本の対し方との相違は、日本の祭政一致的体質にあったと私は思っている。

日本国憲法でも「天皇は、日本国の象徴であり日本国民統合の象徴」と私には抽象的で理解しにくい表現になっている。多くの犠牲のうえで得た「主権在民」であるのに、最近また天皇の権威をたかめて「元首」という言葉も聞こえてくる。時の為政者によって再び天皇が利用されてはならないと思う。それゆえ、天皇は日本国憲法を守る意志を大事にされて、政治、外交等国事儀礼とは関係なく、個人として天皇家の祭祀と伝統文化の保持に専念してほしいと私は考えている。

おわりに

一九八一（昭和五六）年、「歴史を学ぶ母の会」の特別行事で、一九四四年〜一九四五年に起こった上川郡東川町の中国人強制労働（遊水池・農業用水かんがい溝）の現場を見学した。そのとき以来、私の戦争による被害者意識は、日本国民の一人として侵略戦争の加害加担者である一面をもつことを痛感せざるを得なくなっていた。

私は〝サクラ読本〟の時代に教育を受けた。それは当時の国家が必要とする国民を育成するための教育であり、歴史上の一揆《いっき》、自由民権運動等、時の政治権力に人間としての権利を主張して抵抗した人たちは教科書に記載されていなかった。忠実で従順な臣民を手本とし、個人の人権に言及されることはなかった。敗戦後も私は、基本的人権を意識的に尊重することをせずに生活してきたことを反省している。現在、学習をしながら私の受けた教育を見直し、私は罪の意識とともに自分自身の手で遅れた『墨ぬり』をつづけている。

ところが昨年（一九八九年）三月告示された「学習指導要領」の小学六年の歴史学習に東郷平八郎が登場、「君死にたまふことなかれ」と反戦を歌った与謝野晶子、足尾銅山の鉱毒問題で民衆のために活躍した田中正造等が教科書から削除されようとしている。

樺太へ出征した勇叔父は、「敗戦後の戦闘で戦死した」と空の遺骨箱の姿で年老いた祖母のもとに帰ってきた。小学校で私と同級生のYちゃんは、「満州」の残留中国婦人として敗戦以来苦労されている。

北海道綴方教育連盟事件で息子さんを逮捕され、その不当性を涙ながらに義母に訴えていたSさんのお母さんなど、私が学習しながら知ったさまざまな苦難を背負った人々を思うとき、地球上に暮らす一人ひとりが人間として〝存在〟そのものを重んじられる教育が実現することを願って止まない。

〔参考文献〕

永原慶二『皇国史観』岩波ブックレットNo.20　岩波書店、一九八三年。
山住正己『日本教育小史』岩波書店、一九八七年。
山住正己『教科書』岩波書店、一九七〇年。
大江志乃夫『靖国神社』岩波書店、一九七〇年。
井上清『天皇制』東京大学出版会、初版一九五三年一九八四年版。『歴史評論』特集「天皇制と祭祀」校倉書房、一九八〇年一〇月。

記憶をたどって

島田ムツ子

戦後民主主義、男女同権などの流れのなかで私は家庭から出ることの少ないときを過ごしてきました。そのため自由、自由と手の平に書いては心を惑わせていたときがあったのです。ある日、「歴史を学ぶ母の会」との出会いがあり勢い込んで会に入りました。そして自分のための時間がもてたことに大きな喜びを感じたのでした。やがて「見る」「知る」「習う」ことで多くの反省と疑問にもぶつかることに気づきました。そしていま一目散に駆けてきた私自身の歩みを振り返る機会を得て、その記憶をたどってみようと思います。

最初に思い出すことは小学生時代の祝祭日のことです。大祭日の式当日が近づくと、全校生徒が屋内運動場に集まり必ず奉祝歌の練習が始められました。寒中白い息をはきながら並んで最敬礼をしていると、校長先生の靴音がします。先生はモーニング姿に白い手袋をつけて現れ、厳粛な雰囲気を作り出していたと思います。

小学校低学年のときでした。学校奉安殿より半丁ほど先にある市場が火災になったことがありました。市場は一枚の屋根つづきであるため、火の手は意外に早くまわり、火の勢いが強かったと思います。そのとき、野次馬に背をむけたまま薄暗がりのなかで校長先生は「背のう」を背に、奉安殿の前で直立不動で立っていたのでした。御真影、教育勅語を「いのち」よりも大切にとの使命が課せられていたのでしょうか。いまになってその意味に気づきました。

一九四〇（昭和一五）年でした。「金鵄《きんし》輝く日本の、栄ある光身に受けて……」と皇紀二六〇〇年の歌をうたい、万世一系の御代を寿ぎつつ、校下内を学校あげて奉祝旗行列をしました。その思い出は嬉々として楽しいものでした。世界に類のない神国日本を誇りに思っていましたし、神話も大好きで先生からもよく聞かされておりました。そのため一九四一年一二月八日太平洋戦争開戦を校長先生から聞きましたときも、日本が勝つことのみを信じ、負けることなど思ってもみませんでした。まことに「良き少国民」として育っていたと思います。

一九四三年のことだと思うのですが、音楽の先生が急ぎ五線譜板に一つの歌を書きました。「衿を正しておごそかに、感謝ささげよ倒れたる、わが皇軍の同胞に、凱歌《がいか》とどろく今日にして、弔え殉国勇士の霊を」といままで習っていた早春賦などの歌をはらいのけるようにしての練習でした。なぜそのように急いだのかはわかりませんでしたが、寺院での慰霊祭に参列し、そこでうたった旋律のもの悲しさと、その光景がいまも鮮明です。不思議なのはいまでも、前に書きました歌詞を覚えていて口ずさむことができるのです。それがかえって「こだわり」となって残ってしまいました。

思えば私のものごころついたときから、家の前を演習にでも向かうのか「背のう」を背に鉄砲をかついだ兵隊さんの行進するのをたびたび見ていました。小学唱歌「鉄砲かついだ兵隊さん、足並そろえて歩いてる、とっとことっとこ歩いてる、兵隊さんはきれいだな、兵隊さんは大すきだ」幼いころの私はよくこの歌をうたっていたように思います。そしてこのときの姿と私の習ったサクラ読本にある「ススメ、ススメ、ヘイタイススメ」の色刷り挿絵の姿とまったく同じであったのを最近思い出しました。それはあたりまえのこととして受けとめていたからでしょうか、そのようなことをいままで思い出すこともありませんでした。

旭川は軍都のせいか日曜日には大勢の兵隊さんであふれていたように思います。それがやがて風雲急を告げるようになり、戦地に向かう兵隊さんを師団通りで日の丸の小旗を振りながら見送りをしました。そのころの私にはそのときの状況などわかるはずもなく、ただ勇壮で、頼もしい光景として心に残っております。先の慰霊歌を「こだわり」とするならば、その時代、風潮、生活が私の心と同調して無意識に記憶のなかに残ってしまったものと思われます。

去年の春のことでした。「恵山つつじ」の美しく咲きほこっているのがテレビで紹介されました。そのとき庭守りの方でしょうか、つつじの花をついばみ食べるのを見ました。かたわらで夫が「シベリアでつつじの花を食べたよ」とぽつんといいました。シベリア生活には、厳しさも多々あったのに、夫はあまり多くのことを語ろうとはしません。

その年の秋に、私の手許に「北海道開拓記念館だより」が届きました。その記事中に「クローバー牧草一斉採種運動」のポスターがのっていました。それは一九三四年ころ、北海道庁と北海道農会によって作成された色刷りポスターで、それまでほとんど輸入に頼っていたクローバーや牧草など緑肥、飼料、作物の種子の採取をすすめるためのものです。そこには、のぼりのついた旗竿を握る国民服姿の男性とクローバーの花束、背景にオカッパ頭の子どもたちがクローバーの種子を取っている姿が描かれています。私はそれを手に一瞬「どきっ」としました。この子どもたちこそ当時の私の姿ではありませんか。そのとき私は学校に提出するため、家の裏の空き地にレッドクローバーの咲いたのを見つけ、喜び勇んで籠《かご》一杯に花の種子を摘み取りました。これで先生との約束を果たせたと思い早速家に持ち返り部屋で広げたのです。

そのときなにか耳の中がおかしい、と指を入れたとたん、黄と黒のまだらの「くも」が出てきたのでした。私は悲鳴とともに飛び上がりました。思えばそれ以来怖かった記憶が呼びもどされるため、いかなる小さな「くも」といえども絶対にまともに見ることができなかったのです。しかしそのようなことをいっていられないときがやってきたのでした。それは援農で素足で水稲の草取りをすることになってしまったのです。そのときの足もとに寄ってくる「くも」のこわさも忘れられないものとなっています。

一九四三年、そして一九四四年、このころは繰り返される援農と縫製作業室に変わってしまった教室のことが思い出されます。軍服のつくろいや戦闘帽なども作りました。防空頭巾と非常食のカンパンの入った布袋を肩からさげ、血液型入りネームを胸に母の作ってくれたひだ付きモンペ姿で登校していました。いつの間にかスカートがモンペに、セーラ服が白い襟の新制服に変わっていきました。けれど少しも疑問などもたず勝つまでは、と忠実であったのを思い出します。

一九四五年八月一五日、敗戦を迎え、その後の秋の援農もようやく終わり、やがて待ち遠しかった学校での授業も始められました。記憶に残っていること、それは先生が黒板に女性参政権、民主主義などの文字を大書したことです。戦時色の言葉から一転したその変化に驚きを感じましたが、新しい時代の到来を告げようと一生懸命であったと思います。

当時のノートに「萬民は生來平等なり」というのがデモクラシーの神髄であり、階級も身分の差別もない、各人が民主社会のうちにそれぞれの分担をもち、それぞれ必要な存在となっている。福祉と平和ということに自ら責任をもたねばならない云々、と書いてありました。二学期の後半、三学期とまたたく間に過ぎ、学業なかばのかたちで卒業を迎えてしまいました。修学旅行、卒業アルバムのない淋しいものでしたが、各先生が思い出にとお別れの言葉をノートに書いてくださいました。そのなかで国語の先生の「まてば海路の日和あり」、人生の起伏を思って書いてくださったのでしょうか、後年になって私の心の内に沁み入る言葉となりました。

一九四六年四月、戦後第一回衆議院総選挙で初の女性議員三九名当選、女性参政権実現の日でした。私はただ女性にも選挙権が得られたということの理解ぐらいで、女性解放運動からの長い道のりがあったことまで思いおよびませんでした。このときの街角は各党候補のマイク合戦で騒然としており、こうした戦前とうって変わった戦後の新しい流れに平和を強く感じたものでした。

いまこうして思い出をたどっているうちに、改めて戦争というものが見えてきたように思います。それは言葉だけでなく私の心に確認の形で強く響くものがあります。当時の私は見ていてもまったく変だという気にはなっていなかったのです。心がそこにあっても「おかしい」ということがわからなければ見えてこないということもあります。ようやくいま、事実を次代に伝えることが大切であり、それがいつわりのない歴史を作っていくものであるとわかってきました。戦争は犠牲しか残りません。戦中を生きたからこそ真の平和を尊びます。

いま、ひと呼吸してみますと、自分のたどってきた歩みも見えてくるように思えます。戦中は命ぜられるままに何の疑問もなく勝つために、国のためにとまことに忠実でありました。戦後の私は嫁としてまたそれと同じようにまわりに同化することのみを考えていたように思います。女は女らしく柔順であり家庭を守ることをすべてのように思っておりました。

一昨年義母が米寿を間近にしながら他界いたしました。自分の人生に真正面に悔いなくぶつかって生きた人で、女性としては豪快な面もあり、またこと細やかな配慮もあり、その柔軟さに魅力があったと思います。その義母が一九一四（大正三）年庁立小樽高等女学校の入学試験の出題に、輔弼《ほひつ》と国語の書き取りに出て、それを幸い覚えていてよかったといっていたのをいま思い出します。「明治憲法の観念で天子の政治を助けること」の意といい、その出題に意味の深さをうかがい知れます。

我が家に「人の一生は重荷を負うて遠き道を行くが如し、急ぐべからず……」と徳川家康遺訓の大きな額が、まるでご意見番のようにいまも頭上に鎮座しております。義母の父の書で、義母が嫁してくるときに持参したものと思われますが、この額を見上げつつ先代に従い尽くしてきたのでしょうか。嫁すときすでにその心構えを諭されていたように思われます。

母から娘へ、その娘もまた母になり、またその母から娘へ、とのつながりのなかで人間の生き方や知恵が伝承されるという一面とは異なる存在をみたような思いがいたします。私が嫁いだ家では「教育勅語」を奉る背景とともに古来の美徳を守り、長幼の序を守る家風は氷続されてきたのでした。私自身が受けた教育も軍国調のなかにも良妻賢母が前面に出ており、己を捨てて人に尽くすことを教えられたと思います。

しかし、その実践はまことに難しく実際には何もわかっていない私でした。二〇代の未熟さのなかで家風の違いとそのこわさに目線を上げることのできなかった当時のことが思い出されます。そこには謙譲語のなかでの意思疎通の違いがあり、また気働きなど、心づかいのできなかったゆえかもしれません。

五年前のことですが親族旅行をいたしました。前日、本家である我が家に全員集合、主な目的は静内町島田家ゆかりの地を訪ねることでした。維新の動乱で淡路藩主稲田家に従って北海道静内へ上陸し、そこで暴徒にあったり、大火にあったりの苦心談が語り継がれており、私は船山馨の小説『お登勢』を頭にめぐらせての旅でした。そこには斬新なレリーフが建てられており、その絵に上陸時を彷彿《ほうふつ》とさせられました。私たち一行は碑名に祖父の名を確認し、その前で記念写真を撮りました。そして義父母ともに他界したいま、私は年長者となり、義母と同じように子、孫にこれらご先祖のことを語り継いでおります。

かつて家族主義が強調されて、家長を中心に家系の存続を尊重する家族制度も、戦後新民法によって廃止となり平等主義の家族、夫婦中心の家族となりました。それはいつも心のうちに望んでいたことではありましたが、私にはそれを変える勇気もなく平穏主義をとっていたと思います。いま「嫁」から「姑」と立場が変わって、ようやく新民法のことを振り返りますが、私はまだ伝統的な家族意識から抜け出していない自分を見いだします。「古きもの捨てよ」と思い、捨てきれず古来の美徳のなかにおり、この美徳に振りまわされた私ですが、まだ取捨選択のできていない現在です。

私が学んだ古来の美徳とは耐えること、尽くすこと、経験を積み努力すること、でした。それらを私なりに解釈し、目標を義母において「学ぶ」いや「まねぶ」ことに懸命でありました。しかしそれは女の宿命を、そして封建社会から伝えられてきた服従を継承していたことになると思います。時が過ぎて「ありがとう」という言葉を残して他界した義母の老いの一生を見たとき、そこには尊敬する心、信頼する心、いつしか温かい心のつながりのあったのを感じます。「人は出会いから始まる」、義母は私のなかでの大きな存在でした。苦しみや悲しみも、耐えることも、尽くすこともいま「無」となり、やがて小さな点となって消えてしまうのでしょうか。

戦中、戦後を通じて多くを学び、同時にそれは私自身の生き方に対する反省とつながります。人の一生は重荷を負うて遠き道を行くが如し……なぜか最後に「待てば海路の日和あり」と心の中で唱えていた自分がおかしくもありますが、ここで一つの節目としてくぎりをつけたいと思います。

いま気づいてみるとあふれるような「時」に囲まれている私です。そして自由とは「時」であったということに気づきました。それなりに幸せのなかにおりながら、幸せを感じないことがいちばんこわいのかも知れません。平和のなかにいて平和を感じないことも同じだと思います。私は平和だから、幸せだから、自分の立場が変わり、「時」が得られたから過去を振り返ることができたのかもしれません。

幸せの価値観の違いはありますが、私は健康であり、まわりの優しさに囲まれており、家族の輪のなかでの必要な存在でありたいと思います。

いまようやく折り返し点に立って温故知新、古きを訪ねて新しきを知る、今度こそゆっくりと歩みたいと思います。

三沢空港の待合室で

高木　絢子

日常の生活に直接関係がないように思っていても、その人に知識の有無、興味のあるなしによって受け取り方も感じ方も異なったり、見過ごしてしまったりすることがある。私が少しの興味も疑問ももたなければ、ただ珍しい見慣れぬ光景を見てきたとすましてしまったかもしれないことがらに遭遇する機会をもった。そのことを書いてみたい。

それは、一九八七（昭和六二）年一一月二四日、晩秋の青森まで小旅行をした帰りの三沢空港でのことで、それまでの楽しい旅に浮かれていた私の心は引き締まる思いだった。

前日の三沢の街は晩秋の穏やかな一日であったが、この日は初雪でありながらボタン雪が降ったり、吹雪《ふぶ》いたりという悪天候で、我々が乗る予定の朝の便の飛行機も五〇分遅れとなった。その間私は搭乗待合室で出発時刻を待ちながら、窓ごしに飛行機の離発着の様子を見ていた。

すると、突然右上空より、濃いグリーンの胴体の太い軍用機が、重そうに降りてきた。私は息をのむ思いで眼前を通過するその軍用機を見ていた。軍事基地として全国的に名が知られている三沢である。けれどこのように毎日軍用機が飛び交っているのだろうか。

私が待合室で待っていた一時間ほどの間に、戦闘機が二機、白いジュラルミンの奇妙な形の偵察機二機が降りてきた。待合室の窓からの視界は空港の建物のため限られていたが、軍用機は別な場所から離発着しているようである。前方には迷彩を施した大きな建物があった。それはスクランブル用の軍用機の格納であるらしいと聞いた。やがて、その建物のあたりから二メートルくらいの高さの長い柵が自動的にスルスルと斜めに延びて、空港を二分してしまった。どういうことなのか私は不思議に思った。その柵は二〇分くらいしてまた建物の陰のほうに消えてしまった。

私が目撃したのは以上のことである。これらのことは三沢空港では毎日見られることかもしれない。しかし軍用機が日常的に離発着している光景は私にはショックだった。そのうちに搭乗待合室も乗降客で混雑してきた。客の多くはそれぞれテレビを見たり話をしたりして、窓の外で起こっていることには何の興味ももってはいないようである。二カ月ほど前、米軍の戦闘機による超低空飛行訓練が北海道南部で行われ、その騒音のために乳牛の乳が出なくなったり、競走用の馬が牧場で暴走したため骨折したりしたとのニュースがテレビや新聞で報道された。それが今回私が眼の当たりに見てきた三沢基地から発進されたものであったことに気がついた。

三沢市の人口は四万二〇〇〇人。そこに米軍関係者が一万二〇〇〇人もいる。三沢市にとって、基地の存在は大きく重要な位置を占めている。この現実を市民はどのように受け止めているのだろうか。私たちの住む旭川も戦前は軍都として栄え、現在も自衛隊をもつ街であってみれば、三沢で見てきたことがよそごととも思えないのであった。旭川の街でも重要なことが日常的に行われ、進行しているのを私たちが知らないだけかもしれない。そして北海道でも軍民両用の千歳空港で、三沢と同じ光景が見られるはずである。しかし三沢と同じように千歳市民もなに気ない見慣れた風景と見過ごしているのだろうか。

そんなことを考えているとふと安保条約のことが思い出され、私は複雑な気持ちになった。今後全国に散在するこれらの基地が、日本にどのような影響を与えていくのか。それに対し我々日本人はどのような態度をとるべきなのか、今後もつづけてみつめていかなければならないと思った。

このたびの小旅行は私に日本の将来を含めて、多くのことを考えさせてくれた旅となった。

2　戦時下の学校教育

湯島国民学校

中里　孝子

一九四二（昭和一七）年四月、私は東京本郷区（現文京区）湯島国民学校に入学した。

その前年、一九四一年四月一日から、小学校は国民学校と改称されていた（国民学校の名称は一九四七年三月三一日まで使われた）。

このたび、その学校が取り壊されることになった。周囲にビルが建ち並び、学童の数が減少したため、それに見合うように小さく建て直すのだそうだ。過日その近くまで出向いた折、昔のままの古い校舎をみることができた。コンクリート造りの建物で角が丸い。あの丸くなっているところは音楽室だったなどと、幼かった日を思い出しながら眺めてきた。

一九三六年二月生まれの私は、戦争が終わったとき、国民学校の四年生だった。戦後まもなく学校では、いままで使用していた教科書を、墨などでぬり潰《つぶ》す作業をした、いわゆる〝墨ぬり世代〟と呼ばれる年代の一人である。しかし私自身は消したのかどうか記憶がはっきりしない。まして教師にどのように指導されて作業をしたのか、またどんなふうにどんなところを消したのか、さっぱり覚えがない。それよりも、大きな紙（新聞用紙だったそうだ）に印刷されたものを、各自で切ったり折ったりして本のように仕上げ、教科書として使用したことのほうをはっきりと覚えている。

九月二〇日に文部省から、従来の教科書のなかの軍国主義など適当ではない教材については、全部あるいは部分的に削除するようにとの指示があったということなので、四年生としても確かにぬり潰しているはずなのだと思う。

同年の古い友人（東京）に聞いたが、やはり切ったり、折ったりしたほうが記憶にあるというし、別の友人（旭川）は消したことは覚えているが、何といわれたのかいまではわからないという。当時、旭川で高等科二年生だった知人は、「消そうにも教科書がなかった」とのことだし、樺太で工業学校二年生だった男子は、「教科書はあったけれど、勤労動員ばかりだった」という。この男子の学校では、戦後になってから、校長がソ連人に変わり、一週間のうち三日間は授業、三日間は工場などで作業をするようになったという。

最近になって、その当時の教科書の復刻版をみせていただいた。この本はそのときのままの文と、墨ぬりした後の文と二通りみることができるようになっているのだが、どうしてこれを消し、これは消さなくても良かったのだろうかと、不思議に思う箇所がある。

たとえば、現在もよく歌われる〝鎌倉〟という詩が、国語の教科書にあって、全部墨ぬられている。源頼朝という名はみな消され、徳川の名はそのままなのも妙に思った。

山中恒さんによると、「それは占領軍の目から戦事教育の実態を少しでもかくそうとする文部省の役人の、極めて姑息《こそく》なやり口であった。それが判明したのもごく最近であった」（『戦後教育史』読売新聞社）とのことである。墨ぬりをした箇所が、何らかの意味があって削除されたのではなかったことが、この文によってわかった。

私はよく歌を口ずさむ。軍歌などもよく覚えていたのだが、私が育ったのは戦争中であり、お国のためとか戦争に関する歌とかが大多数だったのだと、「学習会」の場で気づかされた。また前述の〝鎌倉〟も音楽の時間に覚えたとばかり思っていたが、国語の教科書にも載っている。国語と音楽とは一体になっていたのだろうか。国民学校となってから、すべての教科書は国定に統制され、音楽も軍国教育を徹底させる目的で、国家礼讃の歌詞が重きをなしてきたという（それ以前は文部省の撰定統制だった）。

お手玉やまりつきをするときも、〝水師営の会見〟や〝広瀬中佐〟などの歌で遊ぶ毎日だったし、いまも歌われているやさしく静かな感じの童謡も、元の歌詞をみると、戦地にいる父の帰りを待っている母と子といった情景になっている。歌の内容に盛りこまれている生活があたりまえなのだと国民に思いこます一つの手段だったのだと思う。

手元に『日本唱歌集』（岩波文庫）がある。頁を繰ってみると「勇敢に戦った水兵」とか「天皇のために労苦をいとわない人」とかいうような歌が多い。唱歌を通して戦争に対する国民の協力を強制していたのだろう。そんなことは知らず、ただメロディに歌詞を合わせる形で楽しく口ずさんでいた私だった。

「歴史を学ぶ母の会」のいつの例会のときだったか「奉安殿」が話題になったことがあった。「奉安殿」というのは、文部省より各学校に下附された、天皇・皇后の写真（「御真影」と呼ばれた）と「教育勅語」謄本とを奉置するための建物で、一八九〇年代に設置されるようになったものである。

会員の方たちの話では、各学校に奉安殿があり、その前は一礼して通りすぎたのだそうだ。けれど私の通った学校にはなかった。それらしいものはと記憶をたぐってみると、講堂の演壇の奥にコンクリートでできた白い扉があり、学校行事など何かの式の日には、扉が開かれていて、中にはたくさん襞《ひだ》をよせた白いカーテンが中ほどまで下げられていた。その奥に「御真影」が収められていたのだが、私にはよくわからなかった。

「奉安殿」については、何でもよく記憶している上級生に確かめたが、本当になかったという。ついでに、以前より気になっていた二宮金次郎像についても聞いてみた。ほとんどの学校にあったと思われている銅像だが、私の通った学校には「奉安殿」同様になかったことがはっきりした。調べてみると、金次郎像については文部省などからの指導は別になくて、各学校が自主的に設置したものらしい。

「奉安殿」を置いた学校では、校長が責任者となって厳重に管理された。そして火事などで焼失したり、汚損したりしたときには、責任者のなかには自殺する者も出ている。「御真影」を天皇そのものとして扱っていたのである。

それほど大切な物として取り扱われた「御真影」は、一九四五年八月一五日以降、どうなったのだろう。

樺太の泊居で国民学校の教師をしていらした方の話によると、「真岡支庁からの連絡でその地域の学校の『御真影』は支庁に集められたが、その後のことはよくわからず、おそらく北海道庁に持っていったと思う」とのことだった。学校にあったその他の書類は校庭で焼却したという。

全国的にはどうなのか調べてみると、一九四五年一二月になってから、各地方庁に、「なるべく年内に奉還すること」との通牒が出され、政府の手で焼却されたという。「御真影」の回収と焼却と並行して、「奉安殿」の撤去も行われたらしい。私と同じ学年の友人（東京）は取り壊されるのをみているし、「壊された建物のそばで遊んだのよ」といった。

「奉安殿」、あるいは二宮金次郎像にしても、育った地域や年代によって、その受け止め方はさまざまである。それゆえに注意深く、よく確かめながら、真実を捉える努力をしていかなければならない。

「歴史を学ぶ母の会」の例会のとき、先生からつねにいわれていた「視点をかえてみる」という言葉をつくづく思いかえすこのごろである。

〔参考文献〕

『「御真影」に殉じた教師たち』岩本努、大月書店。
『天皇の肖像』多木浩二、岩波書店。

「学生時代」(女学校)を振り返って

松本　高子

一九二八(昭和三)年生まれの私の、ものごころついたときはすでに十五年戦争は始まっていた。不況を背景に軍国主義へと向かって走りつづける時代に教育を受け始めた。とくに女学校へ入学した(一九四一年一二月八日開戦)年から、卒業(一九四五年八月一五日敗戦)までの四年間は太平洋戦争一色であった。しかも旭川の街は軍都でもあった。が私の宝箱には、一〇枚の通知箋と卒業証書二枚、その他の賞状とともに、六人の担任教師との思い出がいっぱい詰まっていた。

そのころ教科目のなかで嫌いなものは、軍事教練くらいであった。「歴史を学ぶ母の会」も後半になって教育史を学習し、その過程で「教育に関するアンケート」集計に携わりながら、私の受けた「教育」について考えつづけた。そして良かったとは思わないが、何がどう悪かったのか納得できずに悩んできた。

そこで、私が初めて集団生活を体験した幼稚園のころから振り返ってみようと思った。一九八四年秋、幼稚園時代の友人から突然電話があり、市史(苫小牧)で父上様のことを書くことになったので、事業として経営していた幼稚園の名前を教えてほしいということだった。そこで早速、貴重な一枚の写真と「のぞみ幼稚園」という名を添え書きして、その友人に送った。

その当時私は弟妹をもたず、内弁慶で甘えん坊だったため入園させられたらしい。町で初めての幼稚園だったせいか、見学者が多かったようで、子どもの私からみれば変な小父さんばかりくるし、毎日同じこと(うた・ゆうぎ)ばかりさせるから、もう行かないと何度も登園拒否をしたと母は語っている。その幼稚園にはアメリカからお人形が贈られてきたこともあったことや、園長夫妻は牧師さんだったと記憶している。

小学校一年のときの担任は、師範を出たばかりの人でいつも詰襟服を着ていた。とても活発な男の先生でよく遊んでいただいた。メチャクチャにきかない女の子を、根気よく指導されてもいた。あるときお漏らしをした女の子がいた。家の近かった私が、下着を持ってきてその子の着替えを手伝い、先生と一緒に送っていったことなどが思い出される。二年のときの担任は、とても美しい女の先生だったが、秋ごろ同じ学校の先生と「満州」へかけ落ちしてしまった。そのため私たちは他の級に分かれて居候した。三・四年の担任は、幼稚園のときのお友だちのお父さんで、父と同年齢ぐらいのやさしい静かな先生だった。

一九三九（昭和一四）年二月二四日、旭川に転校した。私が卒業するまで担任だった女の先生はいまも健在である。初めて高学年を受け持ったということで、とても一生懸命だった。生徒と一緒に何事も話し合って進めるような先生だった。卒業前（一九四一年三月）の雛まつりの日、級で劇「リヤ王」を演じたときの写真がいまも手元に残っていて、先生と仲良しの岡村先生のお顔も写っている。男子の組は智組、勇組、女子は仁組、信組と呼ばれ、私は仁組だった。

転校後、一年ほど過ごした我が家は常磐公園の前にあった。公園では、「支那事変聖戦博覧会」が開催されたばかりでなく、第七師団が配置されていたので、夏も冬もそこで軍隊の野外演習が行われていた。私はその凄《すさ》まじい訓練を見たときから、女に生まれて良かったと思ってきた。その後また転居したので、学校への往復は片道一時間はかかった。そのため帰り道を変えて歩いては、いろいろな発見があってとても楽しかった。

通り道にあった精神病院は、当時子どもであった私には怖かったが、遊廓は珍しかった。紙芝居、蹄鉄屋《ていてつや》さん、あめ屋さん、お菓子屋さんと眺めながら歩くのが好きで、いま思い出しても懐かしさで胸がいっぱいになる。帰りが遅くなり家族の者には心配をかけたが、帰宅後、見てきたこと聞いたこと、また体験したことなどを話して聞いてもらうのも楽しみだった。

一九四〇年ころになると、奇麗なお菓子が姿を消して、黒いアメや蒸しパンなどに変わった。私は運動や遊びでお腹がすくので、時にはそれらを買って食べながら夕焼けを背に、朝と違う道をゆっくり歩きながら帰った。この後にくる時代を考えるなら、まだまだのんびりしていたころのことである。

学校では、楽しみにしていた歴代天皇の順位の暗誦をすることもなかったし、「教育勅語」も（担任教師の言葉から）一通り教わったと思うが、暗誦して覚えただけで、ノートなどに書いた記憶はない。また出征兵士の見送りをした覚えもない（家が遠かったからだろうか）。「勝つため」とか、「お国のためがまんするように」などといわれた覚えもない。算術のわからない子や、計算の遅い子のためにじっと待ったことは覚えているが、六年間を通して叱られたこともなく、大きな声で怒鳴ったりするような先生や、意地悪なお友だちにも会わなかったことはとても幸せだったと思う。三年生のころ足が不自由で女中さんの押す乳母車で通学して来る女の子もいたし、女子の双子が二組もいてとても興味深かった。その一組に女学校のころ再び旭川で出会った。

また六年生のころは、芸者さんの卵（半玉さん）が四、五人もいて、夜が遅いためか授業中はよくうたた寝をしていた。襟足に白粉《おしろい》が残っている子もいたが、みな仲良く、近所にいたお友だちが、宿題の面倒を見てあげていたと後で聞いた。

六年生の初夏、層雲峡へ一泊の修学旅行をした。体の弱い子たちは、そのころあった陸軍病院へ慰問に、元気な一部の子たちと一緒に私は黒岳へ登った。そのとき覚えた山の味は忘れることができない。そのため女学校の四年生の夏も、食糧も不足になりつつあったが、旭岳から天人峡に下る二泊三日の登山にも参加した。仰岳荘と営林署の山小屋に分かれて宿泊したが、私は仰岳荘へ泊まった。

そこの管理人はガダルカナルの生き残りということだった。戦地での体験や、第七師団の兵隊さんがいまの平和通り（旧 師団通り）をザックザックとじゃりを踏んで行進する音だけで、人影はなく亡霊となって帰ってきたという話をしてくれた。その話から戦況の不利を知り、怖くて悲しくてお風呂にもトイレにも一人では行けず、行くときはみなで行列を作って行ったことなどを思い出す。しかしその後も、登山と山スキーを楽しむことから離れることのない青春を送った。

私は女学校へは行きたくなかったのだが、父が「これからは女学校くらいは出てなければ」ということで、家に比較的近く、良い先生が揃っているという学校を選んで入学した。受験勉強は特別何もしなかった。

一九四一年入学した秋から、兵隊さんの鉄カブトに覆せる偽装網作りに始まり、軍服（冬服）のボタン付け、消毒はしてあったが兵隊さんの下着（襦袢《じゅばん》と股下）のミシンによる補修作業は大変だった。縫目に沿ってついているシラミの卵の行列にとても驚いたが、これらは校内作業として行われた。

学校田は、ひどい泥田だったので除草は大仕事だった。大きな板に鼻緒のついた下駄を履《は》くか、その他の人は足の付根まで泥につかって作業をした。田の中にはヒルもいたりでキャーキャーという声ばかりで作業は進まなかったが楽しかった。四年生になると援農も多くなり、比布《ぴっぷ》町へは畑の草取り、東鷹栖《ひがしたかす》へは田の除草にと合宿して、東川町への稲刈りは電車で通った。最近のように農薬を使用しないので、畑には蛇も出たし、田には蛙《かえる》やタニシもたくさんいた。「出征兵士の家」と書いた木札が、表札と並んでかかっている家もあった。農繁期でも保育所などなかったのか、小さな子どもたちも良くお手伝いをしていて感心させられることが多かった。

東川町へ稲刈りに行った農家では、山形師範の男子生徒が二人宿泊して働いていた。私たち三人の女学生は、絣《かすり》のはんてんを着たその若者に負けないよう猛烈に頑張ったことを思い出す。そのころは、何故来道してまで働いているのか知る由もなかったが、『日本教育小史』（岩波新書）を学習して初めて知ることとなる。小史には、一九四三年六月、学徒戦時動員体制の実施により、軍事教練と勤労動員が徹底して行われ、大学・高専・青年学校の学生たちは学業を中断して、工場や農村の勤労作業に従事させられたと記してあった。

援農は、体育の時間の延長のような気持ちで、体力と若さを元気いっぱい発揮して一生懸命働いた。その作業は、行く先ざきの人たちに喜ばれ、それが嬉しくていっそう張り切って働いた。町に住んでいる者にとって農作業は珍しく、欠席にならないよう学習の一部と思って働いたと信じていたし、あのとき鍛えられたことが後で役立っているとも思っていた。

女学校の一年生から三年生までの担任は、父と同年齢の数学の男の先生で温厚な人柄だった。中学校からきたためか、よく「女生徒は、朝はすっきりと奇麗な顔をしているが、午後になると疲れてきて見るにたえない」が、「男子生徒は、朝はぼーっとしているが、午後になるにつれて、目はらんらんとして授業も熱を帯び、こちらもたじたじとするほどだった」とよく話された。

四年生の担任は、国語の男の先生で数学の先生よりもう少し先輩で、新年歌会に投稿するという話を聞いたこともあり、とても静かなやさしい文学者タイプの人だった。四月初めの日の席替えも、仲良しのお友だちと並んで好きな席に座ってよいということで、卒業までそのままで過ごした。大きな声を出すこともなく、いつもニコニコとしていた。時代とは逆に落ち着いた自由な雰囲気で、テストさえなければいつまでも、学生生活をつづけたいと入学前とは反対の気持ちになっていた。

小学校・女学校を通して学習について、特別何か印象深いことがあって、いまもこだわっているということはない。「教育に関するアンケート」のなかの設問

8の、嫌いだった教科で、私は小学校時代からの綴り方と、女学校の歴史以外にはなかった。後年見た映画「綴方教室」を思い出し、そのころ私が、もっと先生とお話をして理解を深めれば良かったと、いまになって思うだけである。

私はテキストとして用いられた『日本教育小史』の師範学校のところで、思い出したことがあった。卒業間近のころ「教師にだけはなるなよ」という父の言葉に、日体大出の体操の女の先生を素敵と思ったことはあったが、先生になりたいなどと思ったことがなかったので、深くは考えなかった。学生時代は一貫して、先生から尋ねられない限り話をしたことがなかった。自分だけ特別に見てほしいとか、思わない性分だったからだと思う。

それより先生という職業は、乱暴な子にもわからない子にも教えなければならず、また平等に接しなければならないということは、大変な努力が必要であると幼いころから思い、またその気持ちはいまもつづいている。二二、二三歳のころ社宅の主婦に、出稽古で活け花を教えるというか、私も教わりながら通ったことがあったが、そのとき、以前から思っていたとおり教え、教えられる関係の壁に突きあたり一年ほどで止めてしまった。それ以来「歴史の会」に入るまで教わることもないまま過ぎてきた。あまりにも、自分本位に過ごしたからか、大事なことが見えなかったのではないかと反省するばかりである。

一九四二年、男子に対して、翌四三年には、女子に対して発足した体力検定も、スキー（毎週金曜）も採点に含まれていたので、せめて中級がほしいという思いで努力した。スキーの授業で、ある先生は「学校までも遠いのに一度も休まないで頑張るから点はあげる」とおっしゃってくださり、とても嬉しかったことを思い出す。スキーは旭川にきてから始めたことで、度胸がないのでスピードが怖くて苦労したが、体操は大好きだった。

そんなわけで私は、アンケートの回答の、体操の嫌いな男の人が多いことが気になったのだが、私の経験からも女学校後半で体操に軍事教練が入ってくると、大嫌いになった。軍服姿の教官の金切声の号令を思い出すだけでも耳を塞《ふさ》ぎたくなる。その訓練は時間いっぱい無意味と思うような動作を、全員が揃って一糸乱れなくなるまで繰り返して止まなかった。夏は炎天下、冬は暖房のない屋内運動場で行われた。私は常磐公園で見た兵士の訓練を思い出しながら、体操の点のためと思って我慢した。

その訓練の影響で足を直角に上げ、腕を肩まで振って姿勢を正して歩くことが習慣づいて、戦後ずいぶん経ってからでも、暗がりでも遠くからでも、私と判断できると母を嘆かせるほどだった。それ以来歩くことは好きだが、行列を作って行動したりすることは好まない。人のたくさん集まるところも好きではない。

一九三六年秋、北海道大演習のため来道された天皇陛下を、駅から線路に沿って全校生徒で、旗を振って送迎したことがあった。私たちは幼いころから新聞に出ているお写真を、床に置いたり跨《また》いだりすることを厳しく注意されて育った。それまでは目に見えない神様と思っていた。長いこと待ったあと先生の号令で頭を下げた。アッという間の出来事だったが、汽車に乗って通っていったということで、やはり人間だったということがわかって安心した覚えがある。この経験から戦後「天皇の人間宣言」が問題になったが、私は別に何の感慨もなかった。

今回のアンケートをまとめるなかで『日本教育小史』を読み、いままでの学習では得られなかったことに気づき、私が自分で受けた教育に対して、悪かったと認めることができずにいたことなどについても、いろいろな角度から理解できたことは、大きな収穫であったと思う。学習するなかで、日本の指導者たちが学校教育を通して、国民を軍国主義思想に作り上げていった過程が、少しずつわかってきたとき、その大きな力に驚きと恐怖を覚えた。私たち世代は、国が都合のよいように作成した教科書で教育されたことは事実であり、その背景にあった矛盾も学習するまでわからなかったことも事実である。何の疑問も持たずに従い、戦時中とはいえ、ただ夢中で過ごしてしまったことが悔やまれてならない。

いまでも、戦時中に受けた教育について消えずに尾を引いて悩んでいる人もいる。また場所、環境、その他の影響で、同年代でもさまざまな違いのあることなども理解できたように思う。

しかし時代とは別に、私のまわりはあまりにも静かで平和であった。戦中、戦後を通して、私の親類縁者のなかで戦死者はもちろん、戦傷者または海外抑留者もいない。私も敗戦直前一度空襲を受けたが、家を焼かれたわけでもない。そのころ、父が職場から憲兵隊に連行されるということがあり、翌年夏（一九四六年）そのときの後遺症で死にいたったということはあったが。

それまでの私は、衣、食、住はもとより、精神的にも何不自由なく過ごしていた。静かに一人で遊び、一人で考えることの好きな子でもあったが、両親が揃っているという何事にも替えがたい状態にあった。父はやさしく子煩悩、母は躾は厳しかったが友だちのようによく話を聞き、ときには芝居や映画のことなどを話してくれた。祖父母には、初孫ということで大事にとても可愛がってもらった。誰からも叱られた記憶はなく、私にとってはいちばん幸福なときに学生生活を送ったことになる。

私の場合、あまりに恵まれた環境と、納得するまで時間のかかる性格が、戦争に関しても、受けた教育に対しても、全体の流れに添うことがなかったように思う。

いま、その戦争体験と、現在の自分自身の生き方の狭間で悩んでいるが、このことはこれからの私の課題ではないかと思う。

自立への出会い
——N先生のこと（生活綴方運動弾圧事件）

川口千恵子

「歴史を学ぶ母の会」の特別行事が一九八六（昭和六一）年一〇月に行われた。佐藤喜一先生を講師にお迎えして「郷土の歴史」を語っていただいた。その折、私は旭川での「生活綴方運動」に対する弾圧事件のことをお尋ねしてみた。先生は当時病気療養中で旭川におられなかったそうで、「在旭であれば私も引っ張られたでしょうね」と話された。

私はこのとき、弾圧に巻き込まれて二年半余にわたる獄中生活を送られた恩師であるN先生のことを思っていたのである。先生は私が学んだ小学校で一年間だけの担任であった。弾圧事件が起きた年、私は一二歳で、前年まで受け持ちだった先生に大変なことが起こっているとも知らずにいた。学校から帰ると町内の子どもたちと遊びほうけて、暗くなって家に帰る毎日だった。食卓を囲んでの食事のときも、親もそのことに関しては話題にしなかった。面倒なことには触れないようにしていたのかも知れない。その後「あの先生は〝アカ〟だったんだって」、と誰からか伝え聞いたのを覚えている。しかし、私はもう受け持ちでなかったし、それがどのようなことかもわからず平穏な毎日を過ごした。

「歴史を学ぶ母の会」で教育史を学び、「生活綴方運動」が弾圧を受けた「自由教育」を学習したことをきっかけとして、N先生の体験は教育史上重大なことであったと考えるようになった。事件が起こったのは「言論の自由」や「平等」の思想が弾圧され、うっかりした発言は間違ってもできない時代であった。私はN先生のかつての噂の真実を知りたいとの気持ちがいっぱいになり、そこで少しずつ調べてみることにしたのである。

一九四〇年一一月から始まった「北海道綴方教育

連盟」の弾圧で、道内各地から検挙された教育者は五十数名にのぼったという。そのなかの一人として、一九四一年一月一〇日に恩師N先生も検挙された。

先生は私たちの卒業後は一年生を担任した。ちょうど一九四一年から国民学校に変わる一年前である。その新教育のために先行的実践研究を市から委嘱され、一九四一年二月に全市に公開することになっていた。その先生が一カ月前に突如検挙されたのだから、学校だけでなく市としても大事件であった。

N先生は私たちを受け持つ以前から、「北海道綴方教育連盟」の中心的同人であった。また、私たちを受け持った前の年からは、全国的に活動をしていた「教育科学研究会」の旭川支部（会員七十余名）の実質上の責任者として、月一回の研究会を中央小学校で開き、同校の先生も何人か手伝っておられた。この研究団体も共産主義活動につながる治安維持法違反事件としての検挙だった。

先生は一九三二年に旭川中学校を卒業されて、旭川師範学校に進学された。当時の師範卒には五カ月の短期現役に服すると、兵役免除の特典があるということを知っての進学であり、軍国主義一色の風潮のなかでは、人にはいえない動機での師範入学であったことを後に知った。

しかし、卒業前の教育学習で、子どもたちを教えることの楽しさを知ったのと、国語の研究で指導を受けた先輩や、卒業の翌年に結成された「北海道綴方教育連盟」に最年少同人として加えられて、素晴らしい諸先輩と学閥を越えて親しい交流が生まれたことなどから、生涯教育に携わる心ができたのである。

初めての任地は空知支庁の茶志内（現 美唄《びばい》市）で、素朴な農村の子どもたちと『原野の子』という文集を作りながら自由でのびやかな「生活綴方教育」を行った。これが、当時の国の教育理念に反する実践とされ、また、旭川に移ってからの活動と合わせて、不逞《ふてい》の輩《やから》として教育界から追放される羽目になったのは運命の皮肉である。

しかし、当時二六歳の先生は信念を曲げることなく、本心からご自分の意志を通された。そのため、最後まで残され、検挙から公判終了まで二年半余にわたる留置所・拘置所の生活を強いられることになった。全道で一二名の方が同じ運命をたどるのであるが、その後、固い同志的結び付きが生まれたのは当然といえよう。

私とN先生との出会いは、中央小学校の六年生になったときだった。それまでの三年間、私たちを受け持たれた先生が、一身上の都合によるということで放り出した六年三組を受け持つことになったのである。このクラスは女子の受験組で、前担任は教育者としては適格でなかったのか、幾人かの父母が校長まで団交に出向いたという話を近年になって聞き、約半世紀前にも教育パパやママがいたのかと驚かされた。

しかし、そのお陰でN先生との「出会い」が生まれたのである。先生は不本意ながら「六年三組」の担任になったのであった。そして、受験組という厳しい条件のもとでも、そのころとしてはずいぶん新しい教育を私たちにされた。後日いただいた資料によると、N先生が考えられ、実行された教育方針*は次のような内容である。

＊「規律や威嚇《いかく》で生徒に臨むのではなく、人間同士の心の触れ合い、お互いの信頼を愛情と誠実さの中で、お互いを高め合おうとめざし、受験という外圧に負けることなく何とか自分の信条を生かす教育をし、必ず成功させてやりたい。短い期間ではあるが、子どもたちの個性と自分のそれが生でぶつかり合う血の通った本当の意味で楽しい学校生活を送らせたい」

また、N先生は父母への学級便り第一号*で、

＊「仕事の計画や心やりの上では、どこまでも細心・綿密を期すべきですが、それを実行に移すについては、私たちはもっと子どもたちに自主的な働き、自分で苦しんで体得して行く鍛練的な面を重視し、その力強い成長を期することが、今後の日本が要求す

る国民をつくる上にも緊要なことと思われます」と呼びかけたのである。

六年三組は在籍六二名で教室内は後ろまで机がぎっしりであった。地域別に一〇名ほどの人数に分けて、分団長および副分団長によって分団内をリードさせた。その役柄に付いた者は学業、人柄ともに適任者である。それにしても大人の世界だけでなく、小学校でも「分団」や「分団長」といった言葉を使用していたのかと驚かされる。

中央小学校は旭川の中心地にあり、商店の子、公務員の子、会社員の子の他に学区内には、中島遊廓や農家の子もまざっていた。そのなかで何事にも率先してことに当たるのは主に商店の子であった。しかし、身体は成長期で娘らしい子もいるが、精神的にはまだ子どもだった。若さあふれる先生が自分たちと同じように行動してくださる。教室内ではもちろん、遊ぶときも一緒で、それがまた嬉しいことだった。

先生は「受験生のための勉強のなかで犠牲にされがちな成績の悪い子や、家庭的に恵まれない子どもたちに、いちばん懐いてほしいと思いながら過ごした」と後に話されたことがあったが、その先生の気持ちはみなに伝わっていたと思う。いま騒がれているいじめも、仲間はずれもなく温かい雰囲気だったのを懐かしく思い出す。

当時は日支事変の真っ只中で戦時色もますます濃くなっていた。旭川は第七師団のある「軍都」である。敗戦後「平和通り」と改名された通りは「師団通り」といわれ、駅前から招魂社（現　護国神社）にいたる二キロメートルにおよぶこの師団通りは、スズラン灯の付いた旭川でいちばん賑やかな通りであった。兵隊さん相手の商店も多く軒を連ねていた。

このように軍都としての土地柄から、学校教育のなかにも軍隊に協力することが多かった。慰問袋を作り、慰問文を書き、その返事がきて陸軍病院に友だちと見舞いに出かけることもあった。兵隊さんは郷里のご家族の面影を私たちに重ねて見られたのか、とても喜んでくださった。

また、第七師団には騎兵隊もあったので、国のために奉公した馬を祀り「愛馬の日」が設けられていた。招魂社の裏にある馬頭観音にお参りしたこともある。学校は前述したように街の中心地にあったため、師団通りにも近く出征兵士の見送りなどにも出かけることが多く、最上級の六年生になると、とくにこの行事参加が多くなった。しかし、まだ私たちの周囲は平和であった。学校では冬になると南側グラウンドにスケートリンクが設けられ、リンクのまわりにクラスごとに雪像を作った楽しい思い出がある。


思い返すと現在はあたりまえのホームルーム（そのような呼び名はなかったが）に相当する時間が私たちのクラスにはあった。子どもたちが自主的にクラスの目標を決めてそれを守るのである。週に一度だったと思うが、先週の反省をし、その週の目標をみんなで決めた。そうすることが六年三組ではあたりまえなことだったと記憶する。

○休み時間には教室に残らず、運動場に出る。
○忘れ物に気を付ける。
○遅刻をしないようにする。
○爪を切る。チリ紙・ハンカチを持つ。

などの約束ごとを生徒たちが決めて実行した。

また、クラスの一人ひとりが順番に話をする時間があった。綴方の時間だったか定かではないが、授業の始まる前に一回に何名かが、一人ずつ前に出て読んだ本のこと、家であったこと、遊んだことなどみなの前で話をした。話の内容は何でもよく、体験したり自分で思ったことが中心だったが、書いた物も見ずに話すので、面白く内容もよくわかる人もいるが、それは本当に一部の人だった。前に出ると一言も話をすることができず、名前だけ言って終わる人、何を言っているのかさっぱりわからない人などが多かった。

私も話をするのがとても嫌いだった一人で、話の内容を考えていっても、自分の番がきて前に出ると、心臓はどきどきするし、顔はポッポッと火照《ほて》り出し頭の中はからっぽになった感じがする。用意した何分の一も満足に話はできず終わり、ただホッ！　としたものだった。

N先生の児童観・教育方針は次のようなものだったと後年になり知る機会を得た。

「個性を尊重する教育は、子どもは大人への準備期間ではなくて、それなりの人格を持った存在であり、一人ひとりユニークな個性を持った掛替《かけが》えの無い存在なのだ」

このような信念によってN先生がなされた話し方の教育は、子ども一人ひとりの生活状態・性格・思考力などを知るための最高の方法だったと、いまにして私は思う。また幼いながら自分の意見らしきものを発表することができた場でもあった、と気づいたのである。

一九四三年九月、その一カ月前に出所された先生を囲むクラス会が、母校の測定室を借りて行われた。私は女学校の三年生になっていた。紅白の幕を張り、配給の米を持ち寄って赤飯をふかし、トマトやトーキビ、西瓜《すいか》・味瓜《あじうり》（まくわうり）などは東旭川の農家まで電車で買い出しに行った。西瓜が電車のなかで転がりまわって困ったという遠い記憶があったが、それがこのときのことだったと思い出した。N先生は坊主頭で出席された。クラスの一人で六年生で止めた子が「先生の頭どうしたの」と尋ねたところ、先生が大変困った顔をされていたことを思い出す。

この夏ころは、太平洋戦争の真っ只中で特別高等警察の全盛時代でもあったから、事件の真相を明かすことは絶対に許されないことであった。拘禁中に弟さんを亡くされ、ご自身も苦渋の日々を二年半余も送り、また、出所後も監視の目は厳しかったに違いない。そういうときに、すでに女学生になっていた私たちにも、真相を語ることができないままクラス会に出席された。この先生の心情を推察することもできず、私たちはただ懐かしさいっぱいの集まりであった。

「先生、また、学校に来られるんだね」

「良かったね。私たちも先生に習いたいね」

など口ぐちに言い、別れがたく暗くなるまで集まりはつづいた。先生は〝教育界には未練はないのに、教え子らへの愛情は清算しきれないのであろうか〟と、このとき、気持ちは重く沈み、早く旭川から離れなければと思われたそうである。

参加したなかには、六年生で卒業した芸者置屋の子もいた。髪を結い上げて、奇麗に化粧して、抜き衣紋《えもん》に着物を着てきた。私たちはたったの三年間の変わりようにびっくりした。先生もまた、自分の教え子がすっかり大人に変身したのであるから、その驚きは並大抵ではなかったようである。それは四〇年も過ぎての再会のときの思い出話の第一番に出てくることであった。

四十数年が過ぎ、古稀《こき》を迎えられたN先生を囲み細やかながら、お祝いの会を催すこととなった。先生とは、その五年ほど前から交流ができて幾度かお会いしていた。しかし、いつも過ぎた歳月を語り合うだけで、限られた時間の集まりは終わってしまうのだった。今度こそ弾圧事件の真実を話してくださるかと望みをもちながら出席したが、とうとうそのことには触れずに会は終わってしまった。

それで私は「歴史を学ぶ母の会」で「太平洋戦争」を学習して、いまは「教育史」を学んでいることをお知らせした。すると先生より数冊の太平洋戦争に関係する本と一緒に、この一文の資料となっている次のような記録と、手紙が添えられて届いたのである。そのお便りの一節には、

〝人生とは出会いである〟という言葉がありますが、私にとってあなた方を受け持つことになったのは、思いがけないアクシデントでした。それは卒業学年に担任が代わられたあなた達にとっても、同様に不幸なめぐり合わせの一年間だったのに、四十五年後の今、古稀を祝って下さるという。人生におけ

る〝であい〟の不思議さをあらためて噛み締めています。（後略）

とあった。

N先生は人生の一つの節目にあたる古稀を迎えられたことを機会に、ご自身の生涯の記憶のなかから抜粋された物をまとめて、コピーをし同封してくださったのである。

Ⅰ○　教室の記録から

○　学級便りの第一号

○　私における予審調べの実態・公判の記録

Ⅱ　戦中・戦後・今日まで一貫しての教育の理念の一端

私の記憶に残っていない当時の学校の様子や「獄中の馬鹿ばかしい取り調べの有様」もある。先生が獄中で記録したものが三十数年後に初めて教育誌に公表されたもののコピーもあって、前述した「弾圧事件」のこと、拘禁中の様子がよくわかり腹立たしい気持ちとともに、改めて先生の青年教師時代の学校における生徒との関わりなどがわかった。また、当時の時代背景も知ったのである。

一九八七年、夏の暑い日だった。再び先生が来旭されて、私も含め数名が集まった。

「三年前にあなた方から古稀の祝いをしてもらったから、今日はあなた方に還暦のお祝いをしてあげるよ」

「私は早生まれだから来年ね」

「お祝いごとは早いほうが良いんだよ」

など勝手なことを口ぐちに言いながらも、思いがけないことに感激した。

私は「学習会」で行った「教育に関するアンケート」を抱えて二年目に入り、項目の一つひとつが大きく広がり頭の中から抜けずにいた。たとえば設問の一つ「教育勅語」に関すれば、皇国主義的教育を受けていた昭和一桁生まれまでの回答を見ても、会員の話し合いでも、「熱心に覚えさせせられた」という人が多かった。

しかし、私にはN先生からそのような教育を受けた記憶がまったくなく、不思議に思っていたのである。戦時下の学校で教育を受け六年生にもなっている。当然学習したであろうにと。記憶の曖昧さが重なり、私は「教育勅語」にこだわっていた。ちょうどよいチャンスである。

「私たち、〝教育勅語〟はどのようにして教わりましたか」

と、お尋ねすると先生は、

「〝教育勅語〟ね。あなた方にはほとんど教えなかったよ」

その瞬間、私は声もなくN先生の顔を見つめていた。その席には教職に永年携わり退職してまもない友もいた。いともあっさりとおっしゃられた先生の言葉に、私たちは驚いたのであった。

「私は今でも〝勅語〟は全部覚えているよ。あのころ、式の度ごとに校長先生が白い手袋をして、うやうやしく捧げて来て読んだね。それを見ながら、自分はあのように子どもの前で読むような人間にはなりたくない。そう心の中で思っていたんだよ。なれるはずもないのにね」

と、笑っておっしゃったのである。当時は口に出せる言葉ではない。まして教育者である。先生がそのようなことを心の中で思っていたなど、私たちにわかるはずもない。

「歴史の会」の例会のとき、N先生からお聞きした「教育勅語」の話をすると、同年代の会員は、

「当時の先生でそのような方がいらしたとは考えられない」

「私の学校にはおられなかった」

といわれる。そのころ、小学校で訓導をしていた会員も、

「どうして――

あの時代は国（天皇）に尽くす人を育てるのが教育の本分と思い教えていたわ。周りの先生方を見て

もそうだったし、話し合ってもそうで、N先生のような方は私の学校にはおられなかった。信じられない」

と驚きとともに話された。

戦後は、「教育勅語」に象徴される皇国史観の教育は当然破棄された。前述のN先生の教育信条は戦後教師に復帰されて行うことはできなかった。しかし、北海道では北大教育学部を拠点としての教育運動を始めた。食糧難の時代であった。食べるだけで精いっぱいの生活のときに、新しい日本の教育者としての勉強をどのようにしてもらうか、諸先生方とあらゆる方法で基盤を作られた。

東京に出られてからは財団の教育研究所を創立したのである。教育セミナーや講演に、また、執筆活動を通して全国的な教育運動をされたことを知るにつれ、戦時中の異色な「教育勅語観」も、人間の心の問題であると私には思われた。

道徳や倫理や宗教に関わる、一人ひとりの心の内奥の問題を絶対的な権力によって強制的に教育の場に持ち込むべきではない、との信念を持たれていたことがわかったのである。今日、強く叫ばれている「個性重視の教育」を、あの戦時下の神がかり的な教育のなかで実践されたN先生の人間性に私はいま、改めて深い感銘を覚えたのであった。

先生は一九八九年の夏にお会いしたときも若々しくお元気である。七五歳になられるが、張りのある声で「私は歴史が好きだからいまは、古代史の勉強で中国や奈良へ何度も出向いて勉強しているよ」と楽しそうに話された。私は生涯学習されるN先生を目の当たりにして、いまはない中央小学校の薄暗い教室に思いを馳せた。

激動の昭和史に生きた私にも、六〇年の間に数多くのめぐりあいがあった。振り返って、素晴らしい師、友と出会う機会を得た。出会いによって自分の考え方が変化していくのは、そのときにはわからなくとも、後に影響の大きさに気づかされる。

「学習会」で教育史を学び、「アンケート」のまとめに携わりながら、六年三組で私たちが学んだことは、N先生の「心」でなさってくださった教育だった、と私はいまにして思う。N先生との出会いによって、私の自立するための芽が小さくふくらみつつあったと、感じることができたのである。

ひとりの女教師として（樺太・国民学校で）

工藤三保子

国民学校に勤務して

一九二六（大正一五）年生まれの私たちの世代は、私の家ばかりでなく周囲もそして国全体が貧しい時代に育った。

とりわけ早くに父を亡くした私の一家は、病気がちの母と姉、私、弟の四人家族であったので、母の苦労は並大抵ではなかったと思う。そんななかで私は四三（昭和一八）年三月女学校を卒えて、半年間の教員養成所へ進み、その一〇月初等科訓導として、母の住んでいる町にあった野田国民学校奉職の命を受ける。

野田町は樺太の西海岸に位置し真岡町より約四〇キロ北にあり、漁業、農業、王子製紙工場などの重要な産業をもつ、人口八〇〇〇人の街であった。

当時一七歳だった私は、学校教育の責任の重大さを十分に納得するまでにはいたっていなかった。

すでに戦局は日中戦争へ、そして太平洋戦争へと入っていて、生活は日に日に逼迫し、街中が緊張感でぴーんと張りつめていた。

しかし日本の勝利を信じていた私たちは、「大和撫子の精神を発揮する時はいまこそ」と諸事に耐え、「軍国精神」に力を注いでいくことになった。

学校の様子

学校は、初等科、高等科、補習科とあり、生徒児童数は一〇〇〇人以上であった。そのほかに青年学校が併校されていて、職員室のなかに軍服の少尉が教官として勤務していた。

一九四一年に小学校が国民学校と改称され、教科のすべてが戦争に結びつけられ、修身の時間は、偉人、英雄、軍人の列挙で、その物語は忠君愛国精神の高揚に満ちていた。作文の時間は「戦地の兵隊さんへ」とよく慰問文を書かせ、各家庭から持ち寄った食料品、日用品などを入れた慰問袋を作って送ったりもした。体操の時間は、小さな軍隊さながら、「整列」「行進」「頭中（かしら・なか）」など、次から次へと非情な号令が子どもたちを締めつけた。高学年に進むにしたがい、それらは辛く苦しいものになっていたが、子どもたちはよく耐え、よく注意を守った。運動会、学芸会などはすべて戦争を鼓舞《こぶ》する出し物が選ばれた。

学用品の不足は日を追って烈しくなり、とりわけ用紙類に困窮した。しかしパルプ工場へ勤務する父兄が、工場で裁断した紙の切れ端を持ってきてくれたため、大変助かったものである。石鹸の不足は教室内に異臭を漂わせた。子どもたちの手の甲はひび割れて血がにじみ、寒い冬の間はことにいたいたしかった。着衣もしだいに粗末になり幾重にも当て布をしていた。履き物なども極端に不足したため、各家庭でもゴム靴の修理ができるくらいになっていた。

学校園は食糧を補うために、子どもたちの手によって馬鈴薯が作られ、収穫時には、「今日は何学年」というように順番に昼食として当てられた。子どもたちは乏しさにもよく耐え、闊達《かったつ》に毎日を過ごしていた。

私もまた、母の古着を黒く染めて、母手縫いの背広型の上着を着せてもらった。そのころから男性、女性ともに国民服甲型乙型が決められ、私はその乙型（上部は和服のように細い衿がつき、前打ち合わせ袖は洋服仕立て、下部はモンペ風ズボン）といった上下服をこれもまた、母手縫いで通勤着としていた。どれほどの苦労だったろうかと思う。

軍事教練

一九四五（昭和二〇）年春いよいよ戦争がたけなわとなり、職員室の様子がしだいに変わっていった。男子教員が次々と出征し、いつの間にか女子教員のほうが多くなっていた。

そのころ、女子教員の軍事教練が行われ、各学校から何人かずつ二週間くらいだったと思うが、真岡町で相当の人数による訓練が始まった。先に女学校で一日軍事教練が行われたが、さらにさらに厳しいものであった。

「起床」の呼称に始まって、炊事当番、歩哨《ほしょう》、伝令、行進、匍匐《ほふく》前進、小銃の持ち方、撃ち方、銃剣術、等々軍隊そのもので、号令の烈しさや怒号に怯《おび》えて、身体が硬直し、ますます動作が鈍った。現役軍人の指導は女性だからといって容赦はなく、朝起きようとしても体じゅうが痛んで身動きするのが大変であった。

そのうえ、モールス信号、手旗信号は大変難しく期間中にはとても覚えられなかった。楽しみにしていた食事は、蕗《ふき》のたくさん入ったご飯にきゅうりや蓬《よもぎ》の味噌汁といったもので、毎回驚きと失望の連続であったが、母が持たせてくれた炒り大豆が秘かな楽しみで、まわりもみな似たような物を持ち寄っていて慰め合った。一日の疲れで夜はただむさぼるように眠りこけた。

どんなに辛くても、私たちは「銃後を守らなければ」の使命感に支えられる。

こうした烈しい訓練が終わり、学校へもどるといちだんと気持ちが引き締まり、しだいに戦威高揚を叫ぶ教師になっていた。

敗　戦

戦争は日を追って暗雲が濃くなり、銃後の守りもこれ以上は詰められないところまできていた。

しかし私たちはとんなに追い詰められても、日本は最後には絶対に勝てるものと深く信じ、ほとんどの人が神国日本の勝利を疑うことがなかった。

やがて「本土決戦」が叫ばれ、主婦を中心にした竹槍訓練の勇ましい声が街角に溢れた。

しかし、あの恐ろしい原爆が一九四五年八月六日、九日と広島、長崎に落とされたとき、遠い樺太でもただならぬものを感じ、いろいろな憶測が口から口へと伝えられ恐怖を誘った。

八月一五日、その日はまだ夏休み中であったが、学校より連絡があり全教職員が出勤する。「正午ラジオにより天皇陛下の玉音放送がある」とのことで一同威儀を正してその時を待った。やがてラジオ放送の報らせで、私たちは深々と頭を下げる。初めて耳にする天皇の声に打ち震えたのを覚えている。突然ラジオがガアガアと烈しく雑音に遮《さえぎ》られ、ほとんど聞き取りにくくなってしまった。放送が終わったとき、私たちはいっせいに顔を見合わせてざわついた。結論は多分、「なおいっそう努力するように」との言葉だったのではないかということになった。

夕方野田町を警備していた軍部より、放送の内容は「戦争終結のこと、無条件降伏であること」の報らせがあり、それを聞いた職員一同その場で声を上げて泣いた。思ってもみない結末であった。それまで張り詰めていたものが足元から崩れ、ただ呆然自失のありさまであった。

その夜、九時ごろになって私たちは無気力な足どりで、それぞれの家へ向かったが、途中盆踊りの小さな円陣に出合った。太鼓を打つ音も力なく、人の輪だけがうつろな面持ちで揺れていた。もうどうでもよいと、無意識に体を投げ出していたのだろうか。私の頭の中もからっぽであった。

敗戦後の日本人学校と街の様子

敗戦の日を境として、日本人は目的を失って狼狽《ろうばい》と不安のなかにあった。

いろいろな流言蜚語《ひご》が飛び交うなかで、ほとんどの公的機能は停止した。学校も例外ではなく指導的立場を完全に失った。ただわかることはやがてソ連軍が侵入してきて、島民は死にいたるであろうということであった。私は養護の先生に、劇薬を一〇粒ほどもらっていつも身につけていた。

やがて真岡町の艦砲射撃のことが、生々しく耳に入り、恐怖はいっそう募った。しかし教職員は学校へ出てソ連軍の侵入に備えた。まず学校の重要書類、ことに戦争に関係のある文書と、青年学校の訓練用小銃、銃剣、木刀等をグラウンドへ運び出して燃やした。暑い日だった。燃やしている頭上を真っ黒な国籍不明の飛行機が飛んで行った。日の丸のマークを探したが見当たらなかった。日本機であろうと思い私たちは両手を振って歓迎を示したが、後にソ連機であったことをラジオ放送で知り、よく機銃掃射されなかったと身の縮む思いがした。

まもなくソ連軍の侵入が噂され、婦女子は山の中へ逃げた。私たちも母と弟と三人で知人宅に身を寄せた。

街では、学校や役場の高い建物の屋上に、無念の白旗を高く掲げて無抵抗であることを示した。すべての日本人が初めて見る悲しく、口惜しい光景であった。

漁港であった野田町にソ連軍が上陸した日、町長はじめ町の主だった人々が、白い小旗を手に港まで迎えに出たと後で聞いた。町民の無事を考えての必死の忍耐だったと思う。

いつの間にか町の中から日本兵の姿は消えていた。そして一発の銃声を耳にすることもなく、穏やかなソ連軍の上陸だったという。数日して町の様子が平穏であることを知り、婦女子は少しずつ自分の家へもどった。

もうすでに二学期が始まる時期ではあったが、混乱のなかで先の見通しはまるでなかった。

まず役場が占拠され、日本人の生活はすべてソ連軍の命令下に置かれた。学校は混乱のなかでしばらくは放置されたままであった。

九月に入ってからだろうか、通知があって久しぶりに全教職員が学校に集まった。そこへ武装したソ連兵が約三〇人くらいドカドカと軍靴を響かせて入ってきた。彼らは後にマンドリンと呼んだ機関銃を肩から胸にかけ、我々を部屋の真ん中に集めてそのまわりをぐるっと取り囲んだ。やがてそのなかの一人が前へ出て、たどたどしい日本語で「我々ソビエトの軍隊は南樺太を占領した。これからは、我々の命令に従ってもらう。できるだけ早く日本人学校を再開するよう」、そしてまったのである。幾日かつづいたと思うが私たちは無彼らの目的である共産主義を説いた。洗脳教育が始気力に従うだけであった。

学校は混乱のとき、校舎の内部がだいぶ荒されていた。そのためまず校舎の整備から始まり、毎日毎日全員でそれに当たった。実際に二学期が始まったのは、九月も半ばを過ぎていたと思う。

子どもたちは元気に顔を見せてくれたが、すでに何人かは漁船で北海道へ逃れた様子だった。途中ソ連の船艦に追われて、日本本土に着けなかった悲しい人たちのことが耳に入り、胸の塞《ふさ》がれる思いがした。

樺太は日本本土との連絡はいっさい断たれてしまい、日本から完全に孤立した。

この時期、かつての懸命な学習態度は教師の側からも、動揺を感じとっている子どもたちの側からも失せて、ただ読む、書く、計算する、といったことを主とした学習内容であって、体操の時間はもっぱら遊びを中心に扱い、音楽は古い愛唱歌のなかからさしさわりのない歌を選んで歌わせる、といったように教育は不十分にしか行われなかったが、子どもたちは明るかった。

教員には、ソ連の管理下で強制的にロシア語の勉強を強いられ、放課後の二時間がそれに当てられた。講師は日本人であったが、突然他所《よそ》からきた人のようであった。

その間にも櫛の歯が抜けるように、昨日まで在席していた子が誰に別れを告げるでもなく去って行った。漁船での密航がつづいたのである。翌年になってぽつぽつ日本への引き揚げの話を聞くようになり、ほのかな希望がもてるようになる。

しかし日本がどうなっているのか、引き揚げてもどこへ行けるのか、どんな生活があるのかいずれもわかることがなく、仲間同士でその話ばかりで不安だけつきまとった。

そのころから街の様子が少しずつ変わってきて民間のソビエト人、そして「北鮮人」が多数移住してきた、それと同時に、日本人の引き揚げが本格的に始まり、子どもたちも教師も次々と樺太を去った。もう死を考えることもなかった。

婦女子の家族は申し出によって早く引き揚げることができたが、結核を患っていた私の母は、旅のできる状態ではなく、しだいに帰国が遅れる。

大きな校舎は三分されて、新校舎はソビエト人学校、次いで「北鮮人」学校、旧校舎は日本人学校と区別され、各学校ごとに遮断されて外側からでないと出入りできないようになっていた。子どもたちは学校が終わると近隣のソ連人の子どもたちと遊んでいるのをよく見かけたが、何事にも順応し屈託がなかった。

かつての職員室にはソ連人による教育局が置かれ、品のいい六〇歳くらいの婦人が教育長となり、三つの国の学校を管理していたが、彼女はときどき日本人学校にも顔を出し、何かと気遣いやさしく言葉をかけてくれた。ソ連の紙幣ルーブルで給料をもらっていたが割合に高い額だった。

買い物をするには、国営のマガジン（売店）があったが、青いトマトの塩漬けや、いわしの缶詰が大量にあるだけで、日本人のほしい物は何もなく、主食は黒パンと日本人にはときどきわずかばかりの米が配給になっていて、何とか食べることはできたが敗戦国日本よりも、ずいぶん貧しい生活であったと思う。

街には脂ぎったソ連人の悪臭が充満していた。生活程度は低く、衣食住のすべてが粗末で、文字の読めない人も少なからずいるとのことであった。彼らは日本人の腕時計、万年筆を非常にほしがり、長い間、こうした貴金属に飢えていたように見えた。

私たちが出会ったソ連人は、とりわけ貧しい人々であったのかもしれないが、大国ソビエトのあまりにも惨憺《さんたん》たる未文化ぶりを見る。

しかしソ連人は人なつこく善良な人も多く、いかつい顔だちの彼らの中身は案外穏やかであった。

共産党の根本精神は平等であるべきはずであったが、貧富の差が烈しく格差は歴然としていた。

日本人学校の閉鎖と引き揚げ

街には続々とロシア人と「北鮮人」が移住してきて、それと同時に日本人の引き揚げも続行され、たくさんの別れがつづく。

やがて日本人学校は教室が三つだけになり、午前と午後と二部式で授業を行い教員も六人だけとなり、一九四八（昭和二三）年五月、日本人学校はついに閉鎖された。

二度と会うことのないであろう子どもたちとの別れがどうだったのか、残念ながら思い出せない。ただ古い教室だけがぼんやりと記憶にあるだけである。子どもたちもまた、大人たちの隠しようのない不安とともに、樺太を発って行ったことであろうと思う。

やがて私の家族にも引き揚げ命令がくる。残った先生がた六人は、同じ日に決まった。

その年から一家族一〇個の荷物が許可され寝具衣類、少しの炊事道具まで持つことができた。

そのころいくらか健康を取り戻した母は、一つでも役に立つ物をと荷造りに奮闘する。

五月二七日、荷物に埋まりながら駅に集合すると、そこに教育長の女性が見送りにきてくれていた。やさしく涙を浮かべながら一人ひとりしっかりと手を握り、「永久にさようなら」とロシア語で挨拶されたとき、一瞬、国を追われる悲しさを忘れ、この女性との別れに涙していた。戦争がなければ会うことのない人ではあったが、当時を思い出すとき、私は必ずこの女性を忘れていない。

再び見ることもないであろう野田町に別れを告げ、一路真岡に向かう、その間人々は故郷を胸に刻んでおこうと、車窓から一刻も目を離そうとしなかった。
真岡の収容所では二日ほど船を待ち、ソビエト人による荷物の検査の後、迎えてくれた帰国船白龍丸に乗り、生まれ育った樺太の地に別れを告げた。

船に一歩足を踏み入れたとき「さくらさくら」の音楽が船内に流れ、真っ白な服装の船員が二列に並んで「永い間ご苦労さまでした」と一人ひとりに声をかけてくれた。私は「ああこれでやっと日本に帰れる」という安堵と感激で胸がつまり、涙を流したことを覚えている。船が岸壁を離れたことでさらに安心はしたが、このとき初めて樺太から海を渡った私には、喜びよりも不安の多い船出であった。

どれほどの時間がたったのか目を覚ますと、眼下(船上から)は日本本土函館であった。下船の手続きの後、初めて日本本土の土を踏む。税関でＤＤＴの強烈な噴射を受ける。まるで粉箱から出たようであった。私たちはここでもまず収容所に入ったが、行き先の決まっている人から順に目的地へと発って行った。

再び教員として

収容所のなかには樺太庁の出張所が特設されていて、教職員の窓口があり、係員が親切に相談にのってくれた。希望する土地、学校等、くわしく調べていただき、私は生活のために再び教員の道を選んでいた。

収容所の係員から、前年職場ぐるみ先に引き揚げていた姉が、札幌で亡くなっていることを知らされた。姉の勤務先からの連絡によるものであった。どこにいるのかわからないが、落ち着いてから探そうと思っている矢先であった。頼りにし、もうすぐ会えると思っていただけに、その期待が砕かれたただただ悲嘆にくれた。姉もまたどれほど、母を私たちを待っていたことであろうか、その淋しさを思い胸がかきむしられるようであった。

しかし生活のため、悲しみにひたっているまもなく、すでに決めてもらっていた勤務地へ向かわなければならず、札幌で姉の遺骨を受け、変わり果てた姉を胸に抱きながら家族とともに任地へ向かった。

上川郡愛別村立愛山小学校が新任地であった。米作の農村地帯で住宅のあるのが、私たちには何よりありがたかった。小さな駅に学校長の出迎えを受けて、駅近くの教員住宅に落ち着く。住宅はだいぶ荒れていたが「屋根があるだけでもありがたい」と母は繰り返しいっていた。とりあえず落ち着くところができたのである。荷物の整理は母に任せて、次の日から学校へ出る、無我夢中であった。

新しい民主教育、新任地と学校、二二歳の私には新しい体験の連続で胸が張り裂けんばかりの日々であった。

まず民主教育から学ばねばならなく、数冊の専門書を渡されたが、これまでに学んだことのなかった用語の羅列に戸惑い、なかなか理解できなかった。

そんな状態のなかで早速担任も決まり、教壇に立つことになったが、教科科目までがすっかり変わっていた。とくに社会科という科目は、その展開が難しく、大変困難に思った教科であった。先に新しい教育に取り組んでおられた先生方も研究途上で、たびたび研究会が開かれ、その都度、村の中心校まで汽車に乗って出かけ研究がなされた。ときには大学教授を招いて講義を受けたり、研究発表、討論など行われたが、私はなかなか追いつけず学習不足はいつまでもたたった。

私が接した農村の子どもたちは人なつこく、少し大人びて見えたが、民主教育によって自分の考えをはっきり話す習慣がついているゆえだろうと思った。生徒の家庭は米作農家がほとんどなので、子どもたちは、よく手伝い、貧しさに耐えて、なお伸び伸びしていた。

だがかつての節度ある授業風景とは異なり、開放的で自由な雰囲気に私は少し戸惑った。

先生たちも妙に物柔らかで人当たりがよく、これが民主主義の気風かと感心したが、そんな雰囲気に馴れるのにあまり時間はかからなかった。

子どもを主体とする新しい教育は、ともすれば子どもたちを安易に甘やかしてしまうという危険性を含んでいたため、このときこそ私自身の力不足を強く感じさせられたことはなかった。また自主性を重んじることへの錯覚や誤解はずいぶんあったと思う、教師自身、自信をもって指導するには民主主義教育が未だ遠く、向かう方向が広過ぎて、基本的な目的を見失いがちであった。

いまではほとんど忘れてしまって、教科のことや、生活面でのことを具体的に思い出せないのが大変残念である。

こうした間にも弟は旭川の中学校へ、母は毎日の食べることに終始した。農村といっても食糧事情の悪いことはどこも同じで、またしても母の着物が一枚また一枚と消えていった。

こんなに苦労をかけた母が、引き揚げ後二年八カ月で報われることなくこの世を去った。苦労をかけとおしだったことが悔やまれてならない。

教育というとてつもなく大きい山をしっかりと見極めることもできず、生活のために再度私は子どもたちの前に立ってしまったが、一九五四年、職を辞すまで確たる信念をもち得ないままで終わったことは、子どもたちにとって本当に申しわけなく悔恨の念しきりである。

おわりに

私はいまようやく来し方の国の歩み、その背景、当時の国民の姿勢などを教育史を通して学んできて、そこで私なりに受け止めることができたが、あまりにも無知だった私自身を知り、人間、真実を学ぶことのどれほど大切かを改めて思い知らされた。残っている人生を少しでも有意義でありたいといま自分にいい聞かせている。

最近、サハリン残留の「朝鮮人」の怒りを新聞テレビなどでよく見聞きするが、日本政府はそのことをどう受け止め、その責任をどう果たそうと考えているのだろうか。

苦しみと悲しみを強いられて四十余年、その人々は年ごとに異国の土と化し、報われることがないままである。

昨年、現在サハリン在住の「朝鮮人」の一人が、一時許可をもらって当時離ればなれになってしまった実姉に会いに訪日していた。かつて野田国民学校勤務のとき、夫の受け持ちであった人である。

報らせがあって連絡先に電話をすると、彼は懐かしさをいっぱいこめて、四十余年の空白をいっきょに取り戻そうと一生懸命話してくれた。もう五〇歳を過ぎてしまったこと、日本語を忘れないようにしていたこと、自分たちにもいつか引き揚げの命令がくるだろうと待ったこと、等々。

私たちは返答に詰まった。軽はずみの言葉や謝りは何の慰めにも支えにもならない。ただ自分たちが卑怯に思えてしかたがなかった。最後に彼は「先生たちを恨んでいるのではありません、みな時代の流れのなかに生きていたのです」といったという。私たちには言葉がなかった。


彼の滞在はさらに延長の許可が出て、いま大阪で姉弟の絆を温めていることだろうと思う。

私たちはいま彼らの長い忍従の日々に詫びながら、一日も早く日本政府が彼らの思いを遂げてやってほしいと心より希望してやまない。

〔参考資料〕
元樺太師団参謀長、鈴木康生著『樺太防衛の思い出』より
南樺太　南北、四六〇キロ。
国境　正面　一三〇キロ。
面積　三万六〇〇〇平方キロ　東京都から神奈川、愛知、和歌山の諸県を経て兵庫県にいたる八県ほどの長大さ。
気温　一月低温平均零下二三度　瞬間的には零下四五度を下る。
人口　四一万七九七六名（一戸平均約五・五名）
　一九四四・一二・三一。
ただし軍人　一九四五年夏―二万四〇〇〇名。
徴用「朝鮮人」一九四五年夏―五〇〇〇名～六〇〇〇名。
＊右軍人・「朝鮮人」は、人口四一万七九七六名のなかに入っていない。

一九四五年八月九日、突然ソ連の宣戦を知り、逆転して再び北と戦うことになった（衣食住足り、爆撃一回も受けず、日本一平和だった樺太は一瞬にして戦場に変じた）。

八月一六日朝、ソ連は国境古屯陣地に二度目の総攻撃を加え、また塔路に上陸開始、日本軍玉砕。

ソ連船艦午前三時半〜四時ころ、恵須取へ上陸。

八月二〇日早朝、平和の町真岡にソ連突如艦砲射撃とともに強行上陸、一〇〇〇名殺害、多数の自決者出る（郵便局の女子電話交換手九名自決）。

ソ連は全樺太侵略を企画し停戦に応じなかった。

八月二二日、ようやく師団長断呼たる態度で停戦協定成立。

「小笠原丸」他二船北海道西岸で潜水艦に雷撃、一七〇〇余名の死者を出す。

樺太関係死者

戦死軍人　七〇九名

軍属　二〇六名

緊急引揚げ
三船殉難者 } 一七〇八名

官民殉難者（樺太シベリアなどの死者を含む五六三〇名）

函館引き揚げ直後の死者　一〇七九名

計　九三三二名

こぶし

3　戦後民主主義の問い直しのために（その2）
――「教育に関するアンケート」調査にみる戦時期教育

山村　淑子

はじめに

「旭川歴史を学ぶ母の会」は、これまで、二回にわたって地域の記録資料を作成してきた。今回の「教育に関するアンケート」で三回目となる。過去二回の試みは、いずれも戦争体験および戦後史の記録となるもので、第一回目は一九八一（昭和五六）年二月に整理した「一九四五年八月一五日の戦争終結の放送を聞いて」であり、二回目は、一九八四年五月に収集整理した「開戦・敗戦・食糧メーデーと日常生活の状態・婦人参政権獲得・新憲法公布・広島と長崎」の六項目にわたるものであった。

この一、二回の資料は、一九八四年夏に「歴史の会」の学習成果としてまとめた『私たちの記録――戦争・平和・そして学習』に会員の二一名の戦争体験記録とともに掲載されている。今回のものも含め三度の記録資料作成は、会員の大部分を占める昭和一桁世代の戦争体験を自らの手で明らかにする作業として位置づけられてきた。「とくに言うほどの経験もしていない」との声もあったが、「あたりまえに生きてきた」人々の戦争体験の事実を具体的に記録にまとめる作業を通して、会員たちは地域・階層・性別・年齢・教育体験の違いによって、さまざまに異なる事実の積み重ねがあったことに気づいたのである。

そして、この作業と並行して自らの戦争体験を文章化することも行われ、一人ひとりが自分自身の体験と向き合うことになった。以上二つの作業を通して、それまで漠然と捉えていたことを見つめ直し、鮮明にしていくことで、そのことが日本史全体の流れのなかでどのような意味をもち、どのように位置づけられるのかを思考する試みが行われていった。

それは、「戦争体験をどこまでわがものとすることができるか」という、今日の日本人に提起されている課題とも向き合う契機となり、ひいては現在をどう生きるかを考えることにもつながっていった。

戦争体験をわがものとすること

しかし、戦争体験をわがものとし、現在の生き方につなげていくことは、容易なことではなかった。本を読み、頭で理解したから即実行できるというものではない。そのことに会員たちが気づいたのは、『私たちの記録 I』が成果として刊行される直前の校正段階のことであった。

その記念すべき日のことを記録した文章が「忘れることのできない日」（川口千恵子）である。その一文に川口はこう記述している。「学習会で『太平洋戦争』を学んでから頭の中では、自分は戦争の被害者であると同時に、アジアの人々に対しては日本国民の一人として、加害者の立場であったとわかったつもりでいました」「しかし、その体験を現在どう生かすかという視点から捉え直していくと、上層部の指導者や、直接戦場で手を下した者のみが『加害者』であったと言い切れないことに、ようやく気づいたのでした。私たち女学生が純粋に『銃後を守らなければ』と思った気持ちは『国のため』であり、『戦争を支える』ということにつながる当然なことが、私にはこのときまで納得できずにいたのです」

右の一文に書かれていることこそ、通史につづいて教育史を学び、今回の私たちが受けた教育をまとめるきっかけになったものである。

いまから六年前、一九八四（昭和五九）年の初夏だった。それまでの「学習会」や雑談のなかで会員たちが話していたことのメモや、収集した記録資料を見る限り、女学生たちが「戦争」に積極的に関わったという表現は少なかった。

そこで私は、「資料を見る限りにおいて」という限定をつけたうえで、女学生の戦争に対する向き合いかたには、兵士として戦場に向かった青年たちとは異なるものがあることを『私たちの記録 I』の資料の「まとめ」で指摘した。ところがその指摘に対し、会員から「当時女学生であった私たちの気持ちを汲んでいない」旨の発言があった。それを先に紹介した「忘れることのできない日」にみてみたい。

「戦争当時、幼い気持ちですが私たち女学生の心の中には大人以上に、純粋にお国のために尽くしたいとの燃えたぎった気持ちがありました。しかし、女であること、女学生であることで、直接戦争で戦うような行動はできません。一学年上の方で卒業と同時に他に決まっていた就職を辞めて、横須賀海軍工廠《こうしょう》へ出向いた友人がおりました。（中略）その友人だけでなく、私たちもお国に尽くすことは当然と考えていたのでした」

まさに熱っぽい発言だった。この発言をきっかけにして、これまでに発言することが少なかった会員からも、「生まれ変われるなら男に生まれたいと思った」「私たちも一生懸命だった」「日本は勝つと信じて素直に真面目に取り組んでいた」「女も戦地に行かせてくれたなら私も行きたかった」等々の言葉が相次いで出された。四〇年余り前の女学生たちの姿が眼の前に再現されたかのようだった。そして、彼女たちがそれぞれの思いを熱っぽく語ったことによって、結果的には、女学生も間接的ではあるが、戦争を支えていたことがしだいに明らかにされていったのである。

さらに、その戦争が侵略戦争であったことは、討論に参加した会員にとって二重に衝撃的なことだった。「アジアの人々に対しては日本国民の一人として、加害者の立場であったとわかったつもり」(「忘れることのできない日」)でいたことが、自らの戦争体験を直視し、人権思想とそれに基づく民主主義の問題とを重ね合わせる討論のなかで、その体験を真にわがものとしえていないことに気づいたのだった。

後日「このときほどショックなことはなかった」と討論に同席した会員たちは語った。そして「あのときの討論がなかったら、本当に戦争のことがわからないままで過ごしていたと思う」と率直な感想を述べている。

そのうえで会員の一人松本高子は、「重い・思い」のなかで、「教育史を終わろうとしているとき、私は『今を生きる』ということは、歴史と関係なしではありえないことで、それを学ぶことによって人間が成長し人間らしく生きていけると思いました。」と書き、学習会で読んだ西ドイツ大統領ヴァイツゼッカーの演説(一九八五年)から「後になって過去を変えたり、起こらなかったりするわけにはまいりません」という言葉を自らの思いをこめて引き出している。

アンケート調査にみる戦時期教育

以上のように女学生たちが、疑問をさしはさむことなく真面目に、一生懸命に侵略戦争の支え手となっていった原因は何であったのか。私たちは、その手がかりをつかむ一つの方法として「教育」の側面から歴史を学び直し、かつ学んだことを旭川の地域を舞台に検証するためのアンケート調査を一九八六(昭和六一)年に行った。その結果が資料の「教育に関するアンケート」である。調査は二〇名の会員がそれぞれ五人を目標に、家族・友人・知人と広げて一〇〇名の方々に協力をお願いした。聞き取り記述式であったにもかかわらず、丁寧な回答を得ることができた。以下二八項目のアンケート調査を戦時下の教育に焦点をあてて整理してみたい。

今回のアンケートの集計は、回答者の世代を四期に区分して行った。世代による教育体験の違いを考慮してのことである。A期は一八九九―一九二六（明治・大正期世代）、B期一九二七―一九三四（昭和一桁世代）、C期一九三五―一九四四（少国民世代・戦後民主主義の第一期生でもある）、D期一九四五―一九六七（戦後世代）の四期である。

まず教育体験の評価の差が如実に表現されたのは「あなたが受けた教育をどう思いますか（設問20）」に対する回答だった。「たいへんよかった」「よかった」の合計をみると、A期二一人中一三人（62％）、B期三〇人中一〇人（33％）、C期二八人中二一人（75％）、D期二一人中一四人（67％）で、とくに戦後「民主主義教育」の先がけを経験したC期がいちばん高い評価を得ている。そのあとに戦後生まれのD期、そして明治・大正期生まれのA期がつづき、戦争真っ只中のB期がもっとも低い評価を下している。ただしこの期の回答者三〇人のうち一四人が「歴史を学ぶ母の会」の会員であり、歴史を学習してきた人たちであることを考慮する必要がある。以下昭和一桁世代のB期に焦点をあてながらみていきたい。

次に学校の先生たちは、生徒たちにどんな人になりなさいといっていたのだろうか。それを設問19にみてみよう。B期の小学校の先生の言葉のトップは「国の役に立つ人」、旧制中学校は「国のためになれる人」、旧制女学校では「良妻賢母」が並んだ。それに対する生徒の受けとめ方は、小学校では「本当にそうだと思った・その通りと思い運動学習に励んだ・先生のことを信じた」とあり、旧制中学校では「軍人として志願するつもり」、旧制女学校では「国民の義務としてできる方法で全力を尽くす・努力した・皆まじめだった・国のために苦しいけどがんばろう」という言葉がつづく。では戦後期にもかかるC期ではどうか。小学校では「やさしい人・世の中の役に立つ人」、新制中学では「責任のもてる人・世の中の人《ママ》に役立つ人・はっきりものを言える人」、新制高校では「社会に役立つ人」となる。

ただしB期でも新制中学校の体験者は「自由・民主主義・男女同権・戦争放棄」といった言葉が先生から発せられても「よく解らなかった」し、「アメリカを手本にすればよい」と思う一方、現実の生活が厳しく「精神的なことより食べるほうが先」で、「まず、自分の生活を固めることで精いっぱい」であったようだ。八月一五日をはさんで、これまで正義とされていたことがすべて否定され、世の中の価値観が一変する。そのなかで、多くの教師たちは、昨日までの「臣民の道」を説くことを止め、「民主主義」をとなえながら戦後生活をスタートさせていった。

ただし、生徒の受け止め方のなかに「戦後は先生もはっきりしたことは言わなかった・多少は反感をもつ」という二つの言葉が入っている。戦中戦後と急激な価値観の変化に戸惑う教師と生徒の様子がみてとれる。本書161頁の「ひとりの女教師として（樺太・国民学校で）」（工藤三保子）をみると、「まず民主教育から学ばねばならなくなって、数冊の専門書を渡されたが、これまでに学んだことのなかった用語の羅列に戸惑い、なかなか理解できなかった」し、「かつての節度ある授業風景とは異なり、開放的で自由な雰囲気」に「戸惑った」と証言している。

戦中戦後二つの時期の決定的な違いを示す教師の言葉は、「立派な軍人（兵隊）」と、「やさしい人」であるが、女子の生徒に関しては、ともに「良妻賢母」が発せられている。とくにA期の旧制女学校の先生の言葉に「国家に役立つ女性」と「良妻賢母」の二つが同時に出ていることに〝総力戦体制と女性〟という視点から注目したい。

ではAB期の人たちは、どんな学校教育を受けていたのだろうか。まず設問3の修身の授業からみてみたい。その授業風景は「教師が使命感をもって感動的に行われた」、「緊張した時間」だったとある。

その内容は基本的には「忠君愛国、忠孝、忠義」と「親に孝行、礼儀、作法」等の実戦道徳の二本の柱より成り立っていた。修身教科書との関連ではAB期ともに木口小平*の名があげられている。この教材は、第一期一九〇四—一九〇九年の国定尋常小学修身書では「ユーキ」で出ており、第二期一九一八—一九二八年では「チュウギ」となって、第四期一九三四—一九四〇年まで受け継がれている。

＊キグチコヘイハ、イサマシクイクサニデマシタ、テキノタマニアタリマシタガ、シンデモ　ラッパヲクチカラハナシマセンデシタ

右の忠君愛国と実践道徳の修身は、見事に「教育勅語」を具体化したもので、「『教育勅語』をどういうものだと教えられましたか」の問いに対しA期のトップは、「国のため天皇陛下のために忠義を尽くす」であり、B期では「天皇に忠義」という答えが多かった。言葉としてはA期では「国のため・国民・軍隊・軍人・天皇」が、B期では「天皇・国民・国家・愛国・神国・臣民・国」が多く用いられている。

学校で文字を覚え出す年齢（六歳）から精神形成期の一〇代にかけて（学歴差あり）「式の度毎に校長先生が白い手袋をして、うやうやしく捧げて来て」（「自立への出会い—N先生のこと」）初めて聞かされた時、どんな内容のものか理解できた生徒はA期では45％、B期では27％、C期では50％で半分以上の生徒が「わからない」状態であったことが明らかにされる。それを補完するものがまず第一に修身であった。設問3の修身の授業内容を問うところでA期をみると、「国民のためでなく天皇のためのみでした」や「国のために尽した人」の記述がみられる。B期でも「国のために命を捧げる」「国のために自分を犠牲、国のために働く」というように、「国のため」あるいは「天皇のため」という言葉が繰り返し先生の口から発せられていたことが読みとれる。「『教育勅語』はなぜ出されたか」の設問に答えた七二人のうち三三人（46％）が「国家、天皇」のためと認識し、次いで「思想」が21％、そして「道徳」「教育」がおのおの17％となる。

現在でも若者の倫理感を高めるために「教育勅語」は必要であると説く人が存在する。ところが、実際に

その教育を受けた世代の多くは、それが倫理道徳というよりも「国家・天皇」のために出されたと認識している。この認識は「国民の思想統一のため」と答えた七人の数とともに注目されよう。そしてこの結果は、「教育勅語」の「朕惟フニ我カ皇祖皇宗國ヲ肇ムルコト宏遠ニ徳ヲ樹ツルコト深厚ナリ我カ臣民克ク忠ニ克ク孝ニ億兆心ヲ一ニシテ世々厥ノ美ヲ濟セルハ此レ我カ國體ノ精華ニシテ教育ノ淵源亦實ニ此ニ存ス（中略）一旦緩急アラハ義勇公ニ奉シ」の精神の骨格をみごとに捉えている。

それでは、「教育勅語」と、それを補完する「修身」は学校で行われる他教科目（国史、地理、国語）のいずれによって完結していったのだろうか。その疑問に答えてくれた設問が「学校で学んだ教科の中で一番印象に残っているのは何か」（設問7）である。集計してみると、回答があった九〇人中三九人（43％）までが国語と答えている。それに加えて「軍事教練、薙刀《なぎなた》、防空壕掘り」（AB期）などが目立つ。アンケート調査開始以前から予想はしていたものの、この集計結果は、「国語」という教科がもつ影響の大きさを如実に示しているといえよう。

そしてこの結果を補う回答が設問8の「好きな科目」で、国語はABCD全期を通じて算数とともに上位二つを占める（ただし、新制中学校では英語が国語を上回る）。国語と書いた人数はA期二一人中六人（28・5％）、B期三〇人中一六人（53・3％）、C期二八人中一二人（42・8％）、D期二〇人中六名（28・5％）である。「サクラ読本」と呼ばれる第四期の国定国語教科書を使用したB期の割合がいちばん高い。もちろん、男女差があるため、それを考慮しなければならない（調査人数に占める男女の割合は一定ではない）が、第四期が色刷り教科書であったこと、第一期から第三期までの完成本的位置を占めることも含め注目される。

では、当時の子どもたち、生徒たちが、戦後四〇年を経過しても強く印象に残しているという結果が出た国語はどんな内容をもった教科であったのかを設問13「当時使った教科書で、印象に残っているのはどんなところか」でみていきたい。この設問には、多数の回答が寄せられた。そこで、学齢期全課程を通して「教育勅語」と「修身」が同時に展開されていたAB期を中心にみたいと思う。

まず、AB両期ともに日本の神話および民話が教科書のなかに多く活用され、生徒たちはそれをよく記憶している。CD期に記述が少ないのと対象的である。軍事教材としては、A期で「乃木大将の寛大」ということで「水師営の会見」、B期では「肉弾三勇士、兵営だより、水師営の会見、東郷元帥」があげられ、「今から考えると知らず知らずのうちに勤皇少年になっていた」こと、「作文や標語（戦争と結びついたもの）を書かされた」ことのコメントがつけられている。

私たちのアンケートの集計が終わり、報告書作成作業が開始された一九八八年の八月に出版された『軍国美談と教科書』（中内敏夫著、岩波新書）によれば、国定国語教科書に占めた軍国教材の数は、第一期一九〇四―一九〇九「イエスシ」で一四。修身は八教材。第二期一九一〇―一九一七「ハタタコ」で二一。修身は一九一八―一九二八？二一教材。第三期一九一八―一九三二「ハナハトマメ」で一三。修身は一九一八―一九三三　一二教材。第四期一九三三―一九四〇「サイタサイタサクラガサイタ」で二四。修身一九三四―一九四〇は一三教材。第五期一九四一―一九四五「アカイアカイ」で六三。修身は一九となる。本書の資料五一頁の表をみると、今回のアンケート回答者のうち、一期に入る者は一人、二期に入る者二人、三期に入る者一四人、四期に入る者二九人、五期一二人である。

右にみたように、国語の軍国教材は修身に掲載された数を上回り、とくに第五期の国民学校で使用された国語は修身の三倍強の量になっている。また「資料」に掲載された記述の量と内容をみても、生徒たちに与えた影響は、一般的にいわれている「修身・国史の影響」をしのぐほどのものであったことがわかる。神話、民話を利用した「天皇・忠義」に関わる話や、軍隊生活や家族に題材をとった「軍神・兵士・軍国の母」の話を用いて、児童、生徒たちの思想形成が行われていった。

その「臣民教育」を疑問に思うことなく純粋に受け止めていった一人の少女が、成人し、戦後四〇年余りも経過する日々のなかで、自らが受けた教育を脱却するまでの苦悩を整理し、記録したものが「遅れた『墨ぬり』」（永山鈴子）である。

彼女は、第四期の国定教科書が出された一九三三年四月に尋常小学校に入学している。水田地帯にポツンと建つ学校だった。「田舎では教科書以外の本は手に入りにくい。（中略）本が身近に少ない分だけ教科書から受ける影響が大きかったように思う（中略）小学低学年の時、私は国語読本を声を出して読むことを勉強と思い、毎日毎日ただ丸暗記をしていた。（中略）その中で、皇国民意識の根底になる『忠君愛国』『滅死奉公』など第一義的な道徳として、幼い私の心の深層に積み重ねられた。」という。

＊この通称「サクラ読本」は、これまでの墨一色の教科書と異なり四色刷りで出され、歌人斎藤茂吉は、改訂小学読本批評の四人の執筆者の一人に名を連ねてこの読本を賞賛し、「『児童もの』への接近」（『文藝春秋にみる昭和史』第一巻一九八八年）という一文に、富士山、軍艦、飛行機を入れたものなども的を射ていることを述べて、山村僻地に育ち、色彩豊富な本を手に入れにくい児童らには今度の改訂をひどく喜ぶに相違ないと書いて、斎藤の家族の四歳の女の子と六歳の男の子が電話遊びのなかで、「ドクガスガ、モウデキタカア？」「オーケイ」といったやりとりをしている時勢になっていることを紹介している。幼い子どもたちの遊びまでが軍国主義にとりこまれていたことが知れよう。

そして、四年後、永山が旭川に転校した一九三七年に日中戦争が始まった。そこでは「師団の兵士が次々と出征していった。私たちは先生に引率されて師団通りの両側に並ぶ。（中略）小学生たちは白い割烹着の国防婦人会の小母さんたちと一緒に、（中略）軍歌を次々と歌っていた。（中略）私たちは『国のため』『天皇陛下のため』と教えられるままに、出征する兵隊さんを死地へと送った」のだった。

そのころ、永山は先生から「天皇の御稜威《みいつ》はあまねく世界を照らす」という訓話をよく聞いている。国語の教科書で神話を使った国のなりたちを「真実」として教えられたため、「天皇の御稜威」をすんなり受け入れる下地ができていたと思う」と彼女は記し、つづけて「古事記をそのまま日本の歴史として描写した国語の叙述とそれを心にこめて上手に話してくれた先生の授業を受けていく過程で、神国意識が徐々に私の心の中につくられたと思う」と当時の自分を振り返っている。一九三七年には、戦時教育体制の基本が確立、文部省は「国体の本義」を学校などに配布していた。

こうして「皇国の少女」は、学校行事*があるたびごとに神社参拝を繰り返し、「必勝祈願」「武運長久祈願」を祈りながらしだいに「軍国女子」へと成長し、学徒動員の一員として「お国のために尽くしたい」と専門学校進学を決意したのだった。そして日本本土が空襲を受けるようになった一九四五年七〜八月の段階でも「『神風』で元寇《げんこう》の時日本が勝利したと教わったように、今度も勝てると思っていた」ため、〃敗戦〃を知ったとき、目的を見失い自らの命を断つことさえ考える日々を送ることになる。

＊日中戦争が開始されて以降、学校行事の数が多くなり、それとともに先生をこわいと思うことが多くなっていく。「学校生活の中で一番いやだと思ったこと（設問15）」に、A期で「元旦に神社参拝、出征兵士を見送る、雪中軍事教練、教練実習、炎天下の練兵場で軍事教練」、B期で「式典の時、校長先生の長い訓示、毎日の朝礼、行軍、身体検査、連帯責任といってよくたたかれた、勤労奉仕、防空訓練、

援農、軍事教練、薙刀《なぎなた》の稽古《けいこ》」等が掲げられている。また設問12の「先生を『こわい』と思ったことがあるか」では、「げんこつをはられた、修身の担任は妥協を許さなかった」（A期）、「学校教練」のときや「式の練習のとき咳」をしたり、「問題が解けない」ときにおこられたり、なかには「ちょっとした事にも怒りすぐビンタをはり、水を入れたバケツを持たせ廊下に立たせた」教師もいる。このB期の回答には、「戦争中の小学校の教師全員」がこわかったというのもある。ところが以上二つの戦時期の欄ばかりではなく、C、D期にも「先生がこわい」と思うときの事例が体罰の形で出ている。とくに戦後世代にあたるD期の記述をみると、教師がかなりヒステリックになって「チョークをぶっつけ、竹のぼうなどで友人をたたいた」り、「どなったり、なぐったり」している様子がみえる。

A、B期の記述にはその原因が含まれているが、C、D期でははっきりした原因が書かれていないことが多い。何故叱られたのか生徒が納得できていないことがあるのではないだろうか。

自らの心の内部で起こったその苦しみを整理しながら、永山は次のように書いている。「私の生きる基準の縦軸は『天皇制日本』であり、横軸は『大東亜共栄圏』に広がる日本であった。その基盤の上に家族制度下の『家』があり、そこに私が所属していた。ところが、その座標軸が敗戦とともに突然瓦解して、私には依拠するものがなくなってしまった。私は断崖に跣《はだし》で立つ心境に陥り、後へももどれず、谷底も見えないほどの絶望感におそわれた」のだった。小学校から女学校にいたるまでに受けた教育で「国家神道が、私の骨の髄までしみこんでいた」のであり、そこから解放されるのに四十数年がかかったのであった。

もちろん、すべての少女が同様の過程をたどったわけではない。育った環境（地域、家庭）や、通学した学校および出会った先生によって大きく左右されるものがある。今回の調査や記録でも、リベラルな教師との出会いで軍国主義教育を受けなかった人や、自由な家庭の雰囲気のなかで思想形成をすることができた人もいる。設問16のA、B期をみると、戦時期に「沢山の本を読もうと思った」人や「絶対に兵隊にだけはなろうとは思わなかった」人の姿もある。だが、それらは数少ない存在であった。多くは、多勢の流れに逆らえずに学校生活を送り、日々の暮らしをつづけていた。「真面目」であればあるほど先生のいいつけをよく守り、「一生懸命」に「銃後の守り」についていたのだった。

そして太平洋戦争の末期になると、「兵隊になりたくない」と思った青年も、総力戦体制の名のもとに一丸となって「お国のために」働くことになる。「どんな人になりたかったか」の設問に対する代表的な答えがA期では「立派な軍人、良妻賢母」、B期では「看護婦、軍人（兵隊）、立派な妻母・良妻賢母」である。「友人たちは？」の問いにも男子は「軍人・兵隊」、女子は「お嫁さん・看護婦さん」をあげている。男子は兵士として、女子は兵士を産み出す母性として生きることが、国民の模範的な生き方として倫理道徳化されていったのである。先の国語読本の軍国教材は、性別役割による生き方を見事に「お話」として展開してみせたのだった。そして教師、本人、友人ばかりではなく、両親からも「軍人」になることをすすめられる子どもたちもいた（設問18のB期）。子どもたち、生徒たちを取り囲む環境は日に日にそして着実に総力戦体制に組みこまれていったのである。このころ全国で千人針・慰問袋づくりが盛んになった。

＊「産めよ増やせよ子は宝」が流行語になって、一九三九年五月には赤ちゃんコンクールが開催され、一九四〇年厚生省は、一〇人以上の子を持つ親一万三三三六人の優良多子家庭を表彰している。

文部省は、一九一九（大正八）年以降、成人教育講座を通じて「思想善導」を展開。一九三七年七月七日に日中戦争が始まると、八月二四日には「国民精神総動員実施要綱」が閣議決定されて、内務省が「部落会町内会等整備要領」を通達したのが一九四〇年九月一日だった。その翌年、四月一日に「国民学校令」が発布され、第五期国定教科書が使われていく。それは、先にみたとおり「ヘイタイサン」から始まり「軍かん」「海軍のにいさん」「軍旗」「大演習」等、六三の軍国教材で埋められていた。

右の軍国的国語教材と見事に連動していった教科が、国民学校の音楽であった。中里孝子の「湯島国民学校」によれば、「お手玉やまりつきをする時も〝水師営の会見〟や〝広瀬中佐〟などの歌で遊ぶ毎日だった」とあり、「記憶をたどって」の島田ムツ子も「兵隊さん」の歌がサクラ読本の〝ヘイタイ〟の姿と重なって記憶に残っていると証言し記録している。

なお、注目されるのは、国民学校初等科の教師用指導書では「君が代」は古歌であり、国歌という記述はまったくみられないことである。

では学校生活の様子はどんなものだったのかを設問9「通学した学校の雰囲気はどんなものでしたか」にみてみたい。小学校時代ではA期で楽しかったと書いたものは二一人中三人、B期は三〇人中六人、C期二八人中七人、D期二一人中五人である。だが、ひとまとめにくくれない個別の回答をみると、それぞれの時期の特色をうかがい知ることができる。それをA、B期を中心にみてみよう。

A期では「のんびりした中にもきびきびしていた」し、「先生の教えを忠実に守り勉強」した。「ユーモアのない固い感じ」はしたが、先生は「尊敬」されていた。だが、「戦時色」が濃く「軍閥の時代」であったため、「援農」や「銃後の守り」に励んだ。

B期をみると、「節度とおおらかさがあった」とする回答と「どの先生も厳格で恐ろしい人」とする回答があった。「女教師が厳しかった」という人もいる。「神社参拝、兵士の見送り」などがあり、「戦争につながる教え」を受け、「床ふきは軍艦のかんぱん磨き」と称し、「戦争に勝つこと」を目標に「勝つため全員心をいつにして協力的であった」。そこでは「知ること、習うこと、凡て国のため」であった。

旧制中学をみると、A期には「質実剛健」で「配属将校の特訓で軍事教練が強化」とあり、先生は「命令的で厳罰をもって教育」する人もいた。B期になると「先輩が偉い軍人となり光栄であった、軍国主義を叩きこまれたがつらいと思わなかった」と書いた人がいる一方、「戦時中で上級生がおそろしかった、厳しい規則と教練で息苦しかった」と書いた人もいる。ある学校では、「校長が軍国調で学校の雰囲気がぎしぎし戦争第一となる」し、「校長の意に合わないと教頭以下生徒全員（を）校外でもどなった」という。

一九二五（大正一四）年四月以降、陸軍現役将校学校配属令により「配属将校」が置かれ、教練が実施されていた。そのため一般の先生でも「軍隊的で、どなったり怒ったりする人」もいて、「友人が顔をなぐられ、眼鏡が散った」のをみたり、「連帯責任といって立たされビンタをとられた」生徒もいる。

そのなかで、「成績が下がって登校苦痛」になる者も出るが、大半は「受験のため努力したが楽しかった。友人同士は仲良かった、エリート意識で学問に力を入れた」というように、この時期でも地方にあっては、社会的エリート層の一端を形成していた旧制中学の生徒にはまだ一定の教育が保障されていた。

では旧制女学校ではどうだったのか。A期「軍事色が強く規律がやかまし」く、「礼儀」が重んじられ「先輩後輩の厳しい立場」もみられたが、学校によっては「明るく楽しい」ところもあった。「食糧物資不足」で「校庭のすみに食糧を作」った。B期では自由な雰囲気の学校もあったが、多くは「戦時色一色」で先生や上級生に対して「敬礼」を行ったり、「服装頭髪など校則はきびし」かった。学校生活は、「国家や軍への奉仕が優先」し、援農による「食糧増産」や軍隊用の「縫製作業」などの「動員」で、勉強が進まなかった。「これまでの自由な校風が『軍隊調』に変わった」り、「教練があり四年の時銃を持った」人もいる。みな、質素で真面目だったが、「学習を落着いて出来る雰囲気」ではなく、軍国主義の「緊張と重苦しい雰囲気」があった。

　では、戦争中の子どもたち、生徒たちは、ただ暗く過ごしていたのかというと実態は異なる。彼らは学校生活のなかで、友人たちとの交流のなかで、嬉々《きき》とした一面をもっていた。その様子を設問14「学校生活の中で一番楽しかったのはどんなことか」にみてみたい。「遠足、運動会、修学旅行（戦時期には皇国民教育の一つとして聖地参拝旅行と呼ばれたが、一九四三年以後全面中止になる）」等の学校行事に心をはずませている姿がみえる。そして「援農の合宿」も「慰問袋作り」も「勉強をしないで工場で働く」ことも、辛いこともあるが、みなで力を合わせて共同作業のなかで成果をあげていくことは楽しく張り合いがあり「お国のため」に尽くすことの喜びにもつながっていった。

　また、食糧不足下にいた生徒たちは、野外教練のとき「飯ごう炊飯で牛缶を食べた」こと、援農で「おはぎを御馳走になった」ことが嬉しく、「級友が同じ気持ちで勉強に、作業にうちこみ、いじめがなかった」（設問14のA期）という記述は、この時期の学校生活の一端をよく表している。子どもたちは「皇国日本の臣民」として食糧不足にも〝欲しがりません、勝つまでは〟を合い言葉に「忍耐、辛抱」で我慢しながら、「忠義」を尽くすことを目的に、心を一つにして間接的ながらも、「聖戦」を支えることになったのだった。

おわりに

　子どもたちも含めて国民を総動員して戦った太平洋戦争は、一九四五（昭和二〇）年八月一五日に日本の「敗戦」という形で終わった。その日、樺太野田国民学校で教職にあった女教師（「ひとりの女教師として（樺太・国民学校で）」）工藤三保子は「初めて耳にする天皇の声に打ち震えたのを覚えている」と記している。

　ラジオでは雑音で内容がわからず、野田町を警備していた軍部より、無条件降伏の報を聞いたとき、「職員一同その場に声をあげて泣」いた。そして、工藤自身「それまで張り詰めていたものが足元から崩れ、只呆然自失の有様であった」し、職場から帰宅途中に出会った盆踊りの「太鼓を打つ音も力なく、人の輪だけがうつろな面持ちで揺れていた」のを見ている。見ていた「私の頭の中もからっぽであった」とその心中を表現している。

先に掲載した「おくれた『墨ぬり』」の永山も「ラジオを聞いた時点では真の意味がわからず、しばらくして〝敗戦〟を知った。私は呆然として空襲のなくなった青空を見上げていた」のだった。その後彼女は精神的に自らを立て直すための苦しい毎日を送ることになる。総力戦体制の流れのなかで「真面目」に「一生懸命」に皇国民の教師として、女学生として、「お国のために」働き、働こうとしていただけに彼女たちにとって「敗戦」のショックは大きかった。日本はこの侵略戦争で朝鮮、中国をはじめ東南アジアの諸地域にばく大な人的・物的被害を生み出していたが、戦後になってその事実を知ったことで彼女たちは二重の衝撃を受けている。

八月一六日、学徒動員令が解除された。ただし、農業部門の解除は延期され、終戦後も「援農」は行われている。農村は兵士の大きな供給地であったため、労働力不足がはなはだしかったのである。九月二〇日、「戦時教材削除通牒」が出された。いわゆる「墨ぬり教科書」であるが、当時湯島国民学校の四年生だった中里は「湯島国民学校」での記憶では「消したのかどうか記憶がはっきりしない」と記し、戦後復刻版をみる機会を得た際、「どうしてこれを消し、これは消さなくても良かったのだろうと、不思議に思う箇所があった」という。彼女も友人も「墨ぬり」よりは、「大きな紙に印刷されたものを、各自で切ったり折ったりして」使用したことのほうが印象的であったらしい。

一九四五年一二月三一日、GHQは修身、国史、地理の授業を停止させ、教科書の回収を指令した。その翌日（一九四六年一月一日）天皇は神格化否定の詔書を出し、天皇は「人間宣言」を行った。そして同年一一月三日、日本国憲法が公布され（翌年五月三日施行）日本は、「戦争をしない」ことを内外に誓った。

その日本国憲法と対になって出された教育の指針が一九四七年三月公布の教育基本法である。アンケート設問21の「あなたは教育基本法を知っていますか」に答えた九二人のうち「知っている」と答えた者は六一人。三一人が「知らない」と答えた。そのうちわけはA、B期合わせて四九人中一三人（26・5％）、C、D期合わせて四三人中一八人で（41・8％）、戦後教育を受ける機会をもったC期と戦後教育世代のD期のほうが戦時期教育を受けたAB期を上廻っているのがわかる。

「知っている」と答えた人たちも、新聞を通じて知った人が四五人中一一人で一番多く、以下「本・テレビ・学習会・学校・六法全書・大学の授業・職場・保育園の委員会」とつづく。新聞、本、テレビの計二四人に「マスコミ」と答えた二人を加えると、全体の五七・七％の人が教育機関以外のところで情報を得ていることになる。

さて、その教育基本法は、国民にどのようなものとして捉えられているのだろうか。教育基本法と「教育勅語」の違いを問いかけた設問23を見ると、まず第一に、「個人の人格尊重・個人尊重の教育、人権尊重、基本的人権、人格形成」等の言葉が並び、人権思想に基づく言葉の理解が不十分で「人格」と「人権」の二つが混同して使われている。第二に、「民主的教育、民主主義、主権在民」、第三に、「自由尊重、自由平等、平等な権利、思想の自由、学問の自由尊重」、第四に、「教育の機会均等、教育を受ける権利」、第五には、「平和主義、平和・愛」とつづく。

では、回答者たちは親の立場に立ったときに、子どもたちに対して何を期待したのだろうか。一番多かった回答が「人に迷惑をかけない」であり、次に多かったのが「人を思いやる、思いやりのある人間、心のやさしい人、やさしくて思いやりのある人」であった。

この回答結果は、設問27の「人間が生きる上で、一番大切なことは何だと思いますか」で出た結果とほぼ一致している。そこで示されたのは、「思いやり」であり「誠実」「愛情」そして「健康」である。右の「人に迷惑をかけない」も「人を思いやる」ことも、「やさしさ」の一表現であろうと思うが、それが共同体規範のなかで、あるいはそれを意識するあまりに、あたりさわりのない人間関係のうえに築かれていくとすれば、「民主主義」からは遠のいてしまう危さをもっているように思う。

それでは「そのためにどんな学校教育が施されてほしいと思いますか（設問25）」の回答をみると、大別して二つのグループに分けられる。

第一グループは、「個性を伸ばす教育、人間的教育、個性を認める、平等の精神、画一的ではいけない、のびのびできる教育、個人の特性を伸ばせる教育、一人ひとりが大事にされる教育、能力を伸ばす教育、良さを伸ばす教育、個性にあった教育、自主性を育てる」ことを期待する人たち。

第二グループは、「もっと厳しく時には体罰を、道徳教育が必要、『教育勅語』の復活（よい所を取りいれる）、修身のような教科を施してほしい、愛国心の昂揚、防衛意識の徹底、徹底した道徳教育を実行してほしい」と願う人たちである。今回のアンケートでは前者の要望が多く、後者のほうはA、B期回答者の記述のみにみられる。自ら受けてきた教育の復活を考える回答では、倫理、道徳の側面から現在の教育に批判を向けている傾向が強い。

希望実現のために「自ら努力したことがあるか（設問26）」。の問いに対し、実践したと答えた人は回答者数七七人中四七人であった。だが、回答をみる限りその実践の内容は具体性に乏しく、「親と子」の範囲内での努力が中心で、「ＰＴＡ」に示される「親、先生、子」の関係で学校教育をよりよくするために努力したとするもののほうが少ないように思われる。

その際重要な役割を果たすであろう「地域」への

広がりを示すものは、今回の回答を見る限り数少ない。だが、最後の設問の「『学んだことを生かす』ということはどういうことか」の回答には、「行動に移す、社会に尽くす、実践してゆく、努力する、具現化する、役立てる」と答えている人が多く、自らはそうしたいと思っていても、実際の生活のなかで多くの人と関わりながら実践することの難しさを物語っているといえよう。

と同時に、具体的行動に入っていく場合も、その実践が何のために行われるものであるかの見極めが十分に検討される必要があるように思う。つまり、「学んだことを生かす」という言葉で示される「学んだこと」の内容が問題であり、「生かす」ことの質が問われてくるように思う。そのことこそ戦争体験世代にとっても戦後世代そして現在の若者たちにとっても、共通して重要な課題となるものではないだろうか。

「当時女学生であった私たちの気持ちを汲んでいない」との発言から始まった今回の戦時期教育の地域における検証という試みは、ささやかながらもその集計作業の過程を通して私たちに多くのことを学ばせてくれた。

そのなかでも右の「学んだことを生かす」という言葉に含まれる課題は、現在をどう生きるかにもつながってくるという点で、「戦争体験」をどこまでわがものとすることができるかというもう一つの課題とともに、貴重なものを私たちにもたらしてくれた。

その意味で、多岐にわたる記述式のアンケート調査に大切な時間を割いて協力してくださった一〇〇名のかたがたに厚くお礼を申し上げたい。

Gentiana scabra Bunge
りんどう

『私たちの記録』第Ⅰ号発刊時の感想

藤田佐智子

『私たちの記録』が発刊されて二カ月がたちました。昨年（一九八三年）八月、山村先生からのお話にみなと賛成をしたものの、私は戸惑うばかり、テーマの絞れないまま「書かなければ……」というあせり、悩み、苦しみ、「編集」という慣れない仕事、思うようにいかない「校正」に、不安と期待で過ごした暑い夏……。いま静かに喜びと安堵の気持ちをかみしめています。

「記録集」の発刊は、私に多くを学ばせてくださいました。一年四カ月学習したとはいえ、あいまいであった「太平洋戦争」を私なりに深めることができたのです。年齢、居住地、環境から私の戦争体験は乏しいものでした。そして戦後三十数年、時代の流れのなかで生活していただけで、何も知らず、知ろうともせずに過ごしたことを痛感いたしました。

体験の記録は生々しく、目をみはり胸を打たれました。「援農」「学徒動員」「空襲」「疎開」等々、聞きなれた言葉ではありますが、改めて実感を伴いました。「満蒙開拓団」との関わりや、「父上の憲兵隊連行」の体験は遠くのことと思っていただけに驚きも大きく、戦慄《せんりつ》する思いでした。私はもっと知りたいという思いで図書館へ通ったりしました。

また、編集が進むにつれて「活字」にするということの「自覚」と「責任」を知り、「記録集」の「重さ」をひしひしと感じました。はじめは「会報」を少し拡げたくらいの気持ちで、なかなか「内輪」の域から出られずにいたのですが、いまは多くの方々に読んでもらうことに胸をはります。

最後に冊子の表紙がテーマに相応しい写真で飾られたことを、嬉しく思っています。昨夏、旭川郷土博物館でこの彫刻に魅了されました。太陽のようなひまわりと四人の子どもたち、これに作者、山内壮夫氏の限りない「人間への愛」と「平和へのねがい」がこめられていると思うのです。

表　敬子

初めて原稿用紙に向かって書くということの難しさ、緊張感はいまでも忘れることができません。そして私も編集に携わって、その仕事の大変さを痛感しました。八月の例会時にできあがった冊子をいただいたとき「ずいぶん立派なのができたなあー」と感激もひとしおでした。

記録集を読んでいくうちに、私たちの戦争体験は微々たるものですが、戦争を知らない高校生の姪にも読んでもらいたいと送りましたら、「いろいろな太平洋戦争に関する本を読んだが、旭川地方に限られているけれど、自分の生まれ育った土地の戦中、戦後の日常生活の様子がよくわかり、素直に自分に入ってきて戦争の悲惨さが、より身近に感じられた。そして旭川の高校に限り歴史の授業に使えるのではないか」という感想をもらい、若い人にも受け入れられる冊子にできあがったと意を強くしております。

現在の日本は、小資源国であるけれど豊かな物資に恵まれ、国民は平和な生活を営んでおりますが、国家予算をみると一方で防衛費が突出し、また、人権無視の軍国主義へと歩むのではないかという懸念をもっており、平和と生命の大切さを若い人たちに語り継ぐうえにも、いま、この『私たちの記録』を出した意義を深くかみしめております。

私たちに投げ返されてきた課題
――〝平和〟を考える

山村　淑子

早いもので『私たちの記録Ⅰ』が発刊（一九八四年八月二四日）されてから、三カ月が経過した。昨年九月に冊子刊行を呼びかけてから一年後、ベージュ色の表紙をつけた一冊が、「歴史を学ぶ母の会」の六年間の学習成果として世に出された。

完成した一冊を手にして私は、よくここまできたという感慨とともに、「会員一人ひとりが今後この冊子をどういうものにして受けとめていくのだろうか」という危惧を合わせもった。

「学びたい」という強い思いで始められた「学習会」ではあるが、その学ぶことが、受身的な自己満足の「教養」の範囲内にとどまることを良しとしない私は、「歴史を学習することが趣味や片手間なこととしてのみ終わるのではなく、現実の生活と深く結びつき、生活のなかで生き、生かされるものだ」ということを何度も繰り返し述べてきた。そこのところがどう消化されてきているのだろうか。それがこのたびの冊子発刊の受け止め方に表れてくるのではないかと考えている。

できあがった冊子の各自の文章にのみこだわるのではなく、『私たちの記録』のなかに自分を位置づけることができただろうか。

『太平洋戦争』の著者、家永三郎氏からは「巻末のアンケートは、『あたりまえの人』が『あたりまえ』でない歴史上の激変期の大事件をどう受け止めたかの正直な告白として興ひとしお深いものがありました」と感想が寄せられたのをはじめとして、多くの歴史研究者から評価が寄せられている。私たちはその評価の意味を正確に受けとめることができているだろうか。

今回の「歴史学」的評価は、『私たちの記録』を総体として把握するところで生まれてきたものであり、「あたりまえ」の女性たちが戦後四〇年近くを迎えようとしているいま、歴史を学習し、自分たちは、戦争の被害者であると同時に、侵略国の国民の一人でもあったという視点に立って、記録を残したことに対して向けられたものである。

同時に、今後その学習してきたことを、会員一人ひとりが、「平和」の問題にどう生かしていくのかに注目が寄せられている。そこのところを、鹿野政直氏

（思想史家）は、「紙面全体から立ちのぼってくる熱気にうたれ、かつ考えこまされてしまいました。それと社会活動がどのように結ばれるのか、そこのむずかしさをむしろ感じました」を指摘してきており、『歴史地理教育』の編集を担当し、都立高校の教員でもある鬼頭明成氏も、「8・15は、日本人一般にどのような意識変革をもたらしたのか。もたらさなかったのか。〝戦争体験の風化〟といわれるが、戦争体験が次なる戦争の抑止力になり得るのか否か、戦争を呪《のろ》い、平和を望みながら、キナ臭くなる一方の現実、今、私達は何をこそ大事にしなければならないのか、考えさせられました」と述べ、両者とも、現在歴史学が抱えている大きな課題の一つである「国家と国民」の捉え方に引きつけて感想を寄せてきている。

「歴史を学ぶ母の会」が、こうした問題をどう受けとめていくのか。投げ返されてきた課題は重い。

平和時に「平和」を口にすることは容易《たやす》い。現在の日本では誰もが「平和」を口にするが、平和の担い手に自らがなりえるか否かについては、大変厳しいものがあると私は考えている。つねにそこのところで自分自身に点検の眼を注いでおかないと、いつのまにか、平和を口にしながら、平和をつぶす担い手になっているかもしれないというこわさを感じるからである。

それは、私たち一人ひとり基本的人権と自由と民主主義の思想をどこまで実態化しえるかを問いかけてくることになるのだと思う。

（一九八四年一一月二三日）

しをん

『私たちの記録』第Ⅱ号発刊時の感想

川口千恵子

一九八六（昭和六一）年の冬から春にかけて、会員が協力して集めた一〇〇名分の「教育に関するアンケート」のまとめは、山村先生が夫君の転勤によって離旭された後は、会員への課題となった。先生は残り少ない日時で、アンケートの各時期ごとのまとめ方や、各設問の大切な点を具体的にご指導くださり、一九八七年三月の例会を終えた一週間後に旭川を出発された。先生の在旭中には感じなかった不安が心をよぎる。月一度の例会だったが、九年間「師としてではなく、ともに学んでまいりましょう」とおっしゃってくださっていたのである。

アンケートは生年順序に四つに区分し、会員も四ブロックに分かれ整理したので、各班のまとめ方は自由であり、四種類のものができあがった。A、B、C、Dを通して全体の読み合わせに入ると、各所に数字の間違いや、書き写し違い、記載もれが出てきた。この時点で先生が在旭中には二〇名いた会員が七名になっていた。大変ではあるが、集計を進めるために基礎となるしっかりした資料が必要とわかり、正確さを第一として再度、見直す作業を開始した。

先生からは、アンケート集計に対する指示とテキストとした山住正己著『日本教育小史』（岩波新書）の学習指導のテープが月一度、「学習会」に送られてくる。職に就かれた先生は多忙な日々であり、何時も夜中の二時・三時までかかって吹き込まれる様子がわかる。会員一人ひとりの顔を思い浮かべながら、カセットと向かい合い孤独な作業をされた先生を後日知った。

一方、旭川からは設問ごとに話し合っているテープを送るので、先生は六〇分から九〇分聞くことになる。そのなかで「とても良いところに目を付けています」

とか「話し合いのなかに光るものがあります」と勇気づけてくださる。しかし前回分で深めたらよい箇所の指示があると考え込み、前に進まない。

「専門研究者がまとめるのではないのですよ。みなさんが、自分たちで書き、そして集めたアンケートを、自分たちの手でまとめるのです。手作りでみなさんたちの力で精いっぱいに努力して、できたところまでよいのですよ」との先生の言葉に励まされて、助け合い、試行錯誤を重ねながら、集計作業を進めた。

先生は、一九八七年七月から九〇年七月まで、夏休み中でも多忙な日程を繰り合わせて来旭くださった。ご指示をいただきながら作業できることは何と心強いことであったか。資料集計もいちだんと進んだ。

〝学習する喜び〟を山村先生のお陰で知り、ともに歩んだことで〝私たちでもできた〟と自信をもつことができた。本当に嬉しく思う。「歴史を学ぶ母の会」の牛歩のごとき歩みであるが、その成長過程を見ていただきたい。

工藤三保子

「教育に関するアンケート」の集計をすることになったとき、どんな形でどうまとめるのか、はじめはまるで見当がつかず、手も足も出ない状態でした。

各自が担当した項目ごとの手直しに長い時間が費やされました。話し合い、訂正をするたびに以前よりも良いものになっていったと思います。どうにか納得のいくものになったときは、本当に心からホッとしたものでした。

もちろん遠い地より山村先生の献身的なご指導に支えられましたことは申すまでもありません。

いま改めて会員の力の結集の大きさを思い、このことから得ました数々の経験を大事にしたいものだと思うとともに、この記録集の完成の日を会員の一人として迎えることができましたことを喜びに思います。

島田ムツ子

一〇〇人の方々の貴重な体験やお考えを知ることができました。自分の思いを重ね合わせ、感慨深いものがありました。

高木　絢子

月一度の例会で「教育に関するアンケート」の集計作業を進めてきましたが、作業は遅々として進まず、講師山村先生の旭川転出など、くじけそうになりながらも、先生の辛抱強いご指導によりやっとここまでこぎつけた感じです。

毎年夏には先生が来旭してくださり、汗をふきふき熱心に、時には厳しく指導され、私たちを勇気づけてくださり、試行錯誤しながらようやくまとめることができました。

中里　孝子

「教育に関するアンケート」をいただいて設問をみたとき、自分のこれまでの生き方、学習の成果を問われているようで、どのように答えたらよいのかとずいぶん考えてしまいました。

整理作業に入り、協力してくださったみなさまのアンケートをみていくうちに、こんな受け取り方があったのか、このことは私も感じていたことだなと、思いあたるところがいくつもありました。

まとめの段階に入ってからも、見直すとまた異なった解釈のできる答えがあったりして、最初の『私たちの記録』のときにも思ったことですが、言葉のもつ意味の深さ、多様さを改めて思い知らされました。

「ものごとはあらゆる角度からみなければいけない」ということをわかったつもりでいても、実際にはつい一面しかみていないということが多いのですが、最近の世界情勢の大きく動いていくさまをみていると、しっかりと視ることの重要さをますます感じています。

永山　鈴子

『私たちの記録 Ⅱ』への道程は長かった。会員二〇名が一〇〇人の方々からアンケートの回答をいただいた。記述式が多く、大変貴重で一人ひとりの「それぞれの思い」が設問ごとに伝わってくる。それを大切にしかも正確に集計することは、不馴れな私には大変難しかった。「まだやっているの？」という声も聞こえたりしたが、「何とかアンケートに回答してくださった方々の声を伝えなければ」と協力して頑張った。やっと編集を終えるところまできてホッとしている。多くの方々から学ぶものをいただきながら、私自身の考えも少しずつ深めていけたと思う。

山村先生は遠く結城へ離れても、「いつも、『歴史を学ぶ母の会』のことは頭を離れません」と励ましご教示くださった。現在は若い学生の教育現場でご多忙のなか、夜中にご自分の睡眠時間を削ってご指導くださったことを感謝します。

『私たちの記録』を通して、戦中と戦後の狭間に生きてきた私たちの思いがわかっていただければと思う。

松本　高子

一九八五（昭和六〇）年暮れに渡された課題「教育に関するアンケート」の設問文を読んだときから、すでに大きな壁にあたって、だいぶん悩んだ。

そして、一九八六年一〇月特別行事として、アンケート集計発行会が催された。集計発表中、先生の「それは資料の通りですか」の一声に私は大変な衝撃を受けた。資料に忠実に、そのなかの一言一句、言葉や意味を推し測るという重大な初歩的ミスを侵したことさえ知らなかったとはいえ、気がつかずにいた。そのことに気がついた同じ思いの人たちと話し合った。

そのうえ集計作業過程で、書き移し文の間違いだらけに気づき、正確に書き直し始めた。そのショックから立ち直るまでが、私にはいちばん辛かった。

一冊目の『私たちの記録』のなかのアンケートに比べると、その記録が鮮明で、詳細なため、記憶というより「調べて書いたのではないか」と私は思い、当時そのように考えていたとは、素直に受けとることができなかった。そのため非常に戸惑い困惑した。いっこうに先へ進めないもどかしさに、何度か投げ出したいと思ったこともあった。

しかし、山住正己氏の『日本教育小史』（岩波新書、一九八七年刊）を学習しだしてからは、しだいに落ち着きを取り戻した。一九八二年九月から始めた『日本教育史』（有斐閣双書）では、まだ私としては満足できなかった部分も、古本屋でみつけた同じ著者の『教科書』（岩波新書、一九七〇年刊）を読んだ後だったせいか、少しずつ納得しだした。一つひとつの点が短い糸としてつながり出してきたように思えた。

また、最近紹介された木村礎《もとい》氏の『少女たちの戦争』（日本経済評論社、一九八七年刊）を読んで、そのなかの「後年の回想によると」とか「今から見ると」といった言葉を見つけてホッとした。このような気持ちでアンケートを見ると、少しは気が楽になってきた。とにかく戦前・戦後の教育に関するつながりや、間違いを指摘することは困難と思うが、本当に小さな僅かな言葉（証言）から何かを見いだすことができたらと思っている。気負って始めた作業ではあったが、私はアンケート集計作業の方法が、漠然としかわからずいつも霧のなかか、トンネルのなかにいるようであった。集計作業が後半に入っても、編集中もまだまだ試行錯誤の繰り返しであった。

私は、時間をかけて積み重ねる作業は嫌いではない。作業方法がもう少しわかっていたら、いっそう興味深く楽しかったのではないかと残念に思う。がわからなかったからこそ、時間がかかり辛かったことが、原稿が手を離れて見ると、その苦しかった二年間がとても短く有意義であったと思えてきた。

まとめに代えて　沈黙の扉を開く

地域女性史とオーラル・ヒストリー

山村　淑子

はじめに

従来、地域女性史では、地域の女性の実態を記録する文献資料が少ないという制約から、聞き取りを行ってきた。そのため、地域女性史では聞き書きの比重が大きいといえる。

しかし、最近の地域女性史の成果には、従来の文献資料を補足する聞き書きから脱皮して、聞き取ることで見えてきたジェンダーや人権の視点を生かしながら、女性が記録されていないとされてきた文献史資料の見直しも含め、新たな女性史を構築しようという意気込みもみられる。

実際に筆者が関わった地域女性の自主的な記録資料作成や、行政主導の地域女性史編纂過程でも、文献資料に比重をおいた地域史で叙述されてこなかった労働や、生活や意識に関わることがらが、話者の証言によって明るみに出されたり、訂正されたりもしている。

そこで、本稿ではまず「全国女性史研究交流のつどい」で報告された地域女性史研究の聞き書きの動向を把握したうえで、筆者が関わった戦争体験世代の女性たちによる記録資料作成の試みと、地域女性史編纂での聞き書きの試みとを整理し、地域女性史の聞き取りや聞き書きの問題点と可能性を探ってみたい。

一　地域女性史と聞き書きの現状

（1）女性史研究交流と「地域女性史」の誕生

二〇〇三（平成一五）年九月、「第九回全国女性史研究交流のつどいが」が新潟市で開催された。この「つどい」は、「えひめ女性史サークル」の発案で、一九七七（昭和五二）年に愛知女性史研究会が呼びかけて「女性史のつどい」として名古屋市でスタートしている。同研究会は、一九七五（昭和五〇）年に新聞や母親運動関係資料など文献資料に、歴史体験者に面接して聞き取る「聞く会」での成果を加え、「戦後愛知女性史年表」を刊行、「つどい」開催はその二年後であった。その六年後の一九八一年、「つどい」を継承したいと、北海道女性史研究会が第二回「全国女性史研究のつどい」を旭川で開催した。当時、この研究会の代表高橋三枝子さんは「無言のうちに理もれていった女たちの歴史を掘り起こす」ことを掲げて[1]、一九七八年に『小作争議のなかの女たち』、一九八一年に『続・北海道の女たち　ウタリ編』など、聞き書きによる貴重な仕事を生み出していたときであった[2]。

現在の「全国女性史研究交流のつどい」の名称は一九八三年に神奈川県藤沢市で開催された第三回からで、この大会では「地方女性史」の名称で分科会が設けられている[3]。これに対し、一九八六年の第四回大会の愛媛女性史サークルの基調報告「ここを変える女性史の創造」は、「地方女性史」という捉え方に疑問を投げかけて、地域と地方を混同して捉え、中央対「地方＝地域」としてきたこれまでの観念を変えることを主張した[4]。

愛媛の「つどい」から三年後、一九八九年には「地域女性史」の名称を使って、「地域女性史交流研究会」が東京都足立区で開催された。その背景には一九八〇年代の地域女性史の広がりがある。その特徴は聞き書きによる生活史であった[5]。この集会では、聞き書きの難しさが語られるなかで、聞き取りをしてまとめれば女性史になると考える傾向に警鐘が鳴らされている。歴史叙述となるためには聞き取った口述資料の客観的な位置づけが必要であることを確認し、今後の課題とした(6)。

この課題は、その後の那覇市、山形市、神奈川県江の島、岐阜市の「つどい」にも引き継がれていく(7)が、「地域女性史」の名称で分科会が設定されたのは、一九九八年の第七回神奈川県江の島大会が初めてであった。地域女性史の分科会には、自治体の女性史編纂に関わる行政関係者を含め一三〇人が参加している(8)。

（2）聞き取りと聞き書き

右の分科会では、新潟女性史クラブの倉元正子さんが、一九八一（昭和五六）年の『竈のうた――娘がつづる母たちの歴史』（考古堂書店）と、一九八九年の『雪華の刻をきざむ――新潟近代の女たち』（ユック舎）の聞き取りの経験から「聞き取りそして書く、容易に見えたそのことがじつは大変困難で重いことでした」と述べ、「聞いたこともひとつの資料として、わたしたち自身のなかで膨らませながら、他の資料と合わせて」地域女性史を編んできたと報告した(9)。この報告に対し、「聞いたことを膨らませて本にするとはどういうことか」の質問があり、倉元さんはテープは取っていないと前置きして、「膨らませるということは、ほかのさまざまな資料で補ってわたしが見たそのかたの像を出すということ」だと答えている。

それに対し、足立女性史研究会の宮崎黎子さんは、「話しを聞いたら早いうちに文字化しておくのがわたしたちの了解事項です。どう料理するかはそのあと考えます(10)」と、聞き取った話を口述資料として作成していることを紹介した。

ここでは、聞き取りと聞き書きの方法および資料の位置づけは一様ではないことが明らかにされたのだった。

聞き取り対象の選択もさまざまで、話者との対応の難しさも紹介されている。そこでは、肩書きをもった人の語りたがらない部分や、[11]肩書きをもたない人々の沈黙の声をいかにしたら聞きだせるのかという共通の課題が語られている。地域女性史の聞き書きの方法論の確立に向け、新たな課題が提起された大会でもあった。

（3）聞き書きとオーラル・ヒストリー

先にも触れたように第九回の「つどい」は、新潟市で開催された。この大会では、「地域女性史を語り合う」として、A、女性史研究グループの現状、B、地域女性史と行政、C、オーラル・ヒストリーって何?、D、女性史とアジア、の四会場が設けられていた。[12]ここで注目されるのはCで、これまでの聞き取り・聞き書きがオーラル・ヒストリーに替わっていたことである。[13]どんな意味があったのだろうか。

筆者は、この変化を、従来の聞き取り・聞き書きを学問的に見直すことをめざしていると受け止め、参加者の一人として聞き取る力と歴史の再構成能力を高めることの必要を提起した。[14]次に、この会場で報告された聞き取りの実践のなかから、以下の二例に注目したい。

一つは、全盲の女性からの聞き取りの実践で、障害をもつ人たちからの聞き取りは「手探り状態」であることが報告されたこと、二つ目は「従軍慰安婦」問題と関連して「日本語が十分わからず自分の国の文字もわからない」人から聞き取ることの難しさの例が紹介されたことである。[15]

右の実践は、地域女性史の視点の広がりと深まりを示すとともに、共通して女性とリテラシーの問題を抱えており、聞き取りでぶつかった壁そのものに女性史の課題が潜んでいたと考えられよう。

また、叙述化過程で、話者との約束で原稿を見せたところ、「全面的に書き直してきた」ため、「全体的にちぐはぐなものになってしまった」という報告があった[16]。この場合、話者が、どの部分を、どのように書き直してきたか、を検討することは重要であろう。その検討をとおして聞き手と話者が互いに理解を深め、新たな視点を見いだす可能性もあった。筆者のつたない経験からも、聞き取り作業は聞き手と話者が相互に歴史的認識を深めていく作業であることを実感する[17]。また、「個人の聞き取りから女性史をどう書けばよいのか」との悩みも出された。

以上はいずれも口述資料を批判する能力と歴史の再構成能力が問われており、地域女性史に関わる人たちが聞き書きの方法論を学問的に学び合える場を作る必要性を強く感じた大会だった。こうした聞き書きの方法論的進化をめざして、以下、筆者が関わった自主的歴史学習会での、自らの体験と記憶を歴史記録として作成した試みと、行政主導の地域女性史編纂での聞き書きの試みを振り返ってみたい。

二　地域女性の自主的な歴史学習会

（1）戦争体験世代と自らの手による記録

一九七八（昭和五三）年六月二〇日、北海道旭川で開催された「北海道女性史研究会」の会場で、二人の女性が筆者に声をかけてきた。「戦争中に学ぶことができなかった日本の歴史をもう一度学び直したい」、「五〇歳になる今、学習する経験を取り戻したい」という歴史学習会の講師依頼だった[18]。九月には二〇人の仲間ができて「旭川歴史を学ぶ母の会」の名称もつけられた。以後、最初の出会いで語られた想いを大切にしながら、地域の歴史を学ぶ機会もつくり、世界情勢にも目を配って、歴史学習を進めていった。

一九八〇年一二月の第三一回例会から太平洋戦争期に入り、『太平洋戦争』（家永三郎著）をテキストに使用した[19]。この時期の例会の様子は、「戦争中に学校や新聞などで受けていた情報と学習の中で知る事実との差に深い憤りを示す溜息が流れた」と記されている。[20] やがて、侵略を受けたアジアの人々を視野に入れたとき、「私たちは戦争の犠牲者だった」という一方的な想いは払拭せざるをえなくなっていた。

それは女性たちの戦争体験の記憶を見直す作業につながっていった。毎回の学習会とその後の自由な話し合いの場で、それぞれの「戦争」の記憶が呼び起こされていった。筆者はそれらをメモしながら二つのことを考えていた。一つは会員自身と身近にいる人の戦争の記憶を聞き取り、口述資料を収集すること。二つ目は会員自身が語ってきた戦争の記憶を自らの手で文章化することである。

一九八一年一二月、資料収集の提案をした。テーマは「一九四五年八月一五日の戦争終結の放送を聞いて」で、収集期間は一九八一年一二月〜一九八二年一月とした。これが、「歴史を学ぶ母の会」での、戦争を問い直す最初のプロジェクトとなった。このプロジェクトは、八月一五日の「一日」に焦点をあてて設問を用意したものである。[21] それらの設問に選択肢は用意されていない。語り手がたどった記憶を自由に書き記す形式をとった。

（2）記憶から見えてきた「戦争」

一九八二（昭和五七）年一月末、二〇人の会員が身近にいる家族からも聞き取りをした結果、三三名の記録が収集された。実施前には「あたりまえに生きてきてとくに言うほどの経験もしていない」などの声も聞かれたが、この「あたりまえ」の人々の記憶から戦争を問い直す試みは、会員の予想に反して貴重な記録を生み出したのである。[22]

たとえば、「放送内容をどこまでわかったか」の聞き取りでは、三三人中二〇人から「雑音とラジオより遠くて何を聞いたかまったくおぼえていない」ことや「言業がよくききとれず、内容が理解できなかった」

との証言を得るとともに、注目されることは、女学生だった一一人のうち一〇人が日本は勝つと信じこんでいたため、「敗戦」という事実を、放送内容から聞き取り、理解するのを妨げてしまっていたことである。

当時一四歳だった女性は、「玉音放送そのものから、直接敗戦という事実が素直に自分のなかに入ってこなかったように思えます。『忍び難きを忍んでもっと頑張るように』との意味かと思いました」と証言している。

さらに注目されることは、「放送が終わったあと、どんなおもいをもったか」の設問に、三三人中一一人が、ソ連兵やアメリカ兵の上陸に強い恐怖感を覚えていたことである。この時期、「若い人はみな殺される」、「女子は断髪して男装しなければ危ない」といった流言蜚語《ひご》が飛び交っている。この占領軍による殺害や性的暴力を予測した恐怖感は、日本軍の侵略を受けたアジアの人々の痛みに通じる。

にもかかわらず、なぜ、男女ともに戦時期の記憶からその痛みへの想像力が語られないのだろうか。この沈黙の存在は、人権やジェンダーの視点から戦争を問いかけるとき注目されよう。

二回目のプロジェクトは、一九八四年二月〜四月に実施された(23)。開戦、広島・長崎、食糧メーデー、婦人参政権、新憲法制定、の五項目で収集された記憶の言葉を一覧してみると、「あたりまえの人々」の戦争への関与のあり方、開戦日と敗戦日の受け止め方の強弱、管理下にあった被爆情報、あるいは、戦後の日常生活状態、婦人参政権や憲法制定の受け止め方の違いなどが具体的に浮かび上がってきた。

たとえば一二月八日の開戦日は、各学校で校長訓示があり、「日本は神国で、一度も戦争に負けたことがなかったので、必ず勝つと思った」八歳の国民学校生徒や、雪中の校庭を分列行進後、「護国神社に校旗を先頭に、校長、教師、生徒全員で必勝祈願」をした高等女学校生徒の姿を通して、学校が戦争遂行に果たした役割が受け手の意識状況も含め具体的に見えてきた(24)。

（『私たちの記録 I 戦争・平和・そして学習』は一九八四年八月、自主出版された）。

（3）「一〇〇人」インタビュー

『私たちの記録 I』発刊のための最終校正に近いある日、「事件」が起こった。会員の一人川口千恵子さんから、筆者の「おわりに」の草稿に「自分の気持ちと異なる言葉がある」との指摘があった。それは、「資料を見る限りにおいて、当時の女学生たちの戦争に対する向き方が（兵士として出向いた青年たちと比較してみると）希薄であったため」という一文に対してだった。

川口さんは「当時の女学生たちの心の中には純粋にお国のために尽くしたいとの燃えたぎった気持ちがあった」と、その思いを語った。すると、この発言をきっかけに、「私たちは一生懸命にお国のためにと思って尽くしてきた」、「日本は勝つと信じて真面目に取り組んでいた」と、会員それぞれが戦争中の熱い思いを次々に語った。

とくに筆者を驚かせたのは、「女も戦地に行かせてくれたなら私も戦いたかった」、「生まれ変われるなら男に生まれたいと思った」、「男に生まれていたら鉄砲を持って戦っていた」など、これまでの「学習会」で語られてきたものとは異なる言葉がつづいたことである。そこに、平和が大切と語った昭和一桁世代の姿はなく、「お国のために真面目に尽くした」四〇年前の女学生の姿があった。「熱っぽく議論が交わされ」、「女学生でも、間接的には、戦争に協力してしまっていた」との結論がでた。

このときの心の動きを川口さん自身は次のように記録している。「私たちは本当にショックを受けてしまいました。『学習会』で『太平洋戦争』を学んでから、頭の中では、自分は戦争の被害者であると同時に、アジアの人々に対しては日本国民の一人として、加害者の立場であったとわかったつもりでいました。（中略）しかし、その体験を現在どう生かすかという視点から捉え直していくと、上層部の指導者や、直接戦場で手を下した者のみが『加害者』であったと言い切れないことに、ようやく気づいたのでした。

私たち女学生が純粋に『国のため』であり『銃後を守らなければ』と思った気持ちは『戦争を支える』ということに繋がる当然なことが、私にはこの時まで納得できずにいたのです」[25]。この「事件」は、戦中・戦後も自覚し得ないままでいた歴史認識が、初めて具現化されたことを示すものといえよう。当時の女学生たちが「一生懸命に」、「真面目に」、担っていたことの本質を意識させられた瞬間であった。

この「熱い議論」は、「歴史を学ぶ母の会」にとって自らが受けてきた教育を問い直す重要な「学習」となった。では、女学生たちが、疑問を差しはさむことなく真面目に、一生懸命に侵略戦争の支え手となっていった原因は何であったのか。その手がかりをつかむために、自らの教育体験を検証するための聞き取り調査を行うことになった。一九八五（昭和六〇）年一〇月～一九八六年二月にかけて、二八項目におよぶ聞き取りを、旭川地域に住む一〇〇人を対象に実施した[26]。二〇人の会員が五人ずつの聞き取りを行い、一〇〇人の教育体験が収集された[27]。

この三回目のプロジェクトの聞き取り調査および集計作業の過程で、会員一人ひとりの内部で、受けてきた教育の問い直しが行われていった。たとえば、「教育勅語」の内容理解に関しては半分以上の生徒が「わからない」状態であった[28]。その「勅語」が何のために出されたかの問いには、七二人中三三人（四六％）の人が「国家、天皇のため」で、「国民統一」と答えた二一％のうち七人が「国民の思想統一のため」と答えており[29]、倫理道徳であったと公言する政治家たちの認識とは異なった。

さらに大きな発見はいちばん印象に残った教科科目の設問で、国語と答えた人が戦前の教育を受けた五六人中二九人（五二％）もおり、歴史（一四％）や修身

（三％）よりも、国語の文章や内容のほうが鮮明な記憶で数多く語られたことである。(30)その原因を永山鈴子さんは「本が身近に少ない分だけ教科書から受ける影響が大きかった」と証言し、つづけて「声を出して読むことを勉強と思い、毎日毎日ただ丸暗記をしていた。そのため、他の教科書の内容はほとんど覚えていないが、国語教科書に書かれていたことは記憶している。

そのなかで、皇国民意識の根底になる「『忠君愛国』『滅私奉公』などが第一義的な道徳として、幼い私の心の深層に積み重ねられた」と記している。(31)当時好きだった教科にも六八％の人が国語をあげている。(32)とくに「サクラ読本」と呼ばれた色刷りの第四期国定国語教科書を使った人たちは、「兵営だより」「水師営の会見」などをよく記憶していた。(33)ちなみに、第四期国語の軍国教材数は二四、修身は一三で、国民学校使用の第五期ではいわゆる「肉弾三勇士」を含む国語が六三、修身が一九であった。(34)

この一〇〇人の「あたりまえの人々」を対象にした聞き取りによって、国語の教材が長期にわたって国民の記憶として「心の深層」に残され、戦後も国家観や人生観、そして女性の生き方にも影響を与えつづけてきたことが判明したのだった。戦後、その価値観と対峙したはずの「日本国憲法」を、戦前に学校教育を終えていた人たちが、読む機会もなく戦後を生きてきたことにも気づかされたのである。「学習会」で『日本国憲法』（小学館、一九八二年）全文を読み終えて以降、「主人」を「夫」と呼び変えたことで、「対等になって解放された気持ちがした」と私に告げた昭和一桁世代女性たちの「歴史学習会」は、二〇〇三（平成一五）年一二月に二五年間の活動をひとまず終えている。

右の自主的な「歴史学習会」や女性史サークルでの「記録集」作成や聞き書きとともに、自治体の女性史編纂事業でもさまざまな聞き書きがなされている。

以下、筆者が関わった行政主導の女性史編纂のケースを中心にみていきたい。

三　自治体の女性史編纂

(1) 自治体女性史と聞き書き

ちょうど一年前になるが、筆者は二〇〇二(平成一四)年中に出版された「地域女性史」を『歴史評論』(歴史科学協議会)で紹介する機会をもった。[35] 東京の杉並区と目黒区、栃木県の小山市の三冊である。これらはいずれも近現代史で地域住民からの聞き取りを行っている。まず『杉並の女性史』[36] は、「聞き書き協力者」として七〇歳以上の女性一一二人を得、そのうち六三人分を章ごとの「区民が語る」にそれぞれ独立して口述資料として配置している。その口述の再現作業は、「何度も何度も書き直しを求められたこともあり、最後には相当激しいディスカッションもあり、落ち込むこともたびたびでした」と記されているように払われた努力の大きさがうかがわれる。テープに録音された話者の言葉を、決められた文字数で忠実に再現する難しさは、地域女性史編纂に関わった人々に共通するものである。

一方、「目黒の女性史」は、通史編『坂のある町で』と、聞き書き集『区民が綴った目黒の女性史』[37] の二分冊で刊行された。聞き取りは、戦前に職業をもって自立している女性を対象に手探り状態で始め、後に対象範囲を広げている。再現作業は「分かりにくいところを指摘しあって」五章構成で完成させている。[38]

以上の地域女性史編纂の共通点は、通史と聞き書き集を区別していることである。聞き取ったものを口述資料として独立して扱うこの方法は、聞き取りの方法論の確立と、口述資料保存とその公開をめざしたものとして注目したい。

杉並、目黒の女性史編纂が市民の女性史サークルを基盤としたのに対し、小山市の編纂事業は市民部女性行政課の企画で始められ、核となる女性史サークルはなかった。そのため、参集した市民編纂委員に女性史の共通認識がなかったにもかかわらず、体系立てた女性史の基礎を継続して学んだ形跡がなかった[39]。そこで、一九九八年三月、専門委員（六人のうち民俗学研究者・小山市職員四人はいずれも男性）に筆者も加わることになったとき、共通認識をつくる学習時間の確保を条件に引き受けた。

その女性史講座は筆者が講師となった一九九八年の一〇回と一九九九年八月の二回のみで、学習不足のまま編纂作業が進められていった。そのため、専門委員が同席しない検討会では、人権やジェンダーの視点から必要な項目や内容が捨てられたり削られたりもしていた[40]。そこで、筆者が関わり年表作成、聞き取り作業、叙述項目作成、執筆原稿検討会等の討議を通して学習不足を補った。自治体による女性史編纂で、「近現代の地域女性史なら聞き取り」と考えて、継続的学習の予算の裏づけもなく、安直に進められていくとすれば、女性史を編纂する本来の意味を見失うことになろう。

（2）口述資料と歴史叙述

右の結果、市民編纂委員たちは「書きたい内容の時代背景が自分の中で消化しないうちに聞き取り作業にはいってしまった」ことになる[41]。だが、実践を通して「何を聞くか明確であれば、質の高いものを聞くことができる」ことを認識し、「民俗学の聞き取りと、歴史学の聞き取り」に違いがあることにも気づいていく。

そこで、女性史の聞き取りには歴史的背景の理解が必要であると実感した市民編纂委員は、専門委員との応答のなかで必死にその不足分を補おうと努力していた[42]。編纂委員の一人は、学習による聞き取りの変化を「最初の頃と最後の時では、聞いた内容に差があった」と振り返っている[43]。行政側が作成した「聞き取り対象者リスト」は、戦時・戦後の婦人組織の役職に就いていた人などを中心に組まれており、はじめはそれに沿って行われた[44]。

ところが、人権とジェンダーの視点から「地域のくらしを変えてきた女性たち」の項目を拾い上げる段階になると、「対象者リスト」での聞き取りに限界が生じてきた。聞き取りは「行政を通すことを義務づけられていたため、話者選択に困難をきたす」こともあった。[45] やがて、編纂委員の熱意が少しずつ行政を動かし、聞き取り対象者を広げていくことになる。だが、話者が地域に密着して生活しているため、「過去のこととして語りたがらない場合があった」り、「録音を断られた」こともある。[46] また、「戦後の在日韓国・朝鮮人、被差別部落の人たちの聞き取りができなかった」ことも反省点として記されている。[47]

一方、女性史の視点で、これまでの地域史では把握されてこなかった事実が明らかにされたことも多い。たとえば戦争中の米軍による小金井駅機銃掃射について、『小山市史』では「機銃掃射で三、四人死亡」と記述されていたが、丁寧な聞き取りで一〇人の犠牲者の存在を明らかにして、一人ひとりの「いのち」を大切にした叙述が生まれた。

同様に、戦時中「徴兵により手薄になった職場で」郵便配達員となった女性が、たった一日だが生理休暇を取れるようにしたことや、兵士の復員で、女性が知らない場所への異動という巧妙な方法で職場を追われていったこと、戦後、製糸工場の「女工」たちが労働条件をよくするために押入れにこもりストライキをしたことなど、一人ひとりの顔が見える歴史叙述が生まれている。それらは、後日「どんな記事も見逃すまいと、眼鏡をかけ、さらにルーペを使って必死に記事探しをした」[48]と記録されたように、人権とジェンダーの視点から文献資料に当たり、既存の組織や統計がすくい上げてこなかった人々の姿を、当事者の心の動きも含めて聞き取った確かなものである。

二〇〇二（平成一四）年春、『小山に生きた女性たち――近現代編』は通史として発刊された。執筆は一七人の市民編纂委員によるものである。立ち上げ時の予算も不十分で、行政の担当者が頻繁に替わるなか、小山女性史編纂委員会の一七人のメンバーと筆者は、多くの困難を乗り越え地域女性史の一冊を完成させた。

そこで筆者は、編纂委員会を閉じるにあたって、市民編纂委員の編纂作業の体験を整理し、記録を残すことを提案した。編纂委員一人ひとりが、自らが関わった歴史編纂の四年間の作業を客観化することは意味があると考えたからである。二〇〇三年二月、小山女性史編纂委員会成立から完成までの歩みと、史・資料の所在、関わった小山市の職員の声も含めて記録した『編さん記録』を作成した。約半年かけてまとめたこの一冊は、聞き書きによる地域女性史編纂の意味を問いかけるものとなった。

おわりに

以上、地域女性史におけるオーラル・ヒストリーの新たな可能性を求めて、聞き書きの動向を筆者の経験も含め考察してきた。「つどい」では一貫して聞き取りの方法論が模索されてきてはいるが、問題は解決されていない。そこで先の旭川での経験から三つの方法を提示してみたい。

一つ目は、個人の記憶から浮かび上がった事実に着目し、それを広げて多数から聞き取ることによって、普遍的な共通体験を探りあてることである。

二つ目は、語る人との持続的な交流と、信頼関係の構築を通じて可能となるもので、語り手自ら、その意味を認識し得ていない経験や意識を浮かび上がらせることである。

三つ目は、二つ目と関連することだが、語り手自身が体験や記憶を自ら記録していく方法で、当事者の歴史認識を媒介として自らの経験と意識を客観化し、歴史記録化していくものである。

これらの実践的深化は筆者にとっても継続的課題である。


（「地域女性史とオーラルヒストリー」『歴史評論』No. ６４８　二〇〇四年四月）

注

(1)「女性史サークル研究会の紹介」(『歴史評論』三八三、一九八二年三月号)。
(2) 北海道女性史研究会双書として刊行。前者は双書一・三を増補、ドメス出版から再刊された。
(3) 全国女性史研究交流のつどい実行委員会「報告集」編集委員会編集発行『第三回女性史研究交流のつどい報告集』(一九八四年)。
(4) 全国女性史研究交流のつどい実行委員会「報告集」編集委員会編集発行『第四回全国女性史研究交流のつどい報告集』(一九八六年)。
(5) 折井美耶子『地域女性史入門』(ドメス出版、二〇〇一年)三四頁。
(6) 足立女性史研究会編集発行『地域女性史から見えてくるものは何か――地域女性史交流研究集会記録集』(一九九〇年)。
(7) 以上の「つどい」開催の概要は、折井美耶子・山辺恵巳子『地域女性史文献目録』(ドメス出版、二〇〇三年九月)一一一~四頁。
(8) 第七回全国女性史研究交流のつどい実行委員会『新ミレニアムへの伝言――第七回全国女性史研究交流のつどいinかながわ』(ドメス出版、一九九九年)。
(9) 前掲『新ミレニアムへの伝言』二一四~五頁。
(10) 前掲『新ミレニアムへの伝言』二一八頁。
(11) 前掲『新ミレニアムへの伝言』二一二頁。
(12) 第九回全国女性史研究交流のつどい実行委員会編集発行『報告集2 いま、さらなる可能性にむけて地域をつなぐ女性史を』(八六~一〇〇頁)。以後『報告集2』と略す。
(13)(14)(15)(16) 前掲『報告集2』八六~一〇〇頁。
(17) ポール・トンプソンは、それを「語り手と研究者との共同作業」(ポール・トンプソン/酒井順子訳『記憶から歴史へ』青木書店、二〇〇二年、五六六頁)と述べている。
(18) 永山鈴子「この会に求めたもの」(旭川歴史を学ぶ母の会編集発行『私たちの記録 I――戦争・平和・そして学習』一九八四年)一頁。
(19) 家永三郎『太平洋戦争』(岩波書店、一九六八年)。
(20) 拙稿「はじめに」(前掲『私たちの記録 I』)。
(21) 前掲『私たちの記録 I』設問項目一覧、六六~八八頁。
(22) 前掲『私たちの記録 I』六四~七三頁。『私たちの記録I』に対し、家永三郎氏から「巻末のアンケートは、『あたりまえの人』があたりまえでない歴史上の激変期の大事件をどう受け止めたかの正直な告白として興ひとしお深いものがありました」と、丁寧な感想をいただいた。
（23）拙稿「戦争＝敗戦体験記録資料を整理して」（前掲『私たちの記録Ⅰ』）五一頁。
（24）旭川歴史を学ぶ母の会編『私たちの記録Ⅱ――わたくしたちが受けた教育』一九九〇年、六〇～八八頁。
（25）川口千恵子「忘れることのできない日」（前掲『私たちの記録Ⅱ』）一～二頁。
（26）前掲『私たちの記録Ⅱ』四八～九頁。
（27）一八九九年～一九六七年生まれの異なる世代の一〇〇名。集計は回答者の生年を基準に、A期一八九九～一九二六年生、B期一九二七～一九三四年生、C期一九三五～一九四四年生、D期一九四五～一九六七年生と四区分して行った。
（28）前掲『私たちの記録Ⅱ』五五～六頁。
（29）前掲『私たちの記録Ⅱ』五七頁。
（30）前掲『私たちの記録Ⅱ』六九～七〇頁。
（31）永山鈴子「遅れた『墨ぬり』」（前掲『私たちの記録Ⅱ』）二二～三頁。
（32）前掲『私たちの記録Ⅱ』六〇～六一頁。
（33）前掲『私たちの記録Ⅱ』六九～七〇頁。
（34）各期国定軍事教材一覧（修身・国語）（中内敏夫『軍国美談と教科書』岩波新書、一九八八年）二二六～二二八頁。
（35）拙稿「地域女性史三冊――杉並・目黒・小山」（『歴史評論』No.636、二〇〇三年四月号）六四～六頁。
（36）杉並区女性史編さんの会編『杉並の女性史』（ぎょうせい、二〇〇二年一一月）。
（37）目黒地域女性史研究会『坂のある街で　区民が綴った目黒の女性史』（ドメス出版、二〇〇二年一一月）。
（38）前掲『聞き書き集　区民が綴った目黒の女性史』二一～三頁。
（39）『小山に生きた女性たち・近現代編』編さん記録をつくる会編『編さん記録』二二頁・三八頁。以下『編さん記録』とする。
（40）（41）（42）（43）前掲『編さん記録』一四～七頁。
（44）「聞き取り話者一覧表」（前掲『編さん記録』）六六～六九頁。
（45）（46）「困ったこと」（前掲『編さん記録』）一四頁。
（47）「明らかにできなかったこと」⑫（前掲『編さん記録』）八頁。
（48）「文献資料調査」（前掲『編さん記録』）一三頁。

第三部
＊
資料編
「あたりまえの人々」の声を聞く

旭川市神楽・外国樹種見本林（国有林）
（撮影・山村　哲史）

1　「歴史的事件六項目」の聞き取り調査

(1)　太平洋戦争始まる（一九四一年一二月八日）

(1) このことをいつ、どのような形で知ったか	(2) この日どんなことをし、どんなことを考えていたか	(3) 家族、同僚、友人と、どんな話をしたか
当時女学校の二年生だったので、朝、先生の呼びかけで、職員室の前で聞いた。	何の疑いももっていなかったので、ばんざい、ばんざいといいながら、子ども心に何かしら頑張ろうと思った。	母と弟と三人暮らしだったが、母は村人の話を聞き、だいぶ昂奮しているようだったが、日本の軍隊は強いという自信をもっているので、この戦いは絶対勝つという話をした。
新聞、ラジオのニュースで知り、いよいよ来るものが来たと思った。（父の話）	今以上に張りきって、日常の行動にも対していく決心をした。（父の話）	
朝のラジオニュースで知る。（義父、当時三九歳）	「満州事変」以来戦争は日常事であったが、西洋に対して戦うとは思いきったことをするなと思った。（義父）	
勤務先の会社でラジオを聞いた。	とにかく日本は強いんだし、正義は必ず勝つ。それも「短期間で決着がつく」と、周囲の人とも話し合った。	主人は、その年の六月に出征し、何処にいるのかわからず、自分は妊娠中だったが、自分のことより、主人がどうなるのか、とても不安だった。

朝のラジオ。	小学校時代から引き続いている戦争で、旭川は軍都であるため、街にはいつも軍人がいた。三月一〇日の陸軍記念日には、常盤公園で演習（市街戦）などを見て育った私も、負けるはずがないと思いながら、とても不安だった。	父や母が、「大変な戦争になって、はたして勝てるだろうか」と話をしているのを聞いた。
朝七時の臨時ニュースで、戦闘状態に入ったと聞く。（夫）	とうとう始まったかと思った。	当時、予科二年で、学校食堂で昼食をしていたら、「こんな重大な発表の時、飯を食うてる者があるか」と、教授に大声で叱られた。
ラジオで知った。	父が昂奮していた。（母の話）	父が近所の人たちと話をしていたが、内容はわからない。（母の話）
朝NHK七時の臨時ニュースで知る。	当時女学校一年生（一三歳）で、登校後朝礼で校長先生よりお話を聞き、その後、全校生徒が花咲町一丁目の護国神社に参拝し、武運長久と戦勝を祈った。	いよいよ、父（当時三七歳）も召集されるかと心配した。
朝のラジオニュース。	旭川市立高女第一学年在学中（S・三年生まれ）で、朝礼で運動場に整列して校長先生の話があり、その後、護国神社に必勝祈願に行った。	祖父と父は、「『日支事変』が、こんどは米英が相手となり、大変なことだ」と話をしていた。
朝のラジオニュース（夫）。	庁立旭川商業学校五年生に在学中（T・一三年生まれ）、その朝、校長訓示の後、四〇～五〇cmの積雪の中、銃を持って分列行進を行った。S・一二年七月の「日支事変」の始まりより、下駄ばき登校は許可されず、ゲートル着用であった。一二月二五日に、繰り上げ卒業となる。（夫）	

学校の朝会のとき、校長先生から知らされた。	当時「日本は、米英からすべてを疎外されている。今にして戦わずば、アジアの平和なし云々……」と、私もそのような教育を受けているので、ラジオから流れる勇ましい軍艦マーチのひびきとともに、「よし、米英と戦って、必ず勝つのだ」との心意気でした。	友人と、真珠湾攻撃のこと、一致団結のこと、節約のことを話した。
女学校（三年）へ登校する時間の前にラジオ放送で知った。	日頃、日米開戦は必至と聞かされていたので、ついに来るべきものが来たと思った。登校し、校長先生の戦争に対する訓話があり、学校の前で閲兵分列行進をした。入学時の寺山校長は温和な人柄だったが、S・一五年に浜田校長になってからは、軍国主義一本槍で敬礼一つでも怒号されるので、これからは、ますますひどくなるのではないかと恐ろしかった。	父、母は、戦争の話はしなかった。弟たちは、みな学校で教わったように、我軍の勝利を信じ、張り切っていた。
学校で先生に聞かされたと思う。（一四歳）	この日は学校に行って、先生の話すことを聞いていた。	家の人たちも、先生も「必ず日本が勝つのだから頑張らなければならない」といっていた。
配給制度になっていて、近所の人から聞いた。（姑、現在七六歳）	何もわからなかった。	家で作ったものを自由にできないことや、食物が不自由になったことへの不満を述べていた。
朝のラジオニュースで知った。	女学校で朝令のとき、校長先生からいよいよ重大局面に立った日本の状況を聞き、身のひきしまる思いがした。その後、全校生徒であたり一面雪野原の道を護国神社へ必勝祈願に行った。大国アメ	伯父の家に下宿していたが、あまりそのことについて話をしなかった。一番上の姉が当時「渡満」していて、初産に三番目の姉が手伝いに行っていたが、開戦の

	リカとの戦争はとても勝てる見込みは難しいと思った。	前日帰国したので、本当によかったと、胸をなでおろした感がした。
ラジオで聞いた。	学校は、早目に帰された。	「いよいよ米国を相手に戦わなければならない、大変なことになったな」という話をした。
朝のラジオニュースで知った。	学校では、ミッションスクールでしたので、普通は毎朝講堂で礼拝がありましたが、この朝は、急に職員室前のホールに全校生徒が集合し、校長先生から宣戦布告という重大局面にあたり、改めて訓示があった。その後は普通と変わりなく礼拝もあり、授業もあった。日本は勝つと思っていた。	
早朝ラジオのニュースで知った。(夫)	普通どおり中学校に登校した。校長が朝礼時に宣戦の大詔を読んだ。	緒戦の勝利に酔っていたと思う。
学校で知る。(姉)		不隠な空気が流れていた。
小学生だったので、学校で聞いたように思う。	とくに記憶がない。	
午前七時のラジオの臨時ニュースで、登校前に父母兄弟とともに聞いた。	旭川市立高女三年の二学期で、花咲町の護国神社に校旗を先頭に、校長、教師、生徒全員で必勝祈願をした。	夫は、旅順工大鉱山科の学生だったが、「満鉄」に入社した後、関東軍の訓練は、大変だったので、徴兵検査のときには、日本に帰り、日本の軍隊に入るのを強く希望し、それは実現できた。

東川町に住み、小学校で催された映画会の会場で知った。映画の途中、ラジオの臨時ニュースが入り、君が代の音楽とともに放送された。それは夜八時ころであり、その後再び、映画は上映された。（母、現在七一歳）	これまで上海事件など、いろいろあったので、いずれ戦争になるのではと予想していたが、とうとう始まったかと思い、大変なことになったと思った。（母）	
朝起きてから聞かされた。（八歳）	学校で朝礼のとき、校長先生から話があった。日本は神国で、いままでに一度も戦争に負けたことがなかったので、必ず戦争には勝つと思った。	

(2) 戦争終結の放送を聞いて（一九四五年八月一五日）

年齢（当時）	放送をどこで聞いたか	放送の内容をどこまでわかったか	他の家族、同僚はどんな様子で聞いたか	放送が終わったあと、どんな想いをもったか
相田　一一歳	富良野市の駅より四キロほどの稲作地帯の中心地に疎開して母と三人の弟妹と父のいとこの二〇歳の女性と六人で暮らしていた。	言葉がよく聞きとれず、内容が理解できなかった。	父が軍属として出ており、家族の他にお隣りのご夫婦が一緒に聞きましたが、とくに記憶に残るような反応はなかったように思う。	叔父が来て終戦を知らされ、父が帰るといわれ、喜んだように記憶している。
上野　一九歳	旭川市七条一〇丁目、旭川営林署に会計係として勤務していた。上司が宿直室のラジオを通して、玉音放送なるものを聞いてきて伝えてくれた。	敗戦ということは、全国の人が生まれて初めて経験することだったが、一九歳の青春の真っ只中にあって、自分なりにこれからどうなるのだろうという不安ばかりだったように記憶している。	同僚といっても戦争に行かなかった年老いた男の人たちは、アメリカ兵が上陸してきて暴行を加えられる恐れがあるから、婦女子は外へは出られなくなるのではないかと、まことしやかにいっていたので、恐ろしいことだと本気で聞いていた。	空襲警報が発令になったら外へ出てはいけないのだが、非常線突破の証を見せて防空頭巾をかぶり、非常食（いり大豆）をもち、なんどでも役所にかけつけ非常持出しの書類を非常袋に詰め、防空壕に避難させるという緊張感から解放されるというホッとした思いだった。
加藤　一八歳	旭川市六条一〇丁目右一〇号　篠田宅茶の間。	戦争が終了したらしい。	聞きづらく一生懸命聞いていましたが、ボケーと信じられない様子だった。	放送は何かの間違いではないだろうか、もし終わったら、これから先どうなるだろ

				うか、悔やしくて涙が止まらなかった。
高橋（栄） 一八歳	小樽駅だった。	聞き終わって敗けたらしいという雰囲気があたりにただよった。	後からラジオの前に駆けつけた人々にも伝わり、みな、複雑な思いにかられた様子が今でも思い出されます。	敗戦に関しての父の思い出があります。それまで父は毎朝、神棚に拍手を打つのが日課でしたが、終戦の日からぴたりと止めました。（神国日本を過信した憤りが神様に背を向けたのだと私は今でも思っています）。
野津 一三歳	上川郡愛別町の生家で。	ほとんどわからなかった。	父の様子がだんだんとうなだれて、「とうとう負けた」などと言って泣いた。母も泣いた。それから近所の人たちが集まって放送のこと、これからどうなるのだろう、こんなことを何時までも話していた。	ふしぎな思いで、ただ、父母の様子を見ているうちに敗戦を知った。今後どうなるのだろうと心配だった。
村上 一六歳	一九四五年一月から学徒動員として千歳の航空廠に。たまたま札幌の自動車工場に応援のため出張しており、八月一五日はその工場で全工員の人々と詔勅を聞きました。	内容はわかりませんでした。	雰囲気は工場の上の人や一般工員はわかった人もいる様子で、驚きざわめいて、私たちも半信半疑の状態でした。	一時は不安もありましたが、実感もなく、戦争が終わったので、家に帰れると思いホッとしました。

松本　一七歳	私は現　旭川電気軌道バス二〇番終点の車庫裏にあった昭和電工株式会社の（新入社員の一人として）広場の後方で聞く。	雑音と（ラジオより）遠くて何を聞いたかまったく覚えていない。	家族は父四〇歳、母三七歳、弟一〇歳、妹七歳と三歳の六人家族。東京に注文して買ったラジオで良く聞こえたため、我が家には近所の人たちがたくさん集まって聞いた（母の話）、その後は、いつアメリカ兵、ソビエト兵がやって来るかわからないから、床の間の下を少しあけて、すぐかくれるように父にいわれた（そのため会社は退職する）。	何故か勝つとは思っていなかったので、ヤッパリという気持ちだけは強く残った。その夜は赤々と電気をつけることができて嬉しかった。
永山　一八歳	宮城県女子専門学校、生活科一年で、焼け残った講堂に一年生だけ集まって聞いた。	「忍び難きを忍び、耐え難きを耐え」の言葉だけはわかったので、「決戦」のためかと思いました。	放送が終わってから、先生に敗けたことを知らされ、一瞬ボーっとしてしまいました。寮へ帰ると、樺太から来ていた友だちが、「すでにソ連が入って来て、家族の人々とどう連絡できるだろうか、再び逢うことができるだろうか」と心配していました。	あの青い空に、もう敵機が来ることはないんだな、ということだけが実感でした。小学生のときから「戦争中」に育った私には、「平和な日々」がどんなものか想像つきませんでした。

永山（夫）　二三歳	島田　一六歳
旭川の七師団に幹部候補生として入隊、通信隊として訓練を受け、千島、知床半島を移動して、二〇年三月より帯広の熊九二二二部隊の師団通信隊に勤務。一四日に北部軍指令部より「一五日陛下の重大放送があるから、将兵を兵舎前に、正午、全員集合させよ」との指示の通信が入った。	師団司令部には、三つの女学校から、毎月二〇人ずつ交替に勤めていたので、終戦の日は級の人全員が二八聯隊に行っていました。練兵場の牧草を起こして兵舎の上にかぶせる作業（敵機が来ても兵舎が見えないように）をしていました。放送の少し前、軍人さんが
「ポツダム宣言受諾せよ」との勧告は、何度か傍受していたが、それが、何時かわからなかった。	内容はよくわからなかったが「もう仕事をしなくていいから帰りなさい。…日本は敗けたんだ」といわれた。直立不動のまま、ほとんど黙して語らず。
敗戦の詔勅を聞いて、現役の将校は泣いていた。我々の部隊は召集兵が多いので、家へ帰れるのを喜んでいる人がいた。敗戦三日目ころ、帯広航空隊の若手飛行士が二機飛び立ち、海に自爆した。	みなで涙を流して泣きました。帰り道の練兵場で、兵隊がアメリカのルーズベルトと、イギリスのチャーチルの「わら人形」を「イヤーッ」と、銃剣で突きつづけていました。私たちは敗けたと知ったのに、あの兵隊さんはどうしたのだろうと思いました。
一週間位は、本土決戦があるのではないかと動揺していた。そのころ、司令本部から武装解除の指令がきて、武器は一カ所に集められ、どこかへ処分したようだった。	今後は、アメリカの兵隊がここに来て、我々若い人はみな殺されると思いました。友だちと、「もう命はないだろう」と話しながら、ズーッと歩いて帰りました。恐怖心を覚えました。

	来て、「天皇陛下の放送があるから聞きなさい」といわれて、作業を止めて兵舎で聞きました。			
永山（義弟）二一歳	特別幹部候補生として仙台予備士官学校入隊のため、八月二日旭川を出発した。七月一〇日仙台空襲のため学校が焼けてしまったので、仙台より北の小牛田駅から乗り換え、山形県境に近い駅に降り、五里(二〇㎞)ほど歩いて、小学校の教室を四つほど空けてもらい、そこにいた。	始めはわけがわからなかった。	敗けたのだから敵軍が押し寄せて来たら困るからと、入隊以来初めて鉄砲が与えられた。将校は泣いていた。	八月一杯そこにいて、指揮官は軍隊輸送で引率して、旭川まで帰してくれた。客車がなく、貨車に乗ってきた。青森からは、桟橋の横から小さい漁船にいっぱい乗って津軽海峡を渡って函館へ着いた。一年分の給料二〇〇円と、夏、冬の服をかついで九月始めに旭川へ帰り着いた。
永山（義弟）一八歳	旭川市四条一〇丁目の北洋無盡（現 広野組のところ）の二階にあった監視隊で電話連絡の仕事をしていた。		監視隊は、敗戦になったら解散しました。	

榎本　一〇歳	旭川市東旭川字豊田の農家の納屋を借りて疎開していた。	電気がなく、ランプの生活のため、終戦の玉音は聞くことができなかった。	一緒に住まいしていたのは祖母と私たち子どもばかりだったので詳しい話はしなかったが、「アメリカ兵が上陸してくるらしい」と語っていた。	終戦を知ったのは祖母が、ご近所から聞いてきて初めて知ったが、負けるはずがないと思いつつ涙が出てきた。アメリカ兵が身近にきたら、縁の下に隠れ、アメリカ兵を一人でも二人でも竹槍で倒すのだと自分にいい聞かせた。やはり自分も死を覚悟していた。
越後　一七歳	岩内町の学校の事務室で、一五、六人の級友と舎監の先生が一緒に聞きました。ラジオの前に整列して沈痛な面持ちでした。	玉音放送があるというので、おごそかに拝聴しました。	整列していた私たちは誰一人声を発するものもなく、うなだれて聞いていました。ソ連の兵士が上陸してくるかもしれないので、女子も断髪して男装しなければならないともいわれていました。	重苦しい雰囲気のなかで、これからの私たちの暮らしはどうなるのだろうかという不安でいっぱいでした。
川口　一七歳	旭川郵便局の局長室で、局長以下庶務課の職員とともに聞きました。（旭川市立高等女学校を昭和二〇年三月卒業予定でしたが一月一四日より旭川郵便局に学徒	雑音がひどく、また天皇の声と言葉が難しく途中で職員が、後ろにいる私たちに「負けたんだよ」と教えてくれたのでわかった。	庶務課には職員が二〇名ほどで、他に動員学生が四名、部屋の外に局長室があり、その間に予備室があって、いつも陸軍将校がいましたから、ふだんめったなことは言葉に出していいませんが	「お国のためには、欲しがりません勝つまでは」と、学徒動員にも積極的に出たのですから、銃後の守りは自分たちの手でと、いま考えるとずいぶん生意気のようですが、一生懸命でしたたか

	川口（義姉）二〇歳	沢口 一四歳
動員に出ており、四月からは専攻科として学校に席を置き、学生のまま勤務中でした）。	東鷹栖町の家で聞きました。（庁立旭川高等女学校を卒業後、近くの東鷹栖近文《ちかぶみ》第四小学校の先生になり、八月一五日は夏休み中）。	援農中の西神楽村の分宿先から旭川市内の自宅に歩いて帰って聞いた。
		ジージー、ガーガー、ピィピィと現在のラジオテレビの音声からは、想像もできない箱型の機械の前で直立し、緊張し、耳をすまし、頭をたれ、聞きなれないアクセントの神御一人の玉音なるものから、何かを聞き取るべく必死になっておりました。
年配の方々はわかっていたようです。働き盛りの男子は召集され、局内にいるのは女子と年配者または身体の弱い人ばかりでした。	当時の校長が戦争が始まったときに、一挙に米本土を攻撃できるようであれば良いが、このようなことでは、いまにアリューシャンから、日本に攻められ、いずれは敗けるだろうといわれた。	聞きとりにくい音声とわかりにくい、しかつめらしい言葉に、玉音放送そのものから、直接敗戦という事実が素直に自分のなかに入ってこなかったように思えます。「忍び難きを忍んでもっと頑張るように」との意味かと思いました。
ら、みな力が抜けたようになりました。	戦争中は新聞、放送のままに日本の勝利を考えもなく子どもに話し、敗戦後いままでと正反対に教えることの矛盾についていかれず、結婚のために学校を辞め、もう二度と教師はしたくないと思った。	そのとき、じかには何を感じたのか、いま、思い返しても定かではありません。ただ、「戦争が終わったのなら援農もこれでおしまいであろう」との思いは見事に肩すかしで、自宅にもどれたのは、予科練に行っていた兄が復員してからのことでした。兄が迎えにきてくれました。

中里　一〇歳	青森県黒石市に疎開していた、黒石小学校四年。昼から大切な放送があるので帰るようにいわれて、その日は帰ったように思います。		母は「ホッとした」といいます。	九月に東京に帰りました。そのときの東北線は大宮が終点だったそうです。
中里（夫）　一五歳	樺太、知取町（現 サハリン・マカロフ）庁立工業学校在学中で、学徒動員で、パルプ工場（王子製紙）で働いていた。	広い場所で、みんなで聞いたが、後ろのほうだったのでよくわからなかった。	樺太は、八月一五日以後も空襲を受けたりして、戦争が終わったというのは、だいぶあとになってわかった。ソ連兵が攻めてくるといわれ、豊原という所に汽車に乗って行ったが、また、元の所にもどるようにとのことで、知取に帰った。ソ連との国境を守っていた兵隊は、トラックに乗って早々と引き揚げてしまった。	
藤田　九歳	札幌市内の自宅。	放送は聞こえたが、内容は理解できなかった。	茶の間で家族が正座して聞いていた。母と姉が涙を流していたように記憶している。	「戦争は終わった」と聞かされた。八月に入ってから大きな爆弾（原爆）が落とされた。札幌もいよいよ危ないだろうからと、庭に二つ目の（家財を入れる）防空壕をその日も家族と掘ってい

				た。だから、「いままで、一生懸命作ってきたけど、もういらないんだなあ」と思った。
藤田（夫） 一三歳	勤労奉仕に行っていた旭川市の松岡木材の工場。	後ろの方に中学生は並んでいたので、ほとんど聞こえず内容はわからなかった。	みんなで、いったいどんなことが放送されたのかと不安で話をしていた。	やはり、勤労奉仕に来ていた大学生が、中学生を集めて「敗戦した」と教えてくれた。そして「明日にもアメリカ軍が押し寄せてくるだろう。みんな殺されるかもしれない、今日はもう帰るように」といった。アメリカ軍に本当に殺されるだろうと思った。
阿部 一六歳	深川庁立高女の室内運動場で、服装は黒ブルマー、白半袖開衿シャツ、髪は二つに分けて編んでいた。	十分にはわかりませんでしたが、教室で先生より日本は負けたと簡単でしたが話された。	（学校では）みな、机にウツブセになり泣いておりました。家では、みなラジオでわかっておりました。	これから先どうなるか不安でいっぱいでしたが、その夜の電燈がこんなにも明るいものかと感じました。米軍が入ってきたらどうなるか等、流言が飛ぶ（女の人は髪を切らねばならない）。
工藤 一九歳	学校の職員室で。樺太真岡郡（現 チエホフ市）野田国民学校勤務。	内容はほとんどわからなかった。	同僚もその時点では、私と同様だったように思う。	夜、軍隊の方から終戦をはっきり知り、ほとんど全職員声をあげて泣いた。なぜだか

				死を考えた。その時点では戦争に負けたものは死だけだと思った。
阿部（父）七七歳	浦河造船所。	内容はあまり判然としなかった。	造船所の従業員が「もうすべて終わった」といい、各自所持品を持って帰ったので、だいたい想像がついた。	残念な気持ちでいっぱいだったが、止むを得ないとあきらめた。
中里（知人）二一歳	樺太の知取（現 サハリンのマカロフ）でラジオで聞いた。	雑音がひどく、とぎれとぎれでハッキリとはわからなかった。	それぞれの受け取り方が違って、戦争が終わったらしいという人、いやこれは作戦ではないかと、仕事そっちのけで話をした。	あとで「やはり戦争は終わったらしい」と聞き、夜、表へ出てみたら、今まで遮光で暗かった家々の窓から明るい光が流れているのをみたとき、ああ本当に終わったんだと自分も家中の電気を全部つけてまわったのを覚えています。
加藤（夫）二三歳	士官学校庭、ラジオ。	負けて終わった。	仙台では空襲で学校が焼けたため、一部が王城地原陸軍演習地近くの小学校にベニヤ板で学校と仕切りを作って入っていたため一五〇人～二〇〇人位いたと思う。そのうちの一〇％位の人が泣いていた。	物資のない日本は当然負けると思った。これで家に帰れると思った。

渡辺　六歳	自宅の茶の間。	内容はわからなかった。	母、祖父母たちは、その場で泣いていた。	負けたんだとしかわからなかった。
篠原　一四歳	家で聞いた。	戦争が終わったこと。	みな泣いて聞いていたと思う。	このまま生きていられるのだろうか。外国人がきて、殺されるのではないだろうかと思った。
堀内（母）　三七歳	家で聞いた。	戦争が終わったということだけわかった。	全員正座していた。	アメリカ人にひどいめに合わされると思っていた。
沢口（夫）　一九歳	北見の山奥にいたので直接聞けなかった。	口伝えに「戦争が終わった、家に帰れる」ということを聞いた。	「最後まで戦う」と息まいた下士官がいた。	死なずに済んで、また学生生活にもどれると思った。生涯こんなに嬉しかったことはない。
沢口（義姉）　一七歳	陸軍病院のラジオ。（栄養士として勤務中——旭川）。	よくわからなかった。		今後のことが不安であった。
高木（母）　三二歳	重大なニュースの放送があるというので、近所の奥さんと外にいたので、たまたまボリューム高くラジオをかけていた隣りの家へ入って聞いた。		なんとなく「負けたらしい」と近所の人たちと話した。	戦争が終わってホッとした。よかったと思った。

表 一二歳	家で聞いた。	内容はほとんどわからなかった。母から内容を聞かされた。	父は会社でしたので、母と祖母、弟たちと正座して聞いた。絶対戦争に勝つと信じていたので、悔やし涙でいっぱいだった。	これからはどうなるんだろうと、不安でたまりませんでした。

(3) 食糧メーデー・日常生活の状態（一九四六年五月一九日）

（1）食糧の状態はどうだったか。（主に何を食べていたか）	食糧メーデーのことは何も知らない。まだ樺太にいたから、食糧事情は後で北海道へ帰ってから聞いたところでは、樺太はそこまで緊迫していなかった。	父—会社の独身寮—重労働のため空腹で、闇米を買い集め補食する。食事は代用食で。 朝—雑炊—麦、豆混合 夜—イモ、カボチャ 私—ご飯だけは白いのを食べた。おやつは山イチゴ、クワの実、すもも、山リンゴ、そば湯、デンプン湯、いも、かぼちゃのだんご。	米は、ほとんどなく、配給のこうりゃんはそのままでは食べられず、母の実家から石臼をもらって、ひいてダンゴにした。豆の粉うどんはボキボキおれておいしくなかった。正油の粉が配給された。
（2）どのような形で食糧を確保しましたか			庭と他の土地を借りて、一家総動員で畑を耕し、いも、かぼちゃ、豆などを作った。母の着物はずいぶんお米と交換された。
（3）衣、住はどんな状態だったか	（1）の項に同じ。		**衣** 姉たちは、父のセルの着物、羽織、ハカマをこわして母が作ってくれた服を着た。私はそのお下り。セーターは何度も編み直し、一三歳の姉が編んでくれた。靴も不足、学校では夏は跣、冬は長靴のまま、（一九四九年小学校

		卒業記念写真、教室内で前列一一名中、短靴三名、ゴム長靴八名）。 **住**　私　官舎に住んでいたので困らなかった。 夫　広い自宅ではあるが、祖父、両親、子ども（六人）計九人の家族の他に、二階には「満州」から引き揚げてきた父の弟夫婦、離れには母の弟の一家四人が同居していた。
米は配給だったが、みな小食だったせいか、不自由した感じはない。主に米を食べた。	米の他に大豆、コーリャン等が配給になった。大豆が大人四人、子ども一人で一俵だったので、それを米と交換して、それで足りていたと思う。	衣料はいまと比べものにならないが、当時としてはそう不自由に思うことはなかった。ただ新しい物は買えないので、いつもある物を縫い直したり、編み直したり、夜はたいていそんなことをしていた。住居は自分の家だったので、別に心配はなかった。
馬鈴薯を小さく采の目にして米に入れたご飯、秋にはカボチャを何十貫も屋根に干しておいて食べたため、手や顔が黄色になった。	父は木材業だったが、統制が解けると職人を入れて、タンス等家具類を作っていたので、農家の人と物々交換していたらしい。	**衣**　父母の着物や帯芯、そして放出物資等、使えるものは何でも直して着た。頼めば銘仙くらいは手に入るらしく、いつも姉とお揃いだった。 **住**　住宅も工場も持ち家でわりあい広かったので不自由なことはなかった。

夫—会社の寮のため、トウキビご飯。		学生服—会社作業服—放出物資を身につけた。
いもを入れたご飯を食べた。	祖母が商売をしていたので、古着と米を交換した。	母は着物をつぶしてモンペと標準服を作った。
一日一度位は代用食（豆、いも、乾めん）も食べたが、ご飯は食べていた。	一九四五年秋にたくさん貯蔵してあったし、物々交換する品物もあったので、父の死（一九四六・七・六）後も買い出しは一度しかしなかった。	父の洋服、ワイシャツ、着物、また母のコート、着物、セーター、ショール等を更生していた。一九四五・九～一九四六・六まで和裁を習っていたが、洗い張りをしたものや、買ってあった寸法の足りない反物等を再生して縫っていた。
配給米の他は小作がときどき持ってきた米で賄った。	（1）の他に町内のヤミ屋に頼んで衣類、布団等と取り替えたこともある。カボチャ、馬鈴薯、オカボ、イナキビ等、あらゆる野菜を祖父（M・一五生）、祖母（M・一九生）が下江丹別の嵐山の小作が作っていない土地や河川敷地を借り受けてあまるほど作った。	衣、住は不自由しなかった。家に困った引揚者に、裏の物置に使っていた部屋を祖父が直して住まわせた由（母の話）、一〇歳位の女の子を連れた女性だった。
主食を補助するため、タピオカ（澱粉状のもの）、いも、カボチャ等、すいとん汁が多かった。	道路の片すみにも野菜を植えた。知人を頼り、手にしたタピオカを防空壕の中に入れておき、ある日突然、それが消えうせ家族じゅう大ショック。	衣は、いままでのものをつぎはぎしたり、改造した服ばかりだった。また、綿羊を飼い、毛糸を紡ぎ、家族のセーターを編むのに忙しかった。

深川駅から一〇㎞くらい歩く音江村字須麻馬内というところに祖母の家があり、雑貨店をし、水田を一〇㌶ほど持っていた。戦争中は小作の人も出征して作り手がいないので、春は人を頼み、夏は子どもたち総出で草取りに行った。そばを石臼でひいて「そば粉」を作り、豆はさやむきをした。

野草を乾燥させた粉に配給の小麦粉を混ぜて「むしパン」を作った。

馬鈴薯やカボチャを煮てつぶし、澱粉をつなぎにして団子にし、油で焼いたり、すいとんのようにして食べた。

旭川では、量的にはまずまず食べることができた。


作った米を駅まで自転車で運んでいたが、戦後は取り締まりが厳しく、一五kgぐらいかついでも警察に取り上げられる。そのため、秋遅く、服の上にチョッキ*を着てその中に米を入れ、コートをはおってかくし、深川駅または江部乙《えべおつ》駅まで歩いた。

米は冷たくて体が冷え、重く肩にのしかかった。

カボチャやそば、豆等は手に下げて旭川まで運んだ。

*チョッキを袋状に縫って、その中に米を入れ、それをはおった。


衣　母の着物をほどいてモンペ・洋服・ブラウスにした。下着は切符で配給になるネル、キャラコで縫った。セーターは毎年編み直し、毛糸が細くなると糸をまぜて、手袋や靴下にした。綿羊を道端で草を食べさせて飼い、糸を足踏み機械でよって作り、下着、チョッキ、靴下に編んだ。

〔生理用品について〕―薬局および昭和二～三年生まれの友人に聞く。

戦時中も脱脂綿は配給にはならなかった。お産用は大袋に入ったのを一個ずつ渡した。ときどき問屋（普通のルート）から脱脂綿の入荷がある。当初は、新聞に広告を出すと、時間前より長い行列ができた。あるだけ売ると、次は何時入荷するか不明。その他、デコボコのある紙を何枚か重ね五㎜の厚さにして囲りを縫った代用綿を売った。（一九八三・一二・八　旭川一条七丁目中保薬局に聞く）。

友人（仙台）新聞紙を適当に切り、やわらかくもんで、上をチリ紙で巻いて使用した。

（上富良野）最初は、白ポプリンのゴム付

	麦ご飯
	祖父がどうにかしていた様子、屋根裏にお米があったのを覚えている。
生理帯を買ってもらった。脱脂綿の代わりにサラシを重ねてよく洗い直して使った。農家ではサラシのT字帯を使っていた。 （北見）紙の代用脱脂綿を使った。紙の袋の中に粉の入ったものを使った。新聞紙をもんで紙で包んで使った。 （仙台）寮へは右記の物は持参せず、脱脂綿を持たせてくれた。しかし、足りないので一回ずつ取りかえることはできず、裏返したり、折り直したり、冷たい肌ざわりに女としてのわずらわしさが身にしみた。 （旭川）生理帯は、ゴム付の黒木綿製パンツ型のを使い、代用綿を使った。 （東京）Ｓ・一六年四月に上京、寮にいたＳ・一七年三月までの間、一年間生理が止まり、一度もなかった。 私—下着等の古いのを適当な大きさに切り、重ねて外側をサラシ等で包み、周囲を縫った代用品を、熱消毒して袋に入れておき、使い捨てした。	不自由ではなかった

麦、小麦、いも、さとうきび類を食べていた。	そのころ、農業をしていたので、自分の作ったもの。	衣は、古いものを直したり、つぎはぎしていた。
田舎住いだったので不自由はなかったと思う。サツマイモ、米、麦は少なく、粟を食べていた。サツマイモを薄く切り、乾燥させ粉にしたものを水でこね合わせ、ふかしたカンコロもちを作った。		衣料品は切符制であったと聞いている。
農家だったので、食糧状態はまあまあだった。（姑、現 七六歳）		戦前と変化はなかった。（姑、現 七六歳）
米が不足していたので一日一回代用食をとっていた。じゃがいもの煮たのや、米に外米を混ぜたもの、トウキビやいものきざんだものを入れたものを食べていた。	農家ではなかったので、農家の水田や畑を借りて作った。	綿羊を飼育して羊毛をかりとり、洗毛、染色、紡毛して、くつした、手袋、セーターなどを手編みしていた。日常の衣服は、私たち女学生はモンペ、母たちは標準服といって筒袖の上衣、モンペの下衣を着用していた。男の人たちは、いわゆる国防服で、詰襟の国民服であった。
コーリャン、キューバ糖、代用パンを食べ、腹半分程度。	配給制度、山に買い出しに行ったり、ヤミで買ったり、一寸の土地でも作物、野菜作りをした。	**衣**　切符制度、品物により点数制。 **住**　大切なものは田舎に疎開させ、家の中は必要品のみ。
馬鈴薯、カボチャ、とうきびの粉だんご、雑炊、あかざ、いたどりなど、あらゆる草を粉にしたものを使った。	農家の親戚の所へ行き、仕事をして米でもらったり、買ったりした。米を入れた布袋を子どもの形にしばり、おんぶし、ねんねこを着、ベビー帽子をかぶせて背負う。	羊毛を紡ぎ、毛糸にして編んだ。配給品を使った。

主に白米、その他配給品、麦ご飯、昼食等で、いも、デンプン粉を入れただんご、そば、そばがきを食した。	姉　陸軍病院は、進駐軍に接収され、一時日章小学校に患者を移し、外にテントを張り、炊事をした。 私　多くは米を食べていた。 戦時中、中止されていた女学校の修学旅行がささやかながら復活し、阿寒湖の方面に汽車、バス等にて施行。そのとき、進駐軍放出のパインジュースの缶詰でふかしパンを作って持参した。放出のコンビーフの缶詰にあたって腸チフスで日赤に入院した。S・二一年一月のことだった。修学旅行はS・二一年の秋だった。
配給の他に物々交換や闇買いをしていた。書画・骨董品などや、ウイスキー、衣類等を手離していたように思う。	家族が少なく、父の顔で米が入手できた。
当時、洋裁学校に通い、ワンピース、スーツ、ブラウスなど、主に母の着物を更生して作っていた。ポツポツ新しい布も出廻ってきており、カーキ色や紺のサージでスーツを作っている人もいた。ウールの服地も入手、ズボンからスカートに変わってきた。 札幌の生家では戦争被害はなく、住居の窓の鉄格子が献納されて、木の格子に変わっていた。	衣は、母の着物、コートを改造し、スーツ、ワンピースを作った。兄が予科練から持ち帰った純毛の毛布は貴重品で、オーバーにしたり重宝した。 S・二二年卒業のときは、多くはヘチマ衿の制服でしたので、セーラー服を借りて記念写真をとった。

じゃがいも、かぼちゃを米に混ぜて炊いていた。それが主食だった。	少しのお米の中に、じゃがいもやにんじんをきざんで入れたご飯を食べていた。
タンスの底に眠っている衣類を、知っている農家に持っていって、米や野菜と交換してもらい、大きなリュックサックに入れて私も運んできた。美瑛《びえい》からじゃがいも、当麻《とうま》から米。	母の実家が田舎だったので、そこから分けてもらっていた。
衣料切符は年ごろだった私が一人占めしていたように思う。父のセルの着物でズボンを作ったり、母のメイセンの着物でワンピースを作り、セーラー服をブラウスにしたり、洋裁学校に通って縫った。冬は石炭が買えなくて一〇畳の茶の間だけストーブがつき、七人の家族が起居した。	市の中心街の近い所で家が密集していたので、建物の強制疎開で街はずれに引っ越して住んでいた。衣の方は、父や母の着物を更生して着ていた。

(4) 戦後初めての総選挙、婦人参政権の実現（一九四六年四月一〇日）

(1) この日投票したか	(2) どんな気持ちだったか	(3) 身近にいる人々は、どんな反応をしていたか
まだ樺太より引き揚げていなかった。		
選挙権がなかった（私） 投票した（父）	戦後初めての選挙なので、再び戦争のない、平和な日本を築き上げていくにふさわしい人物を選ぶ努力をした。（父）	
投票した（母、当時三五歳）	娘時代、父のところへ投票を依頼にきた人を見ていたので、自分も投票できるというのが、とても嬉しかった。	投票所の小学校がすぐそばだったせいもあって、近所の人もみな投票しに行った。
投票した（知人、当時二八歳）		投票所は、四列縦隊の長い列を作っていて、投票に大変時間がかかったことを覚えている。
選挙権なし（私） 投票した（母）	とても良かったと思った。（母）	
選挙権なし（私） 投票した（父、母）	何も感じなかった。（私、母）	母は、誰に投票したらよいかわからないので、父に聞いて同じ人に入れたとのこと。
一七歳だった	面倒くさいものだと思った。	
選挙権なし（私） 投票した（母）	あまり、感激はなかった。（母、M・三九年生まれ）。	祖母（M・一九生まれ）の長女（M・三七生まれ）。夫婦が後援していたM候補を、祖母は町内の知人宅の奥さん方に熱心に頼んで歩き、母も一緒に中央小学校へ選挙に行った。

権利なし	まだ権利はなかったが、ずいぶんと関心をもった。	婦人参政権実現のことで、学校の授業のなかに取り入れられ、総選挙のときは、各立候補者が教室にきて「我が党のアピール」と、婦人参政権のことなど語ってくれた。
選挙権はなかった	婦人の代議士がたくさん当選したのは嬉しかった。	戦争中愛国婦人会の役員をしていた人が、敗戦後また地域の婦人会の役員をして選挙運動をしていた。
投票した	責任感だけだった。	初めてのことだったので、好奇心を含めて様子をみるため投票していた。
まだ選挙権はなかった	折角与えられた選挙権であるから、有効にそして意義あるものとしてほしいという気持ちであった。	参政権が与えられたとはいえ、実際問題として本当に我々の日常生活に直結していないようであった。
投票した（母、姉）	関心がなかった。（母、姉）	婦人の投票率が少なかった。何が何だかわからなかったが、書けといわれて書いてきた。（母、姉）
一五歳だったので、投票権がなかった	記憶がない。姉も、まだ未成年であったが、与えられたものであったため、よくわからないながら、投票しなくてはならないと思っていたとのこと。	S・二六年、二〇歳で結婚した年に選挙があり、初めて投票したのを覚えている。いちおう「大人になった」の意識はあったと思うが、現在ほどの認識はなかったと思う。
二カ月の差があって投票はできなかった	婦人に参政権が与えられ、一票が行使できるようになるのが嬉しかった。	母や祖父母は、投票日には、父にどの候補者に投票したらよいか伺っていた。私は、側で聞いていて自分の考えで投票すればよいのにと思っていた。しかし、今考えれば、テレビもなかったし、立会演説会に出かけるということもなかったら、どの候補者がどのような考えをもっているかもわからなかったのかもしれない。

投票した（母）	緊張した。国民の一人として認められた思いがした。（母）	
選挙権はなかった（私） 投票した（母）	父から聞いた話を思い出しながら、これでやっと全国民が平等になれると思った。（昔は男の人でも所得税を納めなければ選挙権がなかったのだと聞いていた）。	選挙は面倒だけれども、やっと自分たちの時代がきて自由になれると話していた。

(5) 日本国憲法施行（一九四七年五月三日）

（1）どういう受け止めかたをしたか（当時）	（2）読んでみたか（当時）	（3）読んで、どんな感じがしたか	（4）どんなことを考えていたか
まだ、樺太から帰っていなかった。	未だに全文を読んだことがない。このことを機会に読んでみようと思っている。（「母の会」には最近参加）。		
公布後、施行前に国務大臣金森徳次郎博士が普及のため、講演にきた。それを聞いて、いい憲法だと思った。（義父、当時四五歳）	前文を読む。本文はさっとひろい読み。（義父）	天皇が象徴になったので、天皇の責任が軽くなり、安泰がつづくことが良かったと思った。国民が平等になり、主権在民はいいことだと思った。（義父）	天皇象徴は、日本の歴史上の実績どおりの姿になったことで、こと新しいことではない。（義父）
負けたのだから、変わって当然と思った。	当時は読んでみなかった。		
何も意識がなかった。	学校で先生が読んでくれた。	もう戦争はぜったいにしないだろうと思った。	
もうぜったい戦争のない、スイスのような国になるというので、とても嬉しかった。	当時は読まない。一九八二年五月（「歴史を学ぶ母の会」の学習会）で初めて全文を読んだ。		

中立国のようになって、もう戦争をしなくても良いという安心感をもった。「天皇が神でなく人間である」ことが印象的だった。 当時、大改革だったことは、日本国憲法公布記念として、日本絵葉書第一輯（当時郵便はがき一五銭）三枚一組で発売された。絵は、平和（石井拍亭）、迎日（藤田嗣治）、不盡（川端龍子）。	当時は読まない。	戦争を体験した者はもちろん平和を念願するが、「全世界の国民が、ひとしく恐怖と欠乏から免れ、平和のうちに生存する権利を有する」とあり、敗戦国としてはきれいごとのような気がした。	現在の世界の状態のなかで、日本の平和は、国の運営から、私たちのような小さなものまで、憲法に基づいて守られていることを深く考えさせられる。
人民の人民のための人民による政治ということに新しい希望をもっていた。当時は、天皇を「テンチャン」と呼んでいた。神様でなく人間であることをみなが感じた故で、そのうちいまの天皇は戦争の責任をとって退位すると思っていた。 S・二二・一・二八の日記に、女専の校長が「正しい良識、良心的な行動そして勇敢なる力を持った人でなければ、いくら憲法で男女同権になっても意義はない」と講義したことが書いてある。 女専の法律学の課題として（S・二二・九・一一）次の五問が出された。①統治権とは如何なるものか ②法とは如何なるものか ③国民自治とは如何なるものか ④主権が国民に存するとは如何なるこ	S・二二・五・八のメモに憲法の解説を二〇円で購入した旨かいてある。	理念としては理解したと思うが、自己の思想として体得したのは「歴史を学ぶ母の会」で全文を読んで以来。当時は、戦争を放棄したことで永久に軍備はないと思って安心した。	

とか⑤新憲法の骨子となりている理念。国務大臣金森氏が全国を遊説し、東北大講堂で聞いた。			
	高校時代に読む。（現　四三歳）	旧憲法との違いを知り、驚く。	
	読まなかった。（姑、現　七六歳）	「大事なこと」とはわかっているが、良くわからないという気持ちだった。いまでも同じ気持ちである。	
周囲から「戦争の放棄」ということを聞き、安堵感をもった。	読まなかった。この「歴史を学ぶ母の会」で初めて読んだ。		アメリカの対日占領政策による憲法改定があると考えた。
戦争がなくなって、若い人を死なせなくなってよかったと思った。	新聞、週刊アサヒ、サンデー毎日で読んだ。	本当のことはわからなかったが、民主主義なのだというようなことを感じた。	民主主義は自分《ママ》、自分勝手なことをしていいということなのかな等と考えていた。
S・二二・一、東京へ転居したばかりで、日常生活ではとくに意識していなかった。	「歴史の会」に入り初めて読んだ。	主権が国民にあり、平和理念のもと、戦争放棄をうたっていることは大変良いことだと改めて意識した。	
当時あまり意識していなかったと思うが、噂されていたほど「進駐軍」も恐ろ	読まなかった。政治とか法律とかが、庶民の間で話題に		軍隊を持たないことで戦争にまきこまれないのな

しくもなく、戦争に負けて平和になった日本が、戦争をしない憲法を作ったのは、ごくあたりまえに受け止めていたように思う。	のぼるほどの意識のある人は少なかった。		ら、こんな良いことはない。
結婚一カ月前だったが、あまり記憶がない。	当時は読まなかった。「歴史の会」に入って一九八二年、五六歳になって、初めて読んでみた。	「おしつけの憲法だから改正しなければ」という論をもっている人もいるが、私は戦争放棄を守り通してほしいと感じた。	戦後三十数年にして世界第二の経済大国にのし上がることができたのも、新憲法のおかげだと考えていた。
	中学三年のとき、強制的に授業のなかで読まされた。	難しい漢字や意味を理解するのに一生懸命だったように思う。	最低生活保障、結婚について、戦争放棄など、我々の生活が守られていることに心強く思った。
国中心の憲法から、国民中心の憲法に変わったと思った。	学校で一部分読んだ。	全国民の基本的人権は守られ、日本はもう戦争はしないのだとうたってはいるけれども、本当に将来にわたって守られるだろうかと思った。	戦時中のように言論の自由もなく、また書くことができなかった人がたくさんいたので、これでみなが自由な生活ができ、平和がくるのだと思った。

(6) 広島と長崎に原子爆弾投下（一九四五年八月六日と八月九日）

（1）どういう形でこのことを知ったか	（2）当時どんなものだと思ったか	（3）全容を知ったのはいつか	（4）どういう形で知ったか
国民学校に勤務していたので、職場で校長より朝会のとき話を聞く。	ラジオで正確な発表がなかったので、ただ大きい爆弾ということだけだった。	戦後、北海道へ引き揚げてきてから。	ラジオ、新聞、書物でその恐ろしさを知った。
学校の先生から聞いた。	爆弾一個で広島の町が火の海になったと聞き、恐ろしいものできて、日本はどうなるのか不安な気持ちだった。		
ニュースで知る。（友人）	新型爆弾が落ちた。		永井博士の『この子を残して』を読んで。
	「新型爆弾が落ちた」位しか知らなかった。	後になって。	「原爆の子」という映画を学校で観にいって、そのひどさを知った。
新聞、ラジオ。	どんな爆弾かまったくわからなかったが、とにかく大変なものらしいことだけわかった。	終戦後。	新聞、ラジオ、映画館のニュースなどで。
わからなかった。（士官学校入隊のため）（夫）	新型爆弾らしいということだけ。	終戦後。	新聞、ラジオ。

新聞できのこ雲をみた。	まったく、見当がつかなかった。	一九六一年、長崎、広島へ旅行して。	原爆資料館をみて、そのむごさを初めて知った。その後、永井博士の『この子を残して』を読んだ。
新聞、ニュース等で知った。	広島には新型爆弾が、長崎には特殊爆弾が投下されたことを知った。	ずいぶん後になってから知った。	父から聞いた。（父は復員した人、挺身隊から帰った人に聞いた）。
動員先の旭川郵便局庶務課にいた将校より聞いた。	一発で広範囲が全滅する新型と聞いたが、内容はわからなかった。旭川は山に囲まれているので大丈夫だろうと、少し楽観的に話し合った。	戦後。	映画館のニュースだったと思う。
昭和二〇年一〇月、佐世保より引き揚げの軍用列車の中から、広島より三つ手前の駅位から焼野原だったのを見て、日本もこれでは負けだと感無量だった。（夫、済州島で終戦）。			
ラジオで「強力な爆弾投下」と聞いたように思う。	想像はつかなかった。	断片的に知った。いつかは、わからない。	映画館のニュースで。

『河北新報』で知った。	新型爆弾といわれたが、見当もつかなかった。ただ「白いものを着ていた人は助かった」とか、「今後数十年、広島には木も草も生えない」ということを噂のように聞いた。	原爆への恐怖から積極的に知ろうとしなかった。	永井博士の『この子を残して』とか、原爆乙女がケロイド治療のため、アメリカに渡航したとか、断片的にしか知らなかった。
知らなかった。	知らなかった。	小学校時代。大学時代。	映画をみて。広島、長崎を旅行して再び戦争をしてはならないと思った。現地での悲惨さに眼をおおいたくなる。
新聞で見たり、親から聞かされたり、学校で先生に教えられた。	よくわからないが、いままでにない、恐ろしいものだということを思った。	だいぶあとのこと。	新聞や映画をみて。
近所の人たちが話しているのを聞き、家人に尋ねた。	光で人を殺してしまうと聞いた。	小学校四～五年ころ（S・二七～二八年）、大分県西国東郡、真玉町白野村に住んでいたとき。	隣り村まで行って映画を観た。ケロイド状になった人々、おばけのような顔や手足を見て、気分が悪くなり、弁当を持っていったが、食事を取ることができなかった。
知らなかった。（姑、現 七六歳）。	知らなかった。	テレビが見られるようになってから。	

新聞の報道で知った。	ものすごい威力のものであることを聞いた。	昭和五七年。	『ノー・モア・ヒロシマ』を読んだ。
新聞、ラジオ、口づたえ。	想像もつかない大きな爆弾だと思った。	だいぶたってから。	新聞、ラジオ。
ラジオのニュース、新聞で。	いままでにない強烈な爆弾だと思った。	昭和三〇年ころ。	明治元年生まれの義祖母が広島出身者ですが、S・三〇年ころ同居した折に、遠縁の者や知人等全滅したと言っていた。その他、テレビ、ニュース、映画、写真集で。
軍隊にいたので、社会の悪いことは知らされなかった。（夫）	永久に草木が生えないほど強力で、恐ろしい爆弾だと聞いた。	S・三四年に札幌の自宅の近所の人が広島出身で、とても身体の大きな丈夫そうな婦人だったが、S・三〇年生まれの息子さんが、傷口からの出血とか鼻血が止まらず、年一回広島の病院に母子とも検査に帰郷していた。原爆の被害による後遺症のありさまだったと知った。	丸木夫妻の画や、永井博士の『この子を残して』等の出版物で。
		S・四五年頃。その後、「歴史を学ぶ母の会」で学んだ結果、意識的に知る機会が増えた。 S・五七年　長崎に行ったとき。	旭川のデパートで原爆被害の写真展が催され、写真でその当時のありさまを知った。テンフィート運動等知る機会も増えた。 資料館や街をみてきた。

ラジオや新聞で知った。	新しい大きな爆弾が落ちて関東大震災よりもっと大きな被害を受けたと思った。	一〇年くらいたってからのような気がする。	名もない一被爆者の体験記が雑誌に載っていた。
ラジオや噂などにより徐々に知った。(母、現七一歳)。			
翌日ラジオのニュースで知った両親から。	新型の大型爆弾が広島に落とされたと聞いた。ピカドンという爆弾だというので、雷のようなものかと思った。	八月一五日の終戦から約一カ月くらいたってから知った。	母の話によると、復員兵が北海道に帰るようになってから、広島はひどい惨状で、人も建物も一瞬のうちに焼けただれ、今後一〇〇年位は草も木も生えないといわれていた。

(用語・表記は、本編との整合性から整理したものもある。)
(記録資料整理表作成　山村淑子　一九八一年二月／一九八四年五月)

2　私たちが受けた教育

資料「教育に関するアンケート」
――回答者100名の集計結果報告

○アンケート実施期間　1985年 10月～1986年 2月
○アンケート集計作業　1986年 6月～1987年 7月
○報告書作成作業　1988年 7月～1990年 8月

旭川歴史を学ぶ母の会

回答者100名の生年・性別・出生地表

注 1　下記時期区分はA期は「明治・大正期」世代・B期は「昭和1桁」世代・C期は「少国民」世代・D期は「戦後」世代を表す。以後それらをA・B・C・Dで表記。

注 2　「歴史を学ぶ母の会」会員20名のうちA期2名、B期14名、C期3名、D期1名が、各々含まれる。

注 3　設問により複数回答あり。各項目の数字は人数を表わす。

時期区分	A期　21名											
西　暦	1899	1903	09	11	14	16	18	1921	22	23	24	26
和　暦	M32	36	42	44	T3	5	7	10	11	12	13	15
男	1		1	1	1	1	1	1	3	1	2	1
女		1			1			1		1		3
計	1	1	1	1	2	1	1	2	3	2	2	4

時期区分	B期　30名							
西　暦	27	28	29	1930	31	32	33	34
和　暦	S2	3	4	5	6	7	8	9
男		3		2	1	2	1	1
女	3	7	3			2	1	4
計	3	10	3	2	1	4	2	5

時期区分	C期　28名								
西　暦	35	36	37	38	39	1940	41	42	43
和　暦	10	11	12	13	14	15	16	17	18
男	2			1	1	3	2	1	1
女	2	1	1		2	2	4	2	3
計	4	1	1	1	3	5	6	3	4

時期区分	D期　21名												計
西　暦	45	47	48	1951	52	53	54	55	58	1960	63	67	
和　暦	20	22	23	26	27	28	29	30	33	35	38	42	
男				1	2	1		2	2	1			44
女	1	1	1			1	1	3	1		1	2	56
計	1	1	1	1	2	2	1	5	3	1	1	2	100

時期区分／項目	A	B	C	D
北海道内	16	28	21	20
其の他	5 { 東京 1 宮城 1 樺太 2 無記入 1	福島 2	7 { 埼玉 1 東京 1 山形 1 中国 1 満州 1 樺太 1 無記入 1	福島 1

教育に関するアンケート設問 1〜28

○ あなたの性別を示して下さい。（丸で囲む） イ 女性　ロ 男性
○ あなたの生年月日を書いて下さい。西暦　年　月　日
和暦　年　月　日
○ どこで生まれましたか。　国名　県名　市町村名

1. あなたが生きてきた人生の中で、印象に残っている歴史的な事柄を三つあげて下さい。
①
②
③

2. あなたが小学校に入って、はじめて使った国語の教科書の最初の文を覚えていますか。
イ　いる。　出だしの文はどんなものでしたか。（　　　）
ひらがなでしたか。カタカナでしたか。㋑ ひらがな
㋺ カタカナ
ロ　いない。
あなたは、その教科書をもっていますか。㋑ いる。　㋺ いない。

3. あなたは、「修身」の授業を受けたことがありますか。どんな授業でしたか。
イ ある。（　　　）　ロ ない。（　　　）

4. あなたは、「教育勅語」を読んだことがありますか。どういうものだと教えられましたか。
イ　ある。　何歳の時ですか。（　）歳　どこでですか。（　）
だれからですか。（　　　）
ロ　ない。　はじめて読んだ時、どんな内容か、わかりましたか。
㋑ わかった。
㋺ わからなかった。
どういうものだと教えられましたか。（　　　）

5. （「教育勅語」を読んだことがある人に）現在、その文を覚えていますか。

13－1. 2　あなたが、当時使った教科書で、印象に残っているのは、どんなところですか。教科名と印象に残った内容や題名を示して下さい。
教科名　　内容　及び　題名
1
2

14－1. 2　あなたが、学校生活の中で、一番楽しかったのはどんなことですか。
イ 小学校時代
ロ 中学校時代
ハ 旧制女学校時代
ニ 旧制中学校時代
ホ その他（　　）時代
へ 楽しかったことはない。

15－1. 2　あなたが、学校生活の中で、一番いやだと思ったことは何ですか。
イ 小学校時代
ロ 中学校時代
ハ 旧制女学校時代
ニ 旧制中学校時代
ホ その他（　　）時代
へ いやだと思ったことはない。

16. あなたは、どんな人になりたいと思っていましたか。

17. あなたの友人たちは、どんな人になりたいと思っていましたか。

18. あなたの両親は、あなたにどんな人になってほしいといっていましたか。

19－1. 2　あなたが出会った先生たちは、あなた方生徒にどんな人になりなさいといっていましたか。簡潔に示して下さい。あなたは、その時どのように受けとめましたか。
小学校時代――→（ことば　受けとめ方　）
中学校時代――→（ことば　受けとめ方　）
旧制女学校時代――→（ことば　受けとめ方　）

イ　覚えている。──→どの程度覚えていますか。
㋑　全文そのまま書くことができる。
㋺　全文そのまま言うことができる。
㋩　所どころ覚えている。
ロ　覚えていない。

6-1. 2「教育勅語」は、なぜ出されたと思いますか。

7. あなたが、学校で学んだ教科の中で一番印象に残っているのは何ですか。

小学校時代	中学校時代	旧制女学校時代	旧制中学校時代	その他（　）時代
（　）	（　）	（　）	（　）	（　）

8. あなたが好きだった教科をあげて下さい。嫌いだった教科もあげて下さい。

	小学校時代	中学校時代	旧制女学校時代	旧制中学校時代	その他（　）時代
好き	（　）	（　）	（　）	（　）	（　）
嫌い	（　）	（　）	（　）	（　）	（　）

9. あなたが通学した学校の雰囲気は、どんなものでしたか。簡潔に述べて下さい。
・小学校時代（　）
・中学校時代（　）
・旧制女学校時代（　）
・旧制中学校時代（　）
・その他（　）時代（　）

10-1. 2. 3　あなたが良い印象を持った先生は、どんな人でしたか。その先生の年齢（おおよその）、性別、受け持った教科を示して下さい。
どんな人か。（　）年齢（　）歳位。性別（女・男）。教科名（　）

11-1. 2. 3　あなたが、悪い印象を持った先生はどんな人でしたか。
どんな人か。（　）年齢（　）歳位。性別（女・男）。教科名（　）

12-1. 2　あなたは、先生を「こわい」と思ったことがありますか。
イ　ある。どんな時ですか。（　）
ロ　ない。

旧制中学校時代──→（ことば／受けとめ方　）
その他（　）時代──→（ことば／受けとめ方　）

20. あなたは、あなたが受けた教育をどう思いますか。
イ　たいへんよかった。
ロ　よかった。
ハ　よかったと思わない。
ニ　その他　（　）

21. あなたは、「教育基本法」を知っていますか。どこで（なにで）知りましたか。
イ　知っている。　ロ　知らない。

22. 「教育基本法」が、日本国憲法に基づいて作られているのを知っていますか。
イ　知っている。どこで（なにで）知りましたか。　ロ　知らなかった。

23. 「教育基本法」と「教育勅語」の根本的な違いはどこにあると思いますか。

24. あなたは、あなたの子どもたちに、どのような人になってほしいと思いましたか（思いますか）。

25. あなたは、そのために、どんな学校教育が施されてほしいと思いましたか（思いますか）。

26. あなたは、その実現（設問24、25）のために実際に自ら努力したことがありますか（努力していますか）。
イ　実践したことがある（実践している）。
ロ　実践したことはなかった（実践していない）。

27. あなたは、人間が生きる上で一番大切なことは何だと思いますか。

28. あなたは、「学んだことを生かす」ということは、どういうことだと思いますか。

35	36	37	38	39	1940	41	42	43	44	45	46	47	48	49	1950	51	52	53	54	55	56	57	58	59	1960	61	62	63	64	65	66	67	68	69	1970
10	11	12	13	14	15	16	17	18	19	20	21	22	23	24	25	26	27	28	29	30	31	32	33	34	35	36	37	38	39	40	41	42	43	44	45
	二・二六事件	日中戦争始まる		第二次世界大戦		太平洋戦争開戦				敗戦					朝鮮戦争										ベトナム戦争										
			国家総動員法公布			国民学校令公布					日本国憲法公布（施行は四七年五月三日）	教育基本法・学校教育法（国民学校改称（六・三・三制成立））			祝日に国旗掲揚・君が代斉唱をすすめる天野貞祐文相談話を通達		中央教育審議会設置						道徳教育の実施義務化		日米安全保障条約調印					中央教育審議会（期待される人間像）中間草案発表					
6																																			
5	6																																		
4	5	6																																	
3	4	5	6																																
2	3	4	5	6	旧1	2	3	4	繰り上げ卒業																										
小1	2	3	4	5	6	旧1	2	3	4																										
	小1	2	3	4	5	国6	旧1	2	3	4																									
		小1	2	3	4	国5	6	旧1	2	3	4	5	高3																						
			小1	2	3	国4	5	6	旧1	2	3	4	高2	3																					
				小1	2	国3	4	5	6	旧1	2	3	高1	2	3																				
					小1	国2	3	4	5	6	旧1	2	3	高1	2	3																			
						国1	2	3	4	5	6	旧1	2	3	高1	2	3																		
						アカイアカイ	国1	2	3	4	5	6	中1	2	3																				
								国1	2	3	4	5	6	中1	2	3																			
修	身								国1	2	3	4	5	6	中1	2	3																		
教	育									国1	2	3	4	5	6	中1	2	3																	
											小1	2	3	4	5	6	中1	2	3																
												小1	2	3	4	5	6	中1	2	3															
												みんないいこ	小1	2	3	4	5	6	中1	2	3														
														小1	2	3	4	5	6	中1	2	3													
															小1	2	3	4	5	6	中1	2	3				道徳教育								
																小1	2	3	4	5	6	中1	2	3											
																	小1	2	3	4	5	6	中1	2	3										
																		小1	2	3	4	5	6	中1	2	3									
																			小1	2	3	4	5	6	中1	2	3								
																				小1	2	3	4	5	6	中1	2	3							
																					小1	2	3	4	5	6	中1	2	3						
																						小1	2	3	4	5	6	中1	2	3					

回答者の年齢構成および教育体験時期・表

生年＼就学年				西暦	1906	7	8	9	1910	11	12	13	14	15	16	17	18	19	1920	21	22	23	24	25	26	27	28	29	1930	31	32	33	34
				和暦	M39	40	41	42	43	44	45 T1	2	3	4	5	6	7	8	9	10	11	12	13	14	15 S1	2	3	4	5	6	7	8	9
西暦	和暦	男	女																														
1899	M32	1			小1	2	3	4					第一次世界大戦	対華二十一ケ条の要求			シベリヤ出兵		尼港事件出兵							山東出兵				満州事変			
1900	33				イエスシ	小1	2	3	4																								
1	34						小1	2	3	4																							
2	35							小1	2	3	4																						
3	36		1						小1	2	3	4																					
4	37								ハタタコ	小1	2	3	4																				
5	38										小1	2	3	4																			
6	39											小1	2	3	4																		
7	40												小1	2	3	4																	
8	41													小1	2	3	4	5	6					治安維持法公布									
9	42	1													小1	2	3	4	5	6													
1910	43															小1	2	3	4	5	6												
11	44	1															小1	2	3	4	5	6											
12	45 T1																ハナハトマメ	小1	2	3	4	5	6										
13	2																		小1	2	3	4	5	6									
14	3	1	1																	小1	2	3	4	5	6								
15	4																				小1	2	3	4	5	6							
16	5	1																				小1	2	3	4	5	6						
17	6																						小1	2	3	4	5	6					
18	7	1																						小1	2	3	4	5	6				
19	8																								小1	2	3	4	5	6			
1920	9																									小1	2	3	4	5	6		
21	10	1	1																								小1	2	3	4	5	6	
22	11	3																										小1	2	3	4	5	6
23	12	1	1																										小1	2	3	4	5
24	13	2																												小1	2	3	4
25	14																														小1	2	3
26	15 S1	1	3																													小1	2
27	2		3																														小1
28	3	3	7																													サイタサイタサクラガサイタ	
29	4		3																														
1930	5	2																															
31	6	1																															
32	7	2	2																														
33	8	1	1																														
34	9	1	4																														
35	10	2	2																														
36	11		1																														
37	12		1																											修身教育			
38	13	1																															
39	14	1	2																														
1940	15	3	2																														
41	16	2	4																														
42	17	1	2																														
43	18	1	3																														
44	19																																
45	20		1																														
46	21																																
47	22		1																														
48	23		1																														
49	24																																
1950	25																																

設問１　あなたが生きてきた人生の中で印象に残っている歴史的な事柄を三つあげて下さい。　　数字は男・女・計

A				B				C				D			
第2次世界大戦敗戦（9）	10	7	17	第2次世界大戦敗戦（16）	8	19	27	第2次世界大戦敗戦（3）	5	5	10	東京オリンピック	4	6	10
終戦（8）				終戦（11）				終戦（7）				月面着陸	5	3	8
大東亜戦争開戦	6	4	10	太平洋戦争・大東亜戦争	8	15	23	安保闘争	3	4	7	札幌オリンピック	3	2	5
連続凶作、2・26事件	4	1	5	第2次世界大戦				第2次世界大戦	1	3	4	ケネディ大統領暗殺	2	2	4
第1次世界大戦	1			日中戦争（日支事変）		4	4	東京・札幌オリンピック		4	4	皇太子御成婚	1	1	2
海軍召集	1		1	婦人参政権		3	3	浅沼委員長刺殺	2	2	4	沖縄返還		2	2
尼港事件出兵	1		1	原爆投下	1	2	3	ケネディ大統領暗殺	1	3	4	60年安保		1	1
真珠湾攻撃	1		1	東京オリンピック	2	1	3	宇宙月ロケット		3	3	ベトナム戦争		1	1
主人の戦死		1	1	沖縄返還		2	2	紀元2600年祝賀		2	2	学園紛争	1		1
兄の戦死	1		1	皇太子殿下御成婚		2	2	オイルショック	1	1	2	米・リビヤ衝突	1		1
満州事変	1		1	2・26事件		1	1	朝鮮戦争	2		2	天皇在位60年		1	1
学徒出陣	1		1	北海道大演習（天皇行幸）		1	1	皇太子御成婚		2	2	フィリピン大統領選挙	1		1
戦　　傷	1		1	防空壕ひなん訓練	1		1	平和条約	1		1	ケネディ（弟）暗殺		1	1
原爆（広島・長崎）		1	1	旭川空襲		1	1	新潟地震	1		1	アキノ氏暗殺		1	1
樺太から引揚げ		1	1	安保闘争		1	1	学園紛争	1		1	ジャル（日航機）墜落		1	1
ロッキード事件	1		1	盧溝橋事件		1	1	米国の統治から離れる		1	1	万国博覧会	1		1
東京大空襲		1	1	終戦後の食糧買出し	1		1	日本経済高度成長	1		1	甲子園出場	1		1
第1次オイル・ショック	1		1	言論の自由	1		1	小野田少尉ルバング島より救出	1		1	長生学園入学	1		1
ロケット月面着陸		1	1	日航ジャンボ機墜落		1	1	水俣病患者との出会い		1	1	カイロプラクティック研究	1		1
ハレー彗星をみた	1		1	日米安全保障条約成立		1	1	連合赤軍事件		1	1	自動車学校		1	1
				父　の　死		1	1	首相（田中角栄）の犯罪		1	1	高校の修学旅行		1	1
				浅間山荘事件	1		1	下山・松川・三鷹各事件連続	1		1	三島由紀夫自殺	1		1
				引　揚　げ	1		1	15号台風	1		1	高校入試		1	1
				大谷派宗憲の改正	1		1	自分の受験	1		1				
				日本の経済成長	1		1	結　　婚	1		1				
				米軍北海道進駐	1		1	父　の　死	1		1				
				オイルショック		1	1								
	31	17	48		27	57	84		25	33	58		23	25	48

設問2　あなたが小学校に入ってはじめて使った国語の教科書の最初の文を覚えていますか。

項目＼時期区分		A	B	C	D
出だしの文は どんなものでしたか		ハナ、ハト、マメ 15 サイタ、サイタ 4 ススメ 1	サイタ、サイタ 26 ハト、マメ 2	サイタ、サイタ 8 アカイ、アカイ 2 コマイヌサン 1 シロシロコイ 1 はるがきた 1 あかいとり 1 たろうさん、はなこさん 1	はやい、はやい 1
ひらがな				3	1
カタカナ		20	28	12	
あなたはその教科書 を持っていますか	いる				1
	いない	20	30	28	20

設問3　あなたは、「修身」の授業を受けたことがありますか。どんな授業でしたか。

項目＼時期区分	A			B			C			D			回答者数		
	男	女	計	男	女	計	男	女	計	男	女	計	男	女	計
あ　る	14	7	21	15	15	30	3	2	5	1	1	2	33	25	58
な　い							8	15	23	8	11	19	16	26	42

項目＼時期区分	A	B	C	D
どんな授業でしたか	忠君愛国　3 礼　儀　3 作　法　2 説話・教訓的な説示　2 忠　孝 社会の秩序を守る忠孝を原点として 教育勅語を中心とした忠孝 教育勅語を中心とした授業 国民のためでなく天皇のためのみでした 国のために尽くした人 修身・治国 責任（木口小平） 親　孝　行 礼　節 行儀を正す 躾 身だしなみ 良い人間になるようさとした話 教師が使命感をもって感動的に行われた 緊張した時間でした	親に孝行　7 道　徳　3 愛　国　3 忠　孝　3 忠　義　2 作　法　2 礼　儀　2 目上に礼儀　2 目上の人をうやまう 目上の人につかえる 目上の人 忠　節 忠君愛国 責任（木口小平） 協力（毛利元就三本の矢） 二宮金次郎 心を正しく良い行いをするように 立派な人間になるのにはどうすべきか 信礼義を元にした教育 天皇制国体護持、神話による授業 国のために命を捧げる 国のために自分を犠牲 国のために働く 夫婦相和し友達は仲良く兄弟仲良く 身なり質素質実剛健という内容	立派な人になるための勉強 精神教育、忠孝を柱とする 正　義	宗教の授業 小学校はテレビ、中学校は教科書

設問4　あなたは、「教育勅語」を読んだことがありますか。どういうものだと教えられましたか。

項目＼時期区分	A		B		C	D
どういうものだと教えられましたか	国のため天皇陛下のため忠義を尽くす	5	天皇に忠義	5	軍国主義への道具	
	暗記する	3	親　に　孝	5	日本国民精神の基礎	
	国民の道		日本人にとっての道徳	3	書いてある文に絶対服従	
	国民の守るべきこと生き方		忠に孝に兄弟に友に夫婦相和し	3		
	明治天皇さまの尊い教え		忠 君 愛 国	2		
	国民の三大義務の一つ		暗 記 す る	2		
	国に事ある時一致協力		愛国心への道しるべ			
	天皇の命令だから従わなければならない		国家皇室を中心とする考え方			
	自分を捨て国家のために従う		国家の発展滅私奉公の大事さ			
	軍隊につながるものだと思った		神国日本と天皇制の大切さ			
	立派な軍人になるよう		天皇は日本国の神			
	人間として最高の真理		天皇陛下のお言葉だから、ありがたいもの			
	立派な日本人		日本国の由来、具体的に国民の守るべき徳目			
	人として守るべきこと		日本臣民はどうあるべきかの目標			
	目上の人の命令を守る		万世一系の天皇が代々治められた国である			
	義務教育の基本が示されてある		国民道徳について示された勅語			
	親に孝、兄弟家族仲良く、友を信ずる		全国民共通して持たなければならない信念			
	御名御璽の意味がわからなかった		立派な人になるための教え			
			人間の生き方として大切なもの			
			日本人としての誇りを持つ			
			国民の学ぶもの			
			先祖伝来の良い美風を守って行動し生きてゆく			
			教育の基本			
			教育の根本方針			
			勅語を良く守ること			
			絶対的なもの			
			四大節の時校長先生が読まれた			
			大事なもの、従わなければならぬもの			
			百読意おのずから通ず、皆んなでよく読みました			

項目＼時期区分			A	B	C	D
教育勅語を読んだことがありますか	ある		21	29	11	2
	ない			1	16	19
	何歳の時	6歳〜10歳	15	12	3	
		11歳〜	5	10	6	1
	どこで	学校	20	27	6	1
		その他	1		5	
	だれから	先生	14	25	4	
		その他	1		4	1
はじめて読んだ時どんな内容かわかりましたか	わかった		9	6	6	1
	わからない		11	22	6	

設問5（「教育勅語」を読んだことがある人に）現在その文を覚えていますか。

項目 ＼ 時期区分		A			B			C			D			回答者数		
		男	女	計	男	女	計	男	女	計	男	女	計	男	女	計
覚えている		14	7	21	9	17	26	4	2	6				27	26	53
覚えていない						1	1		2	2	2	2	4	2	5	7
どの程度覚えていますか	全文そのまま書くことができる	2	1	3										2	1	3
	全文そのまま言うことができる	3	1	4		2	2	1		1				4	3	7
	所どころ覚えている	9	5	14	9	17	26	4	4	8				22	26	48

設問6-1（「教育勅語」はなぜ出されたと思いますかについて回答内容を大別すると、以下の項目に整理される。）

項目 ＼ 時期区分	A			B			C			D			回答者数		
	男	女	計	男	女	計	男	女	計	男	女	計	男	女	計
国家・天皇	2	7	9	5	12	17	3	2	5	1	1	2	11	22	33
道徳	4	3	7		4	4		1	1				4	8	12
思想	2	1	3	4	4	8		3	3	1		1	7	8	15
教育	3		3	2	3	5	2	1	3		1	1	7	5	12

設問6-2「教育勅語」はなぜ出されたと思いますか。

時期区分／項目	A	B	C	D
国家 天皇	天皇は神 天皇崇拝 国家統制・侵略準備 国家と天皇に忠誠 国を立派に永久に続ける 富国強兵 軍国主義の確立 忠君愛国 人心を政府のもとに	天皇制を維持 2 天皇制を象徴 天皇制支配体制の確立 天皇制国家の精神的支柱 天皇制国家の国民思想の指標 天皇に忠誠 天皇に忠 天皇家に対する忠誠 天皇崇拝 天皇を絶対者 国家・皇室を中心 国民の心を天皇中心に 皇室中心の繁栄 国を高める 忠君愛国 日本の発展	天皇の臣民として国の統一 絶対主義・天皇制国家 国を守る 愛国・忠誠 皇　徳　論	天皇制の維持・強化 軍国主義・天皇制と維持
道徳	道徳をたかめる 2 国民道徳の確立 国民道徳の基本 人間の倫理 人間のみちしるべ 新しい人の歩む道	国民道徳をたかめる 道徳による思想の一本化 日本人としての心構え 父母に孝行	父兄を敬う	
思想	国民の思想統一 国民の進む目標 国民の進む道	国民の言論を封じる 国論の統一 国民の気持を統一 国民の心を一つに 戦争に勝つための思想の一本化 思想の一本化 総ての国民の考え 日本の国民を高める	国民の統一的精神 国民の思想統一 皇国思想	学生全体を一つの思想
教育	国民教育の指針 義務教育 教育基本を確立	国家主義的教育方針 日本国憲法と教育内容 家族制度を実現する教育方針 教育を政治の手段 国民に対する全教育	国民の教育の基本 臣民を一兵卒に 国家統制する軍国主義教育	教育を効果的

設問7　あなたが学校で学んだ教科の中で一番印象に残っているのは何ですか。

項目＼時期区分	A 教科	A 男	A 女	A 計	B 教科	B 男	B 女	B 計	C 教科	C 男	C 女	C 計	D 教科	D 男	D 女	D 計
小学校	国語	5	4	9	国語	2	11	13	国語	3	8	11	国語	2	4	6
	算術	2	1	3	算数	1	3	4	算数	2	3	5	算数		2	2
	歴史	1	2	3	地理	1	1	2	社会	1	1	2	理科	2		2
	地理	2		2	歴史	1	1	2	習字	1	1	2	社会		1	1
	修身	1	1	2	修身		1	1	理科	1		1	地理	1		1
	書き方	1		1	音楽		1	1	図画		1	1	音楽		3	3
	綴り方		1	1	綴り方		1	1	音楽	1		1	図工		1	1
	天皇陛下万歳国のため	1		1	中国語	1		1	印象に残っていない	2		2	体育	1		1
	東洋平和のため戦争している	1		1	書道	1		1								
					体操	1		1								
旧制中学校	国語	1		1	国語	1		1	（C、Dは該当なし）							
	英語	1		1	英語	2		2								
	歴史	1		1	物理	1		1								
	古事記	1		1	漢文	1		1								
	力学	1		1	教練と武舞	1		1								
	体育	1		1												
	軍事教練	1		1												
	火薬作り	1		1												
旧制女学校	国語		1	1	国語		1	1								
	英語		3	3	英語		4	4								
	音楽		1	1	数学		1	1								
					理科		1	1								
					物理		1	1								
					漢文		1	1								
					歴史		2	2								
					音楽		1	1								
					文法		1	1								
					体育		1	1								
					裁縫		1	1								

時期区分／項目	A 教科	男	女	計	B 教科	男	女	計	C 教科	男	女	計	D 教科	男	女	計
新制中学校	（該当者なし）				数学	1	1	2	国語		4	4	国語	2		2
					英語		2	2	英語	4	4	8	英語		4	4
					歴史		1	1	数学	1	1	2	数学	1	1	2
					社会		1	1	理科	2	1	3	理科	1	2	3
					図工	1	1	2	社会	1	2	3	生物	1		1
									歴史	1		1	社会		1	1
									音楽		1	1	地理		1	1
									体育		1	1	古典		1	1
									印象にない	2		2	音楽	1	1	2
													家庭科		1	1
新制高校					歴史		1	1	英語		1	1	国語	1		1
									数学	2	2	4	英語		1	1
									物理	2		2	数学	1	2	3
									社会	2		2	古典		1	1
									世界史		1	1	宗教（仏教）		1	1
									電気理論	1		1				
									化学		1	1				
その他	専門学校				青年学校				看護学校							
	理科	1		1	軍事教練	1		1	外科看護		1	1				
	大学				専門学校				解剖生理学		1	1				
	ベルグソン	1		1	英語		1	1	短大							
	哲学				物理		1	1	法学		1	1				
	その他				大学				大学							
	源平盛衰記	1		1	歴史	1	1	2	哲学		1	1				
	国語歴史（文化）	1		1	化学		1	1								
	助産婦学		1	1	教育史		1	1								
	壮年															
	倫理社会	1		1												

設問8　あなたが好きだった教科をあげて下さい。嫌いだった教科もあげて下さい。

項目＼時期区分	A 教科	好き 男	好き 女	嫌い 男	嫌い 女
小学校	国語	3	3		
	国史	1	2		
	算術	7	2	2	2
	理科				1
	地理		1		
	歴史		1		
	図工	2	1	2	1
	音楽				1
	習字			1	
	書き方			1	
	体育	1		4	1
旧制中学校	国語	3			
	英語	1		2	
	数学	2		4	
	歴史	3			
	体育	1		1	
	地理	1			
	倫理	1			
	図工			1	
	製図			1	
	科学			1	
	教練武道			1	
	奥の細道	1			
	国体の本義			1	
旧制女学校	国語		2		
	英語		1		2
	数学				1
	歴史		1		
	図工		1		
	音楽		1		1
	体育				1

項目＼時期区分	B 教科	好き 男	好き 女	嫌い 男	嫌い 女
小学校	国語	4	12		1
	算数	1	6	3	4
	理科	1			
	地理		2		
	歴史	1	1		
	図工	1	2	1	3
	音楽		1		
	習字				1
	綴り方		1		1
	体育			3	3
	写生				1
旧制中学校	国語	3			
	数学	2		5	
	体育	1		1	
	英語	2		2	
	物理	1			
旧制女学校	国語		3		
	数学		4		1
	英語				2
	歴史		4		
	地理		1		1
	体育				2
	音楽		1		2
	化学		1		
	科学				1
	物象				1
	習字		1		
	裁縫				1
	お作法				1
	綴り方				1
	教練				2
	物理				1

項目＼時期区分	C 教科	好き 男	好き 女	嫌い 男	嫌い 女
小学校	国語	4	8		
	算数	3	4		1
	理科	2		1	
	体育	1	1	2	3
	音楽	1		3	2
	習字	1		1	
	図工			2	2
	社会			1	

項目＼時期区分	D 教科	好き 男	好き 女	嫌い 男	嫌い 女
小学校	国語	1	5	2	2
	算数	4	1	1	1
	理科	2			1
	社会	1	1	1	3
	音楽		2	1	
	体育		1		3
	図工				1
	道徳				1

（C、Dは該当なし）

項目	A 教科	好き 男	好き 女	嫌い 男	嫌い 女
新制中学校	（該当者なし）				
新制高校					
その他	専門学校				
	英語	1			
	数学				1
	壮年				
	唱歌			1	
	社会	1			

項目	B 教科	好き 男	好き 女	嫌い 男	嫌い 女
新制中学校	数学	1	2		1
	英語		1		1
	理科				1
	地理				1
	図工	1			
	歴史		1		
	体育	1		1	
	家庭科		2		
新制高校	国語		1		
	数学				1
	図工		1		
	理科				1
その他	青年学校				
	文学		1		
	専門学校				
	英語・物理				1
	栄養学		1		
	大学				
	化学・工作		1		
	生物				1
	その他				
	数学			1	
	理科				1
	歴史	1			
	体育		1		

項目	C 教科	好き 男	好き 女	嫌い 男	嫌い 女
新制中学校	国語	1	6		
	数学	3	1		3
	英語	4	2	1	5
	理科	2	1	2	3
	社会	1	3	1	2
	体育	1		2	
	図工			1	
	音楽		1	2	
	歴史	1			
	保健体育			1	
	技術			1	
	化学		1		
新制高校	国語		1		1
	数学	3			1
	英語	2		4	1
	理科			1	
	社会	1			1
	体育		2		1
	歴史	1		1	
	構造力学	1			
	専門学科	1			
	化学	2			1
	物理	1		1	
	世界史		1		
	機械一般			1	
	暗記				1
その他	看護学校				
	外科看護		1		
	内科看護				1

項目	D 教科	好き 男	好き 女	嫌い 男	嫌い 女
新制中学校	国語	1	2		2
	算数	4	5	1	1
	英語		3	2	2
	理科		1		2
	社会		3	2	
	体育			1	2
	美術	1			
	生物	1			
	技術				1
	化学				1
	古典				1
新制高校	国語	1	3		
	数学	2	3	1	2
	英語			1	4
	生物				1
	古典		3	1	
	日本史		1		
	地理				1
	世界史				1
その他	大学				
	英語			1	
	人会《ママ》学	1			

設問9　あなたが通学した学校の雰囲気はどんなものでしたか、簡潔に述べて下さい。

項目＼時期区分	A	B	C	D
小学校	楽しかった　3 素　　朴 野球ばかりしていた のんびりした中にもきびきびしていた 先生の教えを忠実に守り勉強 遊びと良い雰囲気 ユーモアのない固い感じ 上級生が下級生の面倒を良くみた 先生は尊し 情熱的な教師 教師は良く面倒をみてくれた 個性的で自由な教師 教師の熱意、意欲的 戦時色、軍閥の時代 援　　農 戦時色・軍閥時代、銃後の守り、援農	のんびり楽しかった　6 健康に気をつけること　2 多くの学校はのんきであった 大きな学校で全員仲良く物を大切にした 特別強制はなかった 低学年は楽しかったが高学年になるに従い楽しくなかった。明朗素朴 マンモス校・運動場はいものこを洗うようだった 少人数で家庭的。学校をきれいにした 三階建、鉄筋コンクリート 節度とおおらかさがあった 朝先生に本を読んでいただく 校長以下明るい学校 校長、教師が良い人ばかり立派だった どの先生も厳格で恐しい人 女教師が厳しかった 神社参拝兵士の見送りなどあった 戦争につながる教え、床ふきは軍艦のかんぱん磨き 戦争に勝つこと 勝つため全員心をいつにして協力的であった 知ること、習うこと、すべて国のため	楽しかった　6 貧しかったが元気だった　2 素朴で熱心　2 自由そのもの 楽しい毎日 明るかった 友人が兄弟のように楽しかった 質　　素 の ん び り あたたか味のある学校 学級増によるクラス替えのいやな雰囲気 代用教員が多い 女教師のえこひいき 校風に厳格な教師 個　性　的 担任の個性の影響を受ける 戦後学級増によりいやな思い出 物のない時代で靴の配給 引揚後転校三回したが楽しく明るかった DDTをかけられ暗いイメージ	のんびり　5 環境よくのびのび　2 古い校舎だったがいつもピカピカしていた 家族的であたたかい 先生とよく遊び休日も接した 建物も新しく明るい あたたかい感じ 楽しくもあり厳しくもあった のんびりして月一回映画鑑賞 家　庭　的 素朴で楽しい 暗　　い 少人数で楽しい 正しい規則 平和だった 先生と良く遊んだ放課後も 都会的で若く活発 気にいらない教師がいた
旧制中学校	質実剛健 愉快に通した 先生は尊し 成績が下がって登校苦痛 受験のため努力したが楽しかった 配属将校の特訓で軍事教練が強化 下宿生活よき時代	戦時中で上級生が恐ろしかった 先輩が偉い軍人となり光栄であった 軍国主義を叩きこまれたが、つらいと思わなかった きびしい規則と教練で息苦しかった 勤労動員で援農 友人同志は仲良かった エリート意識で学問に力を入れた	（C、Dは該当なし）	
旧制女学校	明るく楽しい 軍事色が強く規律がやかましい 3年生まで良かったが食糧物資不足する 援農、校庭のすみに食糧を作る 「温而健」が校訓 礼儀を重んじた 先輩後輩の厳しい立場	戦時色一色。先生、上級生に対する敬礼 服装、頭髪など校則は厳しい 国家、軍への奉仕が優先 学校出の若い先生が夢を持たせてくれた 戦争で物資がなくなり、厳しい青春時代 自由な校風が軍隊調に変わる 戦争中で勉強進まず援農や軍隊の作業 学習を落ちついて出来る雰囲気でない 自由な雰囲気 軍国主義、教練があり4年の時銃を持った 動員で勉強がない 戦時中で緊張と重苦しい雰囲気 質素・まじめ・個性的 教室が縫製作業室であった 戦後の学業は懸命で楽しかった 軍国主義・援農・軍事教練。食糧の生産		

時期区分／項目	A	B	C	D
新制中学校	（該当者なし）	ゴム長靴の配給制で苦い思い出 敗戦でよくない雰囲気 食糧難時代で勉強どころではなかった 援　　農 新制中学で模索の時代	規律ある学校　4 良妻賢母を育てる学校だった　2 楽しい毎日　2 個　性　的　2 自由そのもの。家族的で楽しい 栄養不足をおぎなうカンユが配られた 進学に向けて特別勉強（まだそれほどでない） ガリ勉の子もいなくよく遊んだ 先生中心に団結 のびのびしていた。恵まれていた（環境） 男女共仲良かった 学習面、スポーツ面で楽しかった クラブ活動のさかんな学校 勉強に力を入れる 民主主義的な考えを持った教師	規律が厳しい　4 自由にのびのび　2 活気がない　2 生徒会も活発でなく沈滞ムード 全員協力的 楽しくもあり厳しくもあった 家　庭　的 厳　し　い 卒業前、新校舎に入った クラブ活動に専念 自由がなかった 嫌いな教師がいて困った
新制高校		共学になりやっと落ちついた授業 学校は活気に満ちた 社会的な目が養われる ホームルームで政治批判の討論ある 男女仲が良く楽しい感じ	経済復興希望をいだいて努力した 就職難時代 職業高校だったが仲良くまじめに勉強した 進学組と就職組の壁があった 定時制だったので交友が大切に考えられた 下宿生が多く生徒間の連携がない 部活が良かった 校風で実社会の信頼される人になれ 普通学科の指導は軽薄 安保闘争の中教官と話し合った クラス全体、担任ともかかわりうすい 文化祭も他人事のよう 大学受験予備校の感じで苦痛 クラブ活動に力を入れ有意義 先生も生徒も個人の人格を認め合う 他人行儀 厳しかったが楽しかった のんびりしていた 癖のある教師が多く教師により好き嫌いな学科が決まる	統一性（まとまり）の少ない環境 まとまりがある 制服もなく学校行事も生徒自身が自由でのびのび 明るい 大学受験体制にがっちり組み込まれる 勉学意欲がない 個人主義が多い雰囲気 女子高校で活発で明るく、のびのび 自主性に欠ける 先生が手とり足とり指示しすぎた
その他	大学 　割合自由→ダンスホールがまだあった。 旧制高校 　日米開戦→束縛厳しくなる 専門学校 　学習に興味を持ち学力向上楽しかった	大　　学 　物資不足 　年齢ばらばら統一されたイメージない 　敗戦後、実習材料なく学力不足をおぎなう教養的自由があった 　終戦後で米兵が多く自由な外出は出来ない 　食糧難で援農 　教官がとても良い人だった 　敗戦、精神的物質的に生活大変 　民主主義が称えられ自由な雰囲気 青年学校 　目標があり生きがいを感じた	短大 　規律が厳しかった 　もの静かな雰囲気	大　　学 　友人に恵まれて良かった

設問10－1　あなたが良い印象を持った先生はどんな人でしたか。

A	B	C	D
熱心に指導された 規律は自ら守り範を示し熱心な指導 教育に対する情熱 進学指導を無償でしてくれた マラソン遠足で朝早いので先生のお宅へ泊めてもらった（汽車通学だった） 昼食を持ってこられない友に時々ポケットマネーでパンを買って与えていた 正しい行為、良い出来事の時は必ずほめてくれた 常に希望を失わず前進せよ 総ての生徒が尊敬の念をもっていた クリスチャンで朝鮮の若者に尊敬されていた 乳牛を飼って生徒に飲ませた 独身でやさしい やさしい先生 きびきびした先生でさっぱりした先生 みなりが清潔でえこひいきのない人 授業中厳しくても普段はやさしい不公平のない人 不公平がなく気持ちが大きく夢がある 厳　　正 厳　　格 厳しい中にも温かい、信念を貫いた先生 自由主義を主張する人	人間味のある先生 ユーモア、生徒のことを真剣に考えて下さった 無駄な叱りをしない 精神的に大きく包んでくれる 夢をいっぱいつめこんでくれる 包容力のある 常に笑顔で心豊か 正悪をはっきり指導してほめた 生徒を人間として扱いよくほめた 理解度を確かめながら熱のある授業を進める 確固たる信念を持ち、生徒の心理をよく理解 人格高潔 人間としての生き方を話された（僧侶として継ぐため退職、当時の教育に疑問を持たれたのではないかと思う） 生徒一人一人を大切にしてくれた 子ども一人一人をよく理解した やさしい女の先生 明るい性格 やさしいあたたかい先生 温和で物静かで笑顔の先生 質素で厳しく几帳面 厳しくきっぱり批評してくれた 厳しさの中にも生徒ととけあった えこひいきなく皆同じように接してくれた えこひいきない皆にやさしかった 明るく公平	女高師を出たばかりで新鮮で熱心 民主的な考えで情熱的 新卒の先生で熱心 意欲的で問題意識をどんどんぶつけてきた 熱心で教え方が上手 親切で情熱的 豊富な知識とふところの深さで授業した 専門以外でも博学だった 気持ちの大きな先生 生徒を大きく包んでくれた 人間を愛し音楽を愛した素晴らしい人 目立たなくても、コッコツ努力するようていねい、やさしいこと、笑顔が良い 何事も生徒と一緒に考えた 好々爺でよく怒り、よくほめた 思いやりがあり、よい所を引き出してくれた 個性を伸ばしてくれた 法に厳しく、自分に厳しい人 厳格な先生でしたが、どんな生徒にもやさしく接した 厳しいが全部の生徒をよく見ていた 民主的な考えを持ち情熱的 社会科の民主主義を教えた先生（東大の印哲を出て出兵し戦後7年間ソ連抑留、日本の急激な自由化、民主化にとまどい、急成長、自由化に驚いていたのが印象にのこる）	私事時間でも生徒と交流した 言葉でなく深く影響を与えてくれた 人間的に大きく自分たちの意見を取り入れた 無言で他を影響させていた 必要以上の干渉はしないで客観的にアドバイスしてくれた 新任の若い先生で熱心に指導、生徒の気持ちを親身になってわかってくれた おおらかで怒る時は怒り、ほめる時は皆の前でほめる熱血風な先生 心の大事さを教えてくれた やさしい人 わけへだてなくやさしい あっさりしていて平等 よくとけこみ差別しない 楽しく公平だった きびきびしていて明るい きびきびしていて話しやすい人 はっきりしていて明るい ときには厳しいが人気があった 厳しい人 大正デモクラシーの雰囲気をもったロマンチスト センスのいい先生

設問10－2・3　良い印象を持った先生の年齢（おおよその）、性別、受け持った教科名。

項目＼時期区分	A			B			C			D			回答者数		
	男	女	計	男	女	計	男	女	計	男	女	計	男	女	計
20歳～25歳	4	2	6	3	2	5	3	3	6	3	1	4	13	8	21
26　～30	1	1	2	3	5	8	4		4		1	1	8	7	15
31　～35	2	1	3	3		3	1	2	3	5	1	6	11	4	15
36　～40	2		2	4	1	5	4		4	2	2	4	12	3	15
41　～45	2		2	1		1	3		3	2		2	8		8
46　～50	2		2	2		2	2		2	3		3	9		9
51　～55				2		2							2		2
56　～60		1	1	1		1	2		2				3	1	4
年齢不詳										1		1	1		1

項目＼時期区分	A			B			C			D			回答者数		
	男	女	計	男	女	計	男	女	計	男	女	計	男	女	計
全教科	3	1	4	5	3	8	3	1	4	4	2	6	15	7	22
国語（綴方）	2	1	3	5		5	7	1	8	1	1	2	15	3	18
漢文				2		2							2		2
社会				1	1	2	2	1	3	1		1	4	2	6
歴史	2		2				2		2				4		4
公民				1		1							1		1
世界史							1		1				1		1
地理	1		1	1		1							2		2
数学				1		1				5		5	6		6
理科				1		1	1		1	1		1	3		3
物理	1		1				1		1	1		1	3		3
生物	1		1										1		1
化学											1	1		1	1
英語	1		1	3		3	2		2				6		6
家庭科											1	1		1	1
裁縫		1	1											1	1
心理学	1		1										1		1
経済学										1		1	1		1
栄養学		1	1											1	1
美術				1	1	2	1		1				2	1	3
音楽	1		1				1		1				2		2
体育（操）	1		1				1		1	2		2	4		4
剣道				1		1							1		1
音楽以外（全）					1	1								1	1
家庭科以外（全）							1		1				1		1

設問11－1　あなたが悪い印象を持った先生はどんな人でしたか。

A	B	C	D
年配の代用教員（女）字を間違えそれを言うと憎んでテストの点を下げた 大酒飲みで機嫌悪く生徒に当たり散らし教室の雰囲気は最低だった 説明ばかりする先生、感情的な人 学校を出ていないと人間扱いをしない 学校長の娘の機嫌とりの姿勢がみえた 生徒の顔色を見たり、機嫌をとったりする先生 笑いがなく何時もにがい顔をしていた	唱歌のテストの時うたって先生に笑われた 年齢が若く肩ひじ張っていた 乱暴で言葉が汚く不潔で無責任 たいした事ないくせにいばる 生徒を授業に引込む熱意にかける 自分の地位のみ守る 陰険な叱りをする人 狭量で根にもつ感じ 生徒の気持ちを汲み取らない 生徒との理論的な話し合いをさけ、一方的考えを押しつけるタイプ（い力型） 私生活、学校でも真剣、真面目でない教師 早引きする時、嫌味を言った 笑顔のない命令口調で恐怖がつきまとった 同窓会で会ったが忘れたといって聞こうともしない 感情的になる	決断力がなく自分の方針を持たない 事務的に教授する 教育者らしくなく、自分の知識を発表するような態度 生徒の理解度無視 生徒全体をみようとせず偏った見方をする 感清的になり何かにつけていじめられた 間違っていた指導（鶏の卵の孵化する日数）をされた 朝から酒を飲んでくる 高圧的、命令口調 教え方が専門的でなかった 表現力が乏しい ちんぴら学生がそのまま先生になった感じで無責任 不潔感のある先生 短気で自分の思いこみで生徒をしかりつける 底の浅い品性のない教師 いじきたない人 自分の出世に心が向いていて、生徒を好きそうにみえなかった 無能（教科について教える事が出来ない）	言行が一致しない 陰湿な感じ、感情の起伏が激しい やたら規則にうるさい やる気のない者を無視 生徒と友達的なつき合いをしようとして干渉しすぎる 気分屋、感情的 つめたい印象 自分のノートを棒読みする授業 ただ勉強だけ教える 問答無用、頭から正論をぶっつけて注意する 成績のことばかり口にする 独善的で几帳面な人 横暴な人 いやらしい、女の子にさわりたがる お酒の匂いをさせ登校 生徒に干渉したがり、ものわかりよさそうに近づくが、実際は何もわかっていない
えこひいき　3 不公平が強い	えこひいきのある先生 親の職業で子供まで色眼鏡でみ、皆の前で傷つけた 生徒を不公平に扱う 生徒をよりごのみでおこる 家の貧富の差でえこひいき 生徒を区別する 特別扱いをする	小学校でひいきする女の先生、男の先生はからっとしていた えこひいき　2 特定の生徒をつくる人 生徒にひいきをつくった えこひいきの強い先生 生徒の気持ちを知ろうとせず、自分の気に入りの子をかわいがる	えこひいきする　2 えこひいきが強い 差別をする
戦時故か命令的	校長が軍国調で学校の雰囲気がぎしぎし戦争第一となる。校長の意に合わないと教頭以下生徒全員校外でもどなる 配属将校 軍隊的でどなったり、怒ったりする人		
厳罰をもって教育する人	体罰を与えた先生 友人が顔をなぐられ、眼鏡が散った 女の先生にたたかれた（ビンタ） 連帯責任といって、立たされビンタをとられた	悪い所を生徒に注意され、逆にひどくなぐった ささいなことでよく調べもせず頭を叩かれた	
別に悪い先生はない、先生は尊いから 学問的に深い知識を持っていた 凡て尊敬していたから悪い印象はない 特にない	特にない あまりない	いない 特別思いあたる先生はいない なし	なし　2 そういう人はいなかった

設問11－2・3　悪い印象を持った先生の年齢、性別、受け持った教科名。

時期区分 / 項目	A			B			C			D			回答者数		
	男	女	計	男	女	計	男	女	計	男	女	計	男	女	計
～20歳				1		1							1		1
21　～25	1		1		4	4	2	2	4				3	6	9
26　～30				4	2	6	5	2	7	2	1	3	11	5	16
31　～35	1		1	2		2	4	1	5	3		3	10	1	11
36　～40	2		2	5		5	2		2	4	4	8	13	4	17
41　～45	3	1	4	1		1	1		1	1		1	6	1	7
46　～50	2		2	4		4							6		6
51　～55							2		2				2		2
56　～60															

時期区分 / 項目	A			B			C			D			回答者数		
	男	女	計	男	女	計	男	女	計	男	女	計	男	女	計
学校長				1		1	1		1	1		1	3		3
全教科	2		2	3	2	5	3	1	4	2		2	10	3	13
国語	1	1	2	2		2	3		3		1	1	6	2	8
国文学				1		1							1		1
修身		1	1											1	1
社会				1		1	2	1	3	1		1	4	1	5
歴史	1		1										1		1
公民	1		1										1		1
地理	1		1										1		1
数学	1		1	1		1	1		1	1	1	2	4	1	5
算数				1		1							1		1
英語	1		1				1		1	2		2	4		4
理科				1		1	2		2				3		3
化学				1		1							1		1
物理										1		1	1		1
生物				1		1							1		1
力学							1		1				1		1
体操	1		1	2		2	1	1	2	3		3	7	1	8
教練				1		1							1		1
家庭科					2	2				1	1	2	1	3	4
産婆学	1		1										1		1
音楽				1		1							1		1

設問12－1・2　あなたは、先生を「こわい」と思ったことがありますか。

項目＼時期区分	A	B	C	D
どんな時ですか	えこひいきのある先生 げんこつをはられた 修身の担任はこわかった（妥協を許さなかった） いたずらをとがめられた 宿題を忘れた 言葉づかいが悪くて怒られた 大声で顔をまっかにしてどなった 宿題の出来なかった時 記憶なし 先生は立派な人間であると信じて尊敬するものと思っていた わるい先生がいない	朝礼の時校長が台上からどなる 学校教練 失敗を許さない ちょっとした事で体罰を加える先生 忘れ物をした 生徒をよりごのみして怒る、一方的に自分の感清で事を運ぶ 悪い事をしないのに叱られた 失敗するとなぐられ弁解は許されなかった 理由のいかんを問わずおこりちらされた 廊下を走っておこられた 式の練習の時（セキ）をして 問題が解けないとなぐり倒される ちょっとした事にも怒り、すぐビンタをはり、水を入れたバケツを持たせ廊下に立たせた 小学校で戦時中体育の時間 戦時中の小学校の教師全員 感情的になって叱る 先生は偉い人だと思っていた	戦　時　中 教室でさわいでどなられた 差別する 女性教師で気に入らないと暴力を振るうのを見た 叱られた ひどい体罰を加える 思いちがいで権力をふるった 先生の感情でヒステリックになって大声を出した 小学校の時意味もなく首をつかまれた 悪いことをした生徒が叱られた 物理、数学などスラスラ解く時	本気で叱られた チョークをぶっつけ竹のぼうなどで友人をたたいた おこって威圧的 自分があやまちを犯した時叱ってもらう 中学校の時、どなったり、なぐったりした たたかれた 叱られた 自分がよくない事をした ぶたれた時小学校3、4年頃 先生が感情的になった なぐる いつも目上の人

	項目＼時期区分	A			B			C			D			回答者数		
		男	女	計	男	女	計	男	女	計	男	女	計	男	女	計
こわいと思ったこと	ある	6	3	9	10	10	20	5	7	12	6	7	13	27	27	54
	ない	5	4	9	2	11	13	6	9	15	3	5	8	16	29	45

設問13－1　あなたが当時使った教科書で、印象に残っているのはどんなところですか。教科名と印象に残った内容や題名を示して下さい。

時期区分／項目	A	B	C	D
国語	歴代国文学　古典文学 真の知己　真の友情と真心は人の心を動かした 太平記　落花の雪に踏み迷う片野の春の桜狩り… 奈良　七代七十余年の帝都として咲く花の… パラオ島便り　昔、日本委任統治地だった南洋群島の様子 青のどう門　悪いことをした人が罪ほろぼしのために山にトンネル掘って通る人に便利をあたえた 奥の細道 西山荘の秋　水戸光圀が大日本史を編纂した話 文語体文法 口語体文法	肉弾三勇士 兵営だより　入営したいとこからの軍隊生活の便り 水師営の会見　乃木将軍とステッセル将軍 東郷元帥　人に迷惑がかからないように危険が迫っても頑張り通したところ 今から考えると知らず知らずのうちに勤皇少年になっていた 作文や標語（戦争と結びついたもの）を書かされた 外来語をすべて日本語に直す サイタ　サイタ　サクラガ　サイタ ネズミノヨメイリ いなばの白兎 おおかみと少年 浦島太郎 もつれた糸をハサミで切らずほどいて使用する話 「七重八重花は咲けども山吹の…」と小娘が吟んだ歌の意味がわからず学問にはげんだ 小学校上級で文語文が出て来たこと くもの糸（芥川龍之介） 偉人の話　伊藤博文・ワット・コロンブス・レントゲン 女学校　夏目漱石などの文学作品・古典文学に接した 大阪・朝鮮とか知らない土地の紹介文が出ていた 漢文：戦争に関する部分墨で消された 国語 修身 等：終戦を境にある日突然、教科書に文章が成り立たない位、黒いすみを塗って、間もなくそれを取り上げられた	神武天皇が手に棒を持って立っていて、その棒の先に金のたか（鵄）が止まっている絵が印象に残っている イソップ物語 アリとキリギリス ものがたり かぐや姫　うらしま太郎 わにざめ　月とうさぎ 戯　曲　　夕鶴 「君死に給う（たまふ）ことなかれ」の詩	舞　姫　　森　鴎外 “レナド”　鹿の話 「形」　菊池　寛 「心」　夏目漱石 夜鷹の星 夕　鶴 詩の鑑賞 奥の細道 平家物語 智恵子抄 道　程 宮沢賢治の詩
教科書名記載なし	いなばの白兎　大国主命の博愛 日本武尊　忠誠と悲運 金の鵄　神武天皇の大和平定 大化の改新　中臣鎌足と中大兄皇子 和気清麻呂　打覇忠誠 桜井の別れ　楠公父子の忠烈 松坂の一夜　本居宣長の学問 吉田松陰　偉大な教育者感化力 水師営の会見　乃木大将の寛大 フランス革命　貴族・僧侶階級の打破　自由・平等・博愛 アメリカの建国　リンカーンの奴隷解放		黒くすみをぬった教科書	
修身	忠君愛国　木口小平は死んでもラッパをはなさなかった 夫婦相和し、兄弟に友に、朋友相信じ、恭倹己を持し、博愛衆に及ぼしは、今でも必要な考え方である 自立自営　福沢諭吉のこと 中江藤樹　母が厳しく子どもを育てた	野口英世（手にやけどをしたため医師をめざした人）　2 キグチコヘイハ、シンデモ、ラッパヲ　ハナシマセンデシタ 木口一等兵は死んでも口からラッパをはなしませんでした、壮烈な印象を受けた 小（木）口コウ平（死んでもラッパをハナシマセンデシタ） 東郷平八郎 たじまもり（日本にみかんを入れた人） 二宮金次郎　家のため働きながら勉強した		道徳：ジャンバルジャン

設問13－2　あなたが当時使った教科書で、印象に残っているのはどんなところですか。教科名と印象に残った内容や題名を示して下さい。

時期区分／項目	A	B	C	D
算数	珠算　加減乗除の計算	割合の計算 四則計算（＋－×÷）少数分数整数が中心	つるかめ算 数学　幾何	ピタゴラスの定理 図形の証明問題
歴史	5ヶ（五箇）条のご誓文（明治天皇） 死んでも口からラッパをはなさないというところ（でたらめだ） 天皇陛下万歳（出征兵士を送るとき） 兵隊（軍属）で天皇陛下万歳といって死んだ者は一人もいない。（まったくでたらめ教育）妻や子供、家族の名を呼んで死んでいる…100% 源平盛衰の哀れ、特に女性達の哀れさ 徳川三百年を築いた家康は狡猾ながら立派なものと思う。現代にも通ずる線があるかも 鳴かずんば殺してしまえほととぎす（信長）…鳴かせてみせよう…（秀吉）…鳴くまでまとう…（家康） 封建社会　武士階級の興起 人格の自由と平等を認められぬ不平等の社会	平清盛が朝廷に反旗をひるがえそうとした時、子の重盛が「忠ならんとほっすれば孝ならず」と言ったこと 年表による歴史的なもの　菅原道真 チグリス・ユーフラテス川の流域は世界の文化発祥の地である 新しい日本 終戦で日本の国が新しく変わる。そのためには憲法も変えなければならない。新しい憲法では戦争放棄と天皇は国の象徴であると教えていた		
地理	南米の国の形をよく覚えている ベスベヤス（ベスビオのこと）	日本を含めて主に東南アジア・支那（中国）・朝鮮・満州・インド・フィリピン・ジャワ・スマトラ・マレーシア等が中心であった 女学校の地理の時間、地図で日本と日本統治の所が赤とピンク、それが旧満洲・台湾・樺太・千島・等々戦勝で南洋群島にまで広がり、アジアをおさえた形でした。忘れられないのはシンガポール占領後、ただちに日本名で昭南島に変わった		
公民		性善説と性悪説		
体育・教練	軍事教練 （中学1年よりある。年1回野外教練。3年のとき、陸軍大演習で天皇陛下の前で分列進行。4年生、師団兵舎で1泊訓練） 軍事教練　なぎなた	防空壕掘り　2 教練と行進ばかりだった 腕立てふせ　　なぎなた 騎馬戦		
英語	Boys, be ambitious.	春が来た　スプリング　スプリング	1ページ目　I am a boy. 英語が非常に新しいものに見えた	高校　タイタニック号についての話
理科	鉱　業　採炭技術の修得	生物学習　人体の各部 実験・大学の学生の実験見学	化　学	物質の三体 生物の進化・遺伝
音楽図画	中学時代は進学校であり音楽・図画は1年間だけだった	小学校唱歌、女学校の音楽の本（両者とも懐かしい）		小学校　君が代 富士山の曲
その他	商　業　簿記計算　小切手の書き方　2 産婆学　分娩のところ			

設問14－1　あなたが学校生活の中で一番楽しかったのはどんなことですか。

項目＼時期区分	A	B	C	D
小学校	遠　　足　7 運　動　会　4 修学旅行　3 学　芸　会 野球・スキー・水泳　各1 綴　り　方 弁当のある日 先生にほめられる 友だちと遊ぶ（ドッジボール・縄とび等）　4 友だちと小説らしきものを書き投書した 夏休みに母と町へ買物に行った	運　動　会　7 遠足・スキー遠足　4 修学旅行（終戦直後6年生のとき、修学旅行が海水浴にかわり貨車で行った） 修学旅行 学芸会・全校雪像作り・雪戦会 キャンプ・海水浴 ドッジボール・スキー・水泳　}各1 綴り方が雑誌にのせられた 援農でおはぎをご馳走になった 慰問袋作り 先生に童話・美しい物語を聞いた　2 担任の教師と山登り・海・川で遊んだ 友だちと遊ぶ　4 友だちと語り合い、話す　2 田舎で野山をかけまわった	運動会　4 修学旅行（札幌・小樽へ汽車に乗って行ったとき初めて海を見た） 修学旅行 学　芸　会 先生と仲良くできた 友だちと遊ぶ 友人とサークルを作った　9 終戦直後小学校1年生だったのですべての人がすべてのものをわかちあう精神が徹底していて素晴らしかったと思う	遠　　足　2 修学旅行　2 勉　　強　2 スポーツ（サッカー・ドッジボール）　2 運動会の催物 文化祭（自由連帯感） 映画鑑賞 植物・動物の世話をした 田植え・稲刈り・もちつき 先生と学校内外で接した　2 友だちと遊ぶ　3 良い友人を得た いじめた（白痴の人） 毎　　日
旧制中学校	修学旅行（弟子屈・阿寒方面） 登　　山 よく学ぶ 馬術部で活躍した 野外教練（飯ごう炊飯で牛缶を食べた） 体　　操 よく遊ぶ コ　ン　パ 夏休みに養蚕の手伝い	修学旅行・学校行事 戦争中、工場で働く（勉強をしないで） 援　　農 剣　　道 音　　楽（クラシック） 友人と問題を解き合う、議論する 数人の限られた友人と人生について語る	（C、Dは該当なし）	
旧制女学校	明るく楽しい 修学旅行　2 修学旅行（聖地参拝旅行） 新しい知識を覚える 物資も不足でしたが、級友が同じ気持で勉強に作業に運動にうちこみいじめがなかった 友達と会う・友人との語らい　2	援農で合宿をした　2 運動会・全校マラソン　2 聖地参拝旅行（S・17.12東京・京都・奈良） 遠足・野外炊飯・旭岳登山　各1 音　楽　会 冬は毎週スキーに行った 音楽の時間　先生がよい音楽を聞かせてくれた 先生の家で遊びご馳走になり、写真をとった 友人と話し、語り合うとき　3		

設問14－2　あなたが学校生活の中で、一番楽しかったのはどんなことですか。

項目＼時期区分	A	B	C	D
新制中学校	（該当者なし）	遠出の遠足（往復40km） 校庭で雪像づくり（2・3年） 学　校　祭 クラブ活動 全校生徒で兎を飼って体育館の建設費を助け表彰された 全校生徒で労働力を提供、グラウンドの整理をした 英語を覚えた あるがまま受け取る感じ	修学旅行　4 クラブ活動　2 クラブ活動（卓球部） 文 化 祭 援農に行った 勉強する意欲が湧き成績上り充実していた いろいろな知識が掘り下げ考えられる 学校図書館を利用し読書ができた スポーツ（野球） 対等に議論が成立した（生徒仲間と教師） 好きな子が隣の座席に座った時	修学旅行　4 クラブ活動　2 運動会の催物 スキー遠足など 中1の時の学校祭 クラスがまとまっていた 友だちと話し合いをしていた時 毎　日
新制高校		汽車通学で多数の友だちと仲良しになれた 自分をみつめる事が最大の楽しみ	修学旅行　4 測量実習旅行 運動会の仮装行列・クラス対抗球技 部活　俳句の個展を開催した 皆が協力して一つの作品を造り上げる 部外で宗教研究クラブを創設 同好会で勉強以外で協力し合った 友人との語らい	修学旅行　2 学 校 祭 学校祭（フォークダンスなど） 年一回の文化的鑑賞（劇・ピアノ） クラブ活動 良い友人ができた 友人とおしゃべり
その他	低学年を教えたことがうれしかった 鎌倉・江ノ島へ遠足に行った パーティー等をしたとき 専門学校 　スケート部で張り切った 大　　学（昭和15年頃） 　朝鮮から学生がたくさん来ており、皆仲良く自由を楽しんでいた	青年時代　演芸会 旧女子専門学校 　知らないことがたくさんあるのが解って、知識欲が少し満足させられた 　3年生の時、戦後初の文化祭をした 大　　学 　スポーツで京都・名古屋へ行った 　徹夜で実験学習した 　親から離れて下宿した 娘時代に家業手伝いのため、高校進学せず、その代わり、早朝、夜、茶道・華道・書道等を楽しく懸命にした	大　　学 　クラブ活動で巡回に行った 　友だちと議論した	大　　学 　コンパ 　仕送りも十分でなく、お昼も満足に食べられないこともあったが、サークル活動で、先輩と議論したり、自分とじっくり向き合った。自主研に取り組んだりと食べるために働かなくてもよい時間を持ったことが今になってみれば、大変良かったと思っています
ない	楽しかったことはない 戦時中で楽しいことなどするひまがなかった。防空演習・援農のため		楽しかったことはない　2 特にない	

設問15－1　あなたが学校生活の中で、一番いやだと思ったことは何ですか。

項目＼時期区分	A	B	C	D
小学校	元旦に神社参拝する 出征兵士を見送った 体操の鉄棒 宿　　題 夏冬休みの日記 嫌いな先生に会うこと 先生のえこひいき いたずらして1時間たたされた 転校が多かったので友人関係で苦しかった クラスのボスにいじめられた 新しい靴を下駄箱に入れて盗まれた	式典の時、校長先生の長い訓示　2 冬の朝礼、夏の外での朝礼（毎日） 運　動　会 戦争中のため行軍（遠足と称して）山に植樹 身体検査 転校による学科のおくれ（音楽・分数・国語）　2 テ　ス　ト 1日1人ずつ皆の前で話をする 6年生の時、女学校に推薦入学されなかった 教師による差別 連帯責任といってよくたたかれた 廊下に立たされた 校長の息子が1年上でボス的存在だった 昼弁当の時間 身体をこわして病院に入院させられた 早引きしなければならなかった	運動会・徒競走 朝から酒をのんで来てろくな授業をしない受持ちの先生 先生が特定の子ばかり指名すること えこひいき 先生のめんこと言われた 高学年の時、先生の身なりがだらしなかった時 1年生の夏休み大病してプールで泳ぐことも出来ず見ていた、以来体育苦手 家が農家の分家で人手がなく友だちと遊べなかった 小柄だったせいか、女の子にバカにされた 身体的欠点をからかわれた 会費の集金	校則にしめつけられる 運動会のかけっこ グラウンドの草取り 給　食 学業が思いどおり進まなかった テスト～国語のテスト（漢字） 下校時に男の子にいじめられる
旧制中学校	雪中軍事教練をした 教練実習 学習について行けないで悩んだ 寄宿舎で舎監に寝てて返事しておこられた	担任教師が一方的に鉄けん制裁を加えた（生徒に対する誤解を解こうとしなかった点） 掃除当番 終戦になり教科書がかわって学力がついていけなかった 数学の試験	（C、Dは該当なし）	
旧制女学校	戦中のため、学生本分の勉強が出来なかった 野菜の虫を素手で取ったり、すべて勝つための授業であった 身体検査 試験が始終ある 炎天下練兵場で軍事教練	卒業アルバムなし　2 修学旅行なし 勤労奉仕ばかりで夢がもてない 防空訓練・援農等暗い 耐久マラソン 4年生の時の校長先生が特に軍国主義 軍事教練　2 試験・テスト　2 なぎなたのけいこ　お作法の時間　各1 意地悪先生の宿題　体育測定　各1		

設問15－2　あなたが、学校生活の中で一番いやだと思ったことは何ですか。

時期区分／項目	A	B	C	D
新制中学校	（該 当 者 な し）	母のお産で修学旅行に行けなかった	運動会・徒競走 中間・期末テスト 補習授業 体育の授業 教師の体罰 修学旅行で先生の醜態を目にしたとき 先生が弁当のおかずを見て廻った 友だちとうまく折りが合わなかったとき	学力に応じてのクラス編成 制服のスカートの長さ 一斉清掃 試験・テスト　3 先生の知らないことで、生徒が何か悪いことをしてばれたとき、級長である私が告げ口をしたようによく言われた 友だちとけんかをした 仲間にとけこめなかった 担任とクラス生徒の仲が悪かった
新制高校		テストが苦手	大学受験校のため勉強のみで和がなかった 体　育　スキー 数学教師の能力（不足） 担任との対話がなかった 貧しくて全日制の高校へ進学できず、昼は家業を手伝い、夜間学習は眠かった	試　験　2 受　験 勉　強 制　服
その他	高　等　科 先生の奥様が病気のため毎日自習が多かった。男女一緒だったので級長として男性と交替授業しあった 専門学校 規則にしばられて自由がなかった 女学校を出ていなかったので	旧女子専門学校 女学校で物理の基礎が出来ていなかったので問題が解けなかった 大　　学 食べ物に飢えていて、昼のお弁当やおかずがとられた 寮監先生の猫足の巡視 食料不足だった、仕送りが少なかった	奨学資金を受給していたので、テストは常にトップクラスに入らなければならず、自分の子どもには受給させてはいけないと常に思っていた	小学校から一貫して友人と共通の話題が少なかったので疎外感を味わった
なし	いやだと思ったことない　2 特にない　2	いやだと思ったことない　3	いやだと思ったことない とくになし 別になかった（自分の世界持っていた）	いやだと思ったことない　4

設問16　あなたは、どんな人になりたいと思っていましたか。

A	B	C	D
社会のため　2	非常に先生が好きで教師になりたかった　2	技術者でその道では一流と言われる人間	社会に役立つ人
先生は立派な人と思ったから私も先生	看　護　婦　2	自分に実直に人の役に立つ努力する人間	他人に批判されることを恐れずにすすむ人間
小学校の先生がよかったからそのような先生	戦時中お国のために少しでも役立つ人	世界的に活躍する人になりたかったり、平凡な人になりたかったり——複雑	自分が好きな楽しいと思うことをできるように
立派な軍人	軍　　人	お金持ちになりたいと思っていた	自分のやりたいと思うことをできる人間
思想的方面で愛国的な活動をしたい	職業軍人になりたい	やりがいのある仕事を持って生きるような人	よく目をひらいて社会をみよう
外　交　官	兵　　隊	他の人に迷惑をかけない人間	人に対してやさしい気持ちをもつ
戦中でしたので少しでもお国のために	自分の身辺にいる人に役立つ生活をしたい	良い妻、良い母	思いやりのある人
ブラジルで農業経営者になりたい	みんなに役立つ人になりたいと思った	素直に人の哀しみを分かちあえる人になりたかった	人からよく相談をもちこまれるようなたよれる人
健康な平凡人	人のためになる偉い人	責任感と思いやりのある人間	自己中心じゃない人
平凡な女性	他の人々のために少しでも役立つことを目標	自分の考えをしっかり持つ	自主的な人間
思いやり	豊富な知識を持ち、信念を持ち、社会に役立つ人間	責任感のあるまじめな人	平均的なサラリーマン
自分に厳しく生きよう	自分なりに出来ることは進んで行動する人	囲りの人に思いやりのある人	漠然とだが偉い人
分をわきまえる人間	自立自尊で独立者になりたいと思っていた	自分に素直	デパートの店員
心の大きい人になりたい	早く大きくなり、お金をたくさんとり親様に楽をさせる	人の心の痛みのわかる人間になりたい	科　学　者
心の広い温みのある人間	お金持ちになって家を助けたいと思った	公　務　員　2	
責　任　感	自分の好きなことを仕事にできる人	教　　員	
責任感の強い人	自立出来る人	社　長、重　役	
親に心配をかけない	やさしい心豊かな人になりたい	仙　　人	
人に迷惑をかけない	一生懸命生きなければならないと思った	化　学　者（キュリー夫人）	
良妻賢母	一生懸命勉強	正義感の強い人	
音楽の先生	物わかりの良いやさしい人	うそをつかない人	
音　楽　家	親に心配をかけない	どんな人にも平等に接する人	
絵　描　き	明るく思いやりのある人		
芸　能　人	平凡でありたい	考えたことはない	
エンジニア	良い日本人	たいして考えたことがなかった	あまり考えたことはなかった
	立派な妻母		特に考えてはいない
たくさんの本を読もうと思った	立派な人		
	母のような人		
	老人にやさしく声のかけられる人		
	心の自由な人		
	自分をしっかり持った人		
	良妻賢母		
	親孝行、兄弟仲好く過ごせるような人間		
	技　術　者（船員、板前）		
	画　　家		
	スケートの選手		
	人の上に立つ人		
	絶対に兵隊にだけはなろうとは思わなかった		

設問17　あなたの友人たちは、どんな人になりたいと思っていましたか。

A	B	C	D
軍　　人　4 アフリカ探検家 よいお嫁さん 大和なでしこが女性の理想 誠実な妻や母 医　　者 教　　員 国　　鉄 エンジニア 立派な主婦 夢も希望もないようにみえた	先　　生（教師）　4 軍　　人　3 軍人が多かった 男友だちは兵隊に行きたい 戦前は男は兵隊さん 立派な社会人 少しでも社会に貢献できるよう努めている人がほとんど 嫁　さ　ん 立派な日本人 結婚が第一の望み 良妻賢母 気持ちのきれいな人 がまん強い人 洋裁の先生 弁　護　士 警　　官 サラリーマン 美　容　師 女は看護婦さん 戦後は男女とも先生 人の上に立つ人間	先　　生（教　員）　3 一生仕事を持って自立する 女性ですので幸せな結婚 早く自立したいと願っていた 銀行マン 公　務　員 社　長、重　役 良い奥さん	世界平和のためになるような人 社会に役立つ人 異性に負けずに仕事ができる人 野球選手 医　　者 看 護 婦 スチュワーデス

設問18　あなたの両親は、あなたにどんな人になってほしいといっていましたか。

A		B		C		D	
迷惑をかけない	3	人のために役立つ	4	迷惑をかけない	6	迷惑をかけない	4
忠実に家業をつぐ	2	経済的に自立できる人	3	思いやり	3	おもいやり	3
仕事をよくする	2	迷惑をかけない	3	まじめ	2	健康	2
倹約		平凡	2	やさしい	2	やさしい	2
親切		良いお嫁さん	2	素直	2	人に頼らない	
人の表に立つ		軍人	2	家業をつぐ（農業）		自活できるだけの力を持った人	
親兄弟に心配をかけない		正直な人間	2	自分のきめたことをやりぬく		素直	
堅実な心		体を丈夫に		人間味のある正義感の強い人		普通の人	
やさしい心		精神生活を持つ人		豊かな生活ができるよう願っていた		明るく元気	
よい家庭を営める人になれ		愛される人		責任感		周囲の人に喜ばれるような人	
真面目人間		素直に育って		正直		友だちを愛し友だちに愛される	
親を大切に		君に忠		誠実		先生（教師）	
世間に役立つ人間		親に孝		意志強固		人のために生きる人	
貞淑な奥さん		何事も一生懸命誠意をもってやること		身分相応な暮らしをする		明るい子	
平凡な一市民		人に親しまれる人物になること		率直な人			
立派な一人だちできる男		自分のためになるよう本をたくさん読む		あたたかみのある人			
思いやり		友だちを大切にすること		結婚して平凡な主婦			
自分に厳しく		よく働く		人のために尽くす			
人をふみたおしてはいけない		利口な人		子どものために自分を犠牲			
人の振り見て我が振りなおせ		親より偉い人になること		一生懸命に生きる人間			
親の言うことはなんでも素直にきく		良妻賢母		礼儀正しく			
国のため		女として幸せになってほしい		受けた恩は忘れない人間			
社会のため		常識のある正しい人間		「天につばするな」「良い種をまいときなさい」			
素直な人		幸せな結婚		他人に親切			
ひかえめ		手職を身につけさせる					
おとなしい		強く生きていけ					
辛抱強く我慢しなさい		責任					
よく働きなさい		親しまれる人物					
しっかりした職業を持つ		自分のことは自分でできる人					
たくましい人間		やさしい思いやりのある人間					
		人を裏切ることだけはしない					
		世の中に役立つ人					

設問19－1・2　あなたが出会った先生たちは、あなた方生徒にどんな人になりなさいといっていましたか、簡潔に示して下さい。あなたはその時どのように受けとめましたか。

時期区分／項目	A		B		C		D	
	先生の言葉	生徒の受けとめ方	先生の言葉	生徒の受けとめ方	先生の言葉	生徒の受けとめ方	先生の言葉	生徒の受けとめ方
小学校	正直でよい人になれ 2 立派な人 2 忠義と孝行 親孝行 誠実、勤勉、健康 世のため、人のため 軍人になるよう 目上の人に口ごたえしない 特に言われたことなし	世の中には悪い人も多いので教え通りにはいかない 従　順 その通りだと思った そうなるしかないと思った 国に尽くす 仲々むずかしい 親の言いつけを素直に聞く	国の役に立つ人 8 立派な日本人 2 親には孝 2 立派な軍人 君には忠 いつも必要とされる人 指導し、尊敬される 皆、仲良く、元気な子 勉強する子 職を身につける 素直、努力、勤勉	本当にそうだと思った 4 国すなわち天皇のためになる人 そんなものと思っていた どんな子たちとも仲良かった 偉くなろうと信念をもつ だますより、だまされるほうがよい その通りと思い、運動、学習に励んだ 先生のことを信じた	やさしい人 2 立派な人 世の中の役にたつ 善悪をわきまえ行動に責任をもて 目上の人を尊敬 まじめな人 きれい好きな人	その通りだと思った 人のため正しく どうだったろう	野口英世博士のような人 根気よくとりくみなさい 特に記憶にない 3	人のためになるよう いいことだと思った
旧制中学校	えらい人とは人の犠牲になる 青年よ大志を抱け 教育勅語の実践 しまれ、がんばれ 誠実な人間 高等普通教育 国のためにつくす	大臣になれないからそう思った よい語句だなーという位 堅忍持久 スポーツをして身体をきたえよう そのように努力した 基礎かなと思った	国のためになれる人 2 立派な兵隊 自分の言動に責任をもて 軍人になって国のために尽くす	判断がつかないで終った 軍人として志願するつもり そのまま 一日も早くそうなりたいと思っていた	（C、Dは該当なし）			
旧制女学校	国のため（国家に役立つ女性） 親孝行 努力次第でみな優等生になれる 良妻賢母	その通りと思っていた まあまあの成績で卒業出来れば良い 天皇のために尽くす お国のためすべて我慢	良妻賢母 3 正直に生きる 2 国や親の方針に添うよう 2 立派な日本人 2 戦争に協力するよう 智、仁、勇の校風 何事にも一生懸命努力する	国民の義務として出来る方法で全力を尽くす 努力した 皆まじめだった 自分の都合のいいように解釈 自由がない 国のため苦しいけど頑張ろう				

時期区分／項目	A		B		C		D	
	先生の言葉	生徒の受けとめ方	先生の言葉	生徒の受けとめ方	先生の言葉	生徒の受けとめ方	先生の言葉	生徒の受けとめ方
新制中学校	（該当者なし）		自由、民主主義 人のために尽くせる人間 男女同権 平　等 戦争放棄	精神的なことより食べるほうが先 よくわからなかった まず自分の生活を固める アメリカを手本にすれば良い	責任をもてる人 2 世の中の人に役立つ 2 良い妻・良い母 はっきりものの言える人 知に働けば角が立ち情に棹させば流される やりたいことをやれ	戦後で先生もはっきりした事は言わなかった すばらしいだんなさまをみつけよう そうだなと思っていた 今はとても大事なことと思う 多少は反感をもつ むずかしい言葉	愛国心を持て 中学生らしい生活	よくわからなかったが今になって感じる
新制高校			男女同権、新憲法の精神を守る	新しい考えでいかなければならない	社会に役立つ人 良妻賢母	関心なし		
その他	（専門学校） 大東亜共栄圏の戦士になれ （高等科） 国のため陛下のため一生懸命勉強せよ 女三界に家なし 忠義と孝行	その通りではないかと思った 一日も早く国の役にたちたい 学問がないと立派な人間になれない	（女　専） 人間は3階建てである1階は植物的、2階は動物的、3階は人間的 （大　学） 新憲法のもとに平和、民主主義を教えられたなどを常に心がけよう 自由、男女平等	理性による人生観をつみ上げる 多くの人とつきあおう 自由が大事 自分に責任をもつ	（大　学） 民主教育をするように受けた教育は社会に生かす	そうしたいと思った 世のため人のため役立つ		常識をもった人

設問20　あなたは、あなたが受けた教育をどう思いますか。

項目＼時期区分	A				B				C				D				回答者数			
	男	女	計	(%)	男	女	計	(%)	男	女	計	(%)	男	女	計	(%)	男	女	計	(%)
たいへんよかった	4		4	19	2	1	3	10		2	2	7	1		1	5	7	3	10	10
よかった	5	4	9	43	1	6	7	23	7	12	19	68	6	7	13	62	19	29	48	48
よかったとは思わない	1	2	3	14	5	7	12	40	1		1	4	1	2	3	14	8	11	19	19
その他	2	1	3	14	2	4	6	20	1	1	2	7	1	2	3	14	6	8	14	14
回答なし	2		2	10		2	2	7	2	2	4	14		1	1	5	4	5	9	9
計	14	7	21	100	10	20	30	100	11	17	28	100	9	12	21	100	44	56	100	100

設問21　あなたは、「教育基本法」を知っていますか。どこで（なにで）知りましたか。

項目＼時期区分	A			B			C			D			回答者数		
	男	女	計	男	女	計	男	女	計	男	女	計	男	女	計
知っている	9	6	15	8	13	21	7	8	15	5	5	10	29	32	61
知らない	3	1	4	2	7	9	3	7	10	4	4	8	12	19	31
計	12	7	19	10	20	30	10	15	25	9	9	18	41	51	92

項目＼時期区分	A	B	C	D	計
新聞	5	5	1		11
本	1	5	2		8
テレビ	4	1			5
学習会		3	2		5
学校			2	3	5
六法全書		1	2	1	4
大学の授業		1		2	3
マスコミ	2				2
職場	1				1
保育園の委員会	1				1

設問22　「教育基本法」が「日本国憲法」に基づいて作られているのを知っていますか。

時期区分／項目	A			B			C			D			回答者数		
	男	女	計	男	女	計	男	女	計	男	女	計	男	女	計
知っている	11	5	16	9	13	22	8	9	17	6	8	14	34	35	69
知らない	1	2	3	1	5	6	1	6	7	3	5	8	6	18	24
どこで（なにで）知りましたか	テレビ　4 新聞記事　3 マスコミ　2 職　場 お 話 で 当然だと思う（自分一人で） 保育園運営委員になって 『教育の再生』野口恒樹著			本　6 新　聞　2 憲法を学んで 歴史の会 市民運動の学習会 六法全書 学校の教科 法律の原点は憲法である はっきり思い出せない			学校の授業　4 本　2 学 習 会 文　献 大学の講義			大学の講義（法律）　2 新聞紙上 公民の授業（中学）					

設問23　「教育基本法」「教育勅語」の基本的な違いはどこにあると思いますか。

項目＼時期区分	A	B	C	D
教育基本法	個人の人格尊重　6 民主的教育　5 新　憲　法　3 自　主　性（自発性）　2 平和な文化国家を国民の手で　2 法　　律 デモクラシー 内容的に無国籍 国家意志は排除され占領目的に従属している	民主主義　8 個人尊重の教育　3 主権は人民にあり　2 平和主義　2 平等な権利　2 個人としての人格形成のため 自主的に責任ある行動 デモクラシー 人権尊重 児童中心 社会のため私のための教育 個人のための教育法律 人　間　性（基本的人権） 教育を受ける権利（平等） 教育の機会均等 自由尊重	自由平等　3 民主主義　2 個人の人権尊重　2 人間尊重　2 思想の自由 個性を伸ばす 人格の形成 平和・愛 真理と正義を求める 教育の機会均等 個人的目的	民主主義　2 平和主義 教育の機会均等 学問の自由尊重 国会の制定、民意の反映 自由主義的
教育勅語	道徳を重んじた教育の原点　2 命　令　的　2 画一的人間教育　2 公（国家）を重要とする　2 忠孝を中心に守るべき道徳　2 明治時代の教育の根本理念 明治憲法 行為の軌範 皇祖皇宗の遺訓として歴史と伝統の上にある 天皇自ら率先実行誓約される呼びかけ 天皇帰一 国家思想統一	国家主義　5 軍国主義　4 天皇帰一（皇室中心主義）　3 儒教に基づいた道徳（仁義、忠、孝、君臣、父子の教育）　2 主権は天皇にあり、神話的国体観（国に命を捧げる） 富国強兵 国体の本義に立つ道徳感 教師中心 戦争のための教育 全体主義 公に尽くす人を育てる 教育への政治介入（言論）	国家中心　2 思想の統一 挙国忠義をうたった 画一的な人間 国家統制 あるべき人間像 愛　国　心（義勇公に奉ず） 国を守る教育 お上からの教育（上意下達）	天皇のお言葉神格　2 国家主義、能力主義、軍国主義の教育の強制 強制的思想的
その他	時代によって考え方とらえ方が違い立場によってもいろいろある わからない その時代の方法によるもので教育そのものに変わりはない	わからない 現実はあまり違っていない 義務教育になったこと 制度的な教育体系（内容）	民主主義に関する考え方の違い 基本の違い 両者は根本的に異なっているので、この比較は意味がない	勅語は知らない 根本的に異ならないと考えるその運用に問題がある。真理を導くようにすること 勅語を読んだことがない

設問24　あなたは、あなたの子どもたちにどのようになってほしいと思いましたか（思いますか）。

A		B		C		D	
健康であること	5	他人に迷惑をかけない	7	人に迷惑をかけない	9	やさしく思いやりのある人	6
素直で責任感のある人	5	人の心の痛みがわかる	7	思いやりのある人間	4	人に迷惑をかけない	3
人に迷惑をかけない人	4	思いやり	5	心のやさしい人	3	人の悲しみ（痛み）をわかる人	2
人を思いやる	3	責　任　感	5	強い気力と行動力をもつ	3	前向きに人生を切り開いていく	
国を愛するひと	2	健　　康	4	平和と自由のため努力する	2	個性的で明るい人	
家庭仲良く	2	行動力のある人	3	平凡であること	2	友人を大事にする	
感謝の気持ちを忘れない	2	自立する人間	3	人の痛みがわかる	2	素直、正直	
正直な人	2	人との交わりを大切に	2	健康（心身ともに）であること		正しいと信じた事を行動に出来る	
よい日本人たれ		素直な心	2	十分な教養をつける		他人の犠牲の上に自己の幸せを築かない	
人としての道をはずさない		謙虚さをもつ	2	他人と協調する		他人、自分に負けない人間	
自己抑制が出来る		地球人としての視野をもつ	2	真理を見抜く		生きがいをもって生きていく	
社会に対して存在意識を自覚する		正　義　感	2	まじめに働き結婚してほしい		強い子ども	
誠実、勤勉、創造		正邪のけじめをはっきり	2	人間性豊かに		のびのびとした人間	
知識を豊かにして世の中に役立つ		真理を愛し勤労と責任を重んずる	2	正義感の強い人		国際人になってほしい	
愛情豊かで親切な人		内外に目を向けて見ることが出来る	2	気力、体力が充実		人間としての能力を伸ばしてやりたい	
自分の才能を十分に生かせて自活出来る人		世のため、人のために貢献できる	2	知的好奇心をもつ		しっかりと自分というものを持っている人	
人間味あふれる一市民になってほしい		時代が変わっても生活出来る		努力する人			
目上の人、友人にけじめがある		個性を生かし趣味をもつ		常識をわきまえた人間			
常識を心得ている人		誠　　実		自主的判断ができる			
分をわきまえる人		兄弟仲良く		公徳心をもって			
あたたかい心をもって		うそをつかない		責任感があり自分の考えをはっきり言える			
礼　　儀（あるていど）		美しさを感じる心を持つ		自立し充実した人生			
生活力がある		尊敬される人		感謝の出来る人			
		あたたかい人間		あたたかい気持ちをもってほしい			
		充実した人生を生きるため努力する		生まれてきてよかったと感じられる人になってほしい			
		自分を大切にするような子		自分以外の人を認められる人			
		教養を深める					
		普通の人になってほしい					
		立派な人間、正しいことの好きな強い人間					
		弱い人を助け前向きに生きる					
		平凡でよい					
		自分が思考したことをはっきり意志伝達出来る					
		連帯感や生命を大切にしていく					
		全力をあげて物事にぶつかる					
		勇気をもって行動出来る					

設問25　あなたは、そのためにどんな学校教育が施されてほしいと思いましたか（思いますか）。

時期区分 項目	A	B	C	D
教師への願い	学級の人数を減らし先生の目の届くよう 現象面だけを見ている教育を根本的に見直す 自己の能力を伸ばせるよう 善悪のわかる子ども サラリーマン的教師にならない もっと厳しく時には体罰を 先生と生徒のけじめ	画一的でない個性を伸ばす教育　6 師弟のふれあい、交友関係を大事に 子どもの素質、家庭事情を知って適応した教育 子どもに毅然とした態度をもつ 塾に通わない学校教育 楽しい学校、個性を認める 生きる尊さを知る教育 生き甲斐ある人間的教育 長所を伸ばし平等の精神 一人ひとりの子どもをよくつかんで生き方を教える	学力だけで人間を評価しない　2 個性を伸ばす教育　2 判断力を持たせる 画一的教育ではいけない 人間は一人では生きられないことを教える 一人ひとりに目が届くよう親と協力 子どもにとって今何が必要かを研究してほしい 奉仕の時間を設定すべき 常識をわきまえた人間 枝葉を育てるのではなく、幹をしっかりと育てる 学歴偏重の気風はマイナスの面が多い 自ら学ぼうとする気持ちをもつように 伸びのびできる教育	個人の特性を伸ばせる教育　2 一人ひとりが大事にされる教育 正邪を判断できる時間がもてる教育 生命の尊さを教え、他人を尊重する教育 自由に個性を伸ばす 子どもの能力を伸ばしてゆく 個人のよさを伸ばす教育 自己を主張できる人間 個性にあった教育 自主性を育てる 先生と子どもがコミュニケーションの場をもつ
情緒面	情緒豊かな人に育てる　2 人を愛する日本人 素直で責任感のある人 心の教育を重点に 人を思いやる礼儀正しい人	美しさのわかる心を育てる 人間味のある教育 豊かな心の育つ教育 心のある教育 情緒を豊かに 人の心のいたみのわかる教育、誰にでも公平に	心の教育 偏差値教育でなく、全人格的教育	人と人の中から出てくる心の持ちかた
道徳教育	道徳教育が必要 「教育勅語」の復活（よい所を取り入れる）　3 修身のような教科を施してほしい	人道的教育 徹底した道徳教育 知育、体育、徳育が過不足なく身につくように 道徳面の教育に力を入れる	いい意味での道徳の時間が活用されてほしい	
その他	伝統文化の尊重 愛国心の昂揚 防衛意識の徹底	民主的な教育 家庭でのしつけも大切	勤労生産学習をとり入れる いろいろな世界のあることを教えてほしい	今で満足 思想・哲学・知識を与えるようなもの

設問26　あなたは、その実現（設問24、25）のために、実際に自ら努力したことがありますか（努力していますか）。

時期区分／項目	A			B			C			D			回答者数		
	男	女	計	男	女	計	男	女	計	男	女	計	男	女	計
実践したことがある（している）	5	4	9	6	12	18	6	9	15	3	2	5	20	27	47
実践したことはなかった（していない）	2	3	5	4	5	9	2	3	5	5	6	11	13	17	30

A	B	C	D
実践したことがある　2 実践していると思っている 少し努力した生涯である 人ごとに自己の主張を続けているが、影響範囲狭く無念 友だちとそのような話をした	実践している　2 学校の勉強はあまり強制しない よくそういうことを子どもに話し、自分も近づくため努力している	学力は先生にまかせ、家庭は助言としつけに心がける 子どもとの対話、PTA活動を通じ各種集会で子どもと話し合っている	

設問27　あなたは、人間が生きる上で、一番大切なことは何だと思いますか。

A		B		C		D	
健　　康		健　　康	4	心身共に健康	4	健康な心と体	2
健康と努力		命の大切さ	3	健　　康	2	愛	3
生命を大切にする		心身の健康		個人における自由	2	真　　心	
愛と平和		誠　　実	4	判断力をもつ	2	努　　力	
誠　　実	2	真　　実	2	人とのつきあいで自分をかくさない		自己を大切にする	
愛　　情	2	愛	2	かたよらない知識		感動する心	
愛		人との和	2	誠　　実		生きがいをもつ	
責任感をもつ		精神的自立		勤　　勉		信頼関係	3
忍　　耐		自らに厳しさを		自分をわかる		思いやりの心	2
自我を抑える		生涯学ぶこと		感動の気持ちを持つ		人とのかかわり	2
自らに厳しく		思いやり	4	目的をもつ		友 だ ち	
思いやりを持つ	3	人に迷惑をかけない	3	他の人への思いやり	4	善悪の区別がつく	
感謝の気持ち	2	正直に生きる	2	平和と自由			
人に迷惑をかけない		他の人の個性を尊重					
人間らしい人間							

設問28　あなたは、「学んだことを生かす」ということはどういうことだと思いますか。

A	B	C	D
よい日本人である 教育の大切さがわかる 実際に行動に移すこと 努力する 人生が楽しくなる 生活向上の指針にする 綿密に考え行動に移す 実行する 社会への奉仕　2 社会のために役立つ人　2 自ら出来ることで社会に尽くす 社会のために恩返しする 孫たちにも教えたい 周囲に影響を拡げていく	日常生活の中で実践していく　3 努力する 考えにも行動にもとり入れる 自分自身の内容を豊かにする 物事をたしかな目で見聞きできる 一日一日を大切に生きる 生活に反映させていく 学んだことを活用する 知識で終わることなく具現化する 知性を伸ばす 役立てるよう努力する 人格の向上 総合的にとらえ判断して洞察する 社会のために…それは自分のためでもある　2 社会生活のために志の同じ人と協力実践 全人類に対しても惜しみなく活用する 社会生活の中での諸問題解決の原動力 社会に役立つ 後世の人々に与えていく 「学んだことの唯一の証しは変わること」（林竹二）	学んだことを自分の生活の中で実践していく　6 良いと判断した教えや技術を実践する 自分自身が心豊かなこと 人生を豊かにする 見通しをもって実践していく さまざまな問題解決の原動力 学んだことを土台に幅広く応用する 心豊かに 社会的にみれば文化を発展継続させる 社会のしあわせのため奉仕する 人間社会に平和的に寄与できる 世の中に出て働く時活用させる 自ら求めたものは実になり、押しつけは生かされない 学んだことを生かす事ができず人は苦しむ 死ぬまでわかりません	学んだことを生活に役立てる　3 生活の知恵的なものを実生活に 自分のものとして心豊かに 学ぶことは自分自身理解し応用がきく 日々の生活を楽しく送る 知識を覚えるより知識をえる方法と習慣 学んだことをもとに考え行動する 経験不足を補う 生活を豊かにする知恵をえる 生き方でも仕事でも表れる力 広い視野をもち考える 耐　え　る 受け継いだものを後の人々に伝え、より発展させる 社会的矛盾を知って少しでも変えようとしていく

教育に関する略年表

西暦	和暦	教育	教育（女性関係事項）	戦争関係事項
一八八六	明治一九	四．小学校令義務教育制を初めて標榜 五．教科書検定制始まる	一二．矢島楫子ら、東京基督教婦人矯風会創立	
八七	二〇	九．宮内省、沖縄県尋常師範学校へ「御真影」下付		
八九	二二	一二．文部省「御真影」を高等小学校へも下付を府県へ通知		
九〇	二三	一〇．教育ニ関スル勅語発布、勅語謄本を全国学校へ頒布	三．東京女子高等師範学校設置	
九一	二四	六．小学校祝日大祭日儀式規定制定 一一．文部省「御真影」と教育勅語謄本を校内一定の場所に「最モ尊重ニ奉置」するよう訓令（奉安庫・奉安殿の設置始まる）		
九三	二六	八．祝日大祭日唱歌（「君が代」「紀元節」など）告示	四．日本基督教婦人矯風会結成	
九四	二七			八．日清戦争
九八	三一		一一．帝国婦人協会設立『日本婦人』創刊	
九九	三二	一〇．小学校教育費国庫補助法公布	二．高等女学校令公布	
一九〇〇	三三		九．津田梅子、女子英学塾設立 一二．吉岡弥生、東京女医学校設立	

〇一	三四		二. 愛国婦人会創立 四. 日本女子大学校設立	
〇二	三五	一二. 教科書疑獄事件		
〇三	三六	四. 小学校国定教科書制度成立		
〇四	三七	四. 同右使用開始　一期 国定教科書（国語 イエ スシ）		二. 日露戦争
〇五	三八		一〇. 日本キリスト教女子青年会（YWCA）創立	
〇七	四〇	三. 小学校令改正（義務教育年限六年に延長）	＊高等女学校数 一三三、生徒四万二七三人	
〇八	四一	九. 小学校国定教科書（修身、歴史、国語など）の図書調査委員会設置 一〇. 文相、戊申詔書に関して訓令	一. 長野県、女子教員妊娠規定制定 高等女学校、裁縫時間増加	
一〇	四三	四. 二期 国定教科書（国語 ハタ タコ コマ）	一〇. 高等女学校令改正（実科設置）	
一一	四四	四. 南北朝正閏《せいじゅん》 問題起こる ＊義務教育の就学率九八％	九. 平塚らいてう等『青鞜』創刊	
一二	四五 大正一			
一四	三	六. 沢柳政太郎、修身科廃止を主張 論議をよぶ		七. 第一次世界大戦
一五	四	民主主義思想普及の初め	九. 日本女子大付属小、モンテッソリー教育法を実践	
一六	五	一. 民本主義（吉野作造）	一. 『婦人公論』創刊	
一七	六		二. 『主婦之友』創刊 一〇. 第一回全国小学校女教員大会	

一八	七	四．三期国定教科書（国語ハナ ハト マメ マス）	四．東京女子大学開校 七．米騒動起こる	八．シベリア出兵
一九	八	二．デューイ来日 四．自由画教育運動		
二〇	九	六．手塚岸衛、自由教育の実践開始	七．高等女学校令改定（国民道徳と婦徳の養成）	三．尼港事件
二一	一〇	四．文化学院設立	四．羽仁もと子、自由学園設立	
二二	一一	一二．文部省、小学校の教育費の節約訓令		
二三	一二	一一．国民精神作興に関する詔書発布	一．婦人参政権同盟発足	
二四	一三	一一．全国学生軍事教練反対同盟結成		
二五	一四	一〇．軍事教育反対運動展開	四．全国女子学生連盟結成	四．治安維持法公布
二六	一五 昭和一	四．小学校令改正、日本歴史を国史と改称	二．女子高等教育促進・機会均等要求	
二七	二	二．日本国民高等学校開校（校長加藤完治）	四．大日本連合女子青年団創立 一〇．全国婦人同盟結成 一一．社会婦人同盟結成	五．第一次山東出兵
二八	三	八．文部省、第一回思想問題講習会実施	五．婦人消費組合協会設立	
二九	四	六．生活綴方運動始まる（北方教育社結成） 七．文部省に社会教育局設置、思想対策を強化		
三〇	五	一一．文部省、思想問題の参考良書推薦	四．全日本婦選大会（婦選獲得同盟主催）	
三一	六	一．中学校令改正（法制・経済を公民科に、柔・剣道を必修）	三．大日本連合婦人会発会式	九．満州事変

三二	七	八．国民精神文化研究所設置	三．大阪国防婦人会発足 一〇．大日本国防婦人会創立	一．上海事変 五．五・一五事件
三三	八	四．四期 国定教科書（国語 サイタ サイタ サクラガ サイタ） 七．文部省『非常時と国民の覚悟』配布		
三四	九	六．文部省の学生部を拡充、思想局設置		
三五	一〇	四．文部省、天皇機関説問題で国体明徴を訓令 八．北海道綴方教育連盟結成		
三六	一一			二．二・二六事件
三七	一二	五．文部省『国体の本義』配布	一．第七回全日本婦選大会（戦前最後の大会となる）	七．日中戦争
三八	一三	六．勤労動員に関する通牒・教育の軍事主義化進む		四．国家総動員法
三九	一四	三．大学でも軍事教練必修 四．青年学校義務制 五．「青少年学徒ニ賜ハリタル勅語」下賜	一〇．女子の常服をモンペとする	五．ノモンハン事件 九．第二次世界大戦
四〇	一五	四．『小学国史』上巻 使用開始（巻頭に「神勅」掲載） 六．修学旅行制限（四三年以降中止） 一一．北海道綴方教育連盟事件		九．日独伊三国同盟
四一	一六	三．小学校を国民学校と改称 四．国民学校教科書（国語 アカイ アカイ アサヒ アサヒ） 八．学校報国隊（団）編成		一二．太平洋戦争

四二	一七		二．愛国・国防婦人会統合、大日本婦人会結成 七．女学校英語随意科目、週三時間以内	
四三	一八	一．中等学校令改正、修業年限一年短縮（繰り上げ卒業四三～四五年度）教科書国定化 六．学徒戦時動員体制（軍事訓練と勤労動員を徹底） 一〇．徴兵猶予停止により学徒出陣 一二．学童縁故疎開促進	九．女子勤労挺身隊の組織化へ 九．厚生省、女子体力章検定制実施	
四四	一九	三．閣議、学徒勤労動員を通年実施決定 六．学童集団疎開決定	八．女子挺身勤労令公布	
四五	二〇	五．戦時教育令（全学校・職場で学徒隊編成） 八・一五　正午、戦争終結の詔書を放送 八・一六　学徒動員、農業・運輸・通信を除き解除 九・一五　文部省「新日本建設の教育方針」を公表 九・二〇　戦時教材削除通牒（墨ぬり教科書） 一〇．GHQ指令、軍国主義的・超国家主義的教育禁止 一〇．教育関係者の追放・教壇復帰に関する指令 一二．国家神道・神社神道に対する政府の保証など廃止の指令	六．一七～四〇歳の女子を国民義勇戦闘隊に編成 八．戦後対策婦人委員会結成 一一．新日本婦人同盟結成 一二．閣議、女子教育刷新要綱了承 一二．衆議院議員選挙法改正公布（婦人参政権実現）	八．広島・長崎原爆投下 八．一四　ポツダム宣言受諾 一〇．特別高等警察廃止 一〇．治安維持法廃止

		一二．修身・日本歴史・地理の授業停止、教科書回収指令		
四六	二一	一．天皇、神格化否定の詔書 一〇．教育勅語の捧読廃止など通達 一一．日本国憲法公布 一二．教育刷新委員会、義務教育の九年制・教育委員会設置など建議	四．婦人参政権行使（婦人議員三九名） 四．文部省、第一回婦人教育研究会 五．文部省、『新教育指針』第三分冊「女子教育の向上」 一一．全国女教員大会	
四七	二二	三．教育基本法公布・学校教育法公布（六・三・三・四制） 四．新学制の小・中学校発足（新制の高校は四八年度発足） 四．『こくご1』おはなを　かざる　みんな　いい　こ 五．日本国憲法施行	三．戦後初の国際婦人デー 四．吉岡弥生・大妻コタカら教職追放 六．日教組、婦人部結成大会 一二．改正民法公布（家制度廃止）	
四八	二三	六．衆・参両院、教育勅語・軍人勅諭など勅語失効確認・排除に関する決議 七．教育委員会法公布	七．優性保護法公布 一〇．主婦連合会結成	
四九	二四	一．教育公務員特例法公布 二．教科用図書検定基準制定 七．CIE顧問イールズ 反共教育を講演	四．第一回婦人週間始まる	
五〇	二五	一一．祝日の国旗掲揚．君が代斉唱をすすめる文相談話 一一．天野文相、修身科復活・国民実践要領の必要表明	四．短期大学一四九校発足（七七校は女子短大）この年女子の大学・短大進学率一七．二％	六．朝鮮戦争 八．警察予備隊令公布
五一	二六	二．文部省、道徳教育振興方策発表 二．生活綴方運動再興 五．児童憲章制定宣言		九．対日平和条約・日米安保条約調印

五二	二七	六．中央教育審議会（中教審）設置 一〇．日本父母と先生全国協議会（日本PTA）結成	七．全国地域婦人団体連絡協議会（地婦連）結成	五．メーデー事件 七．保安隊発足
五三	二八	八．小・中・高校教科書の検定権者、文部大臣となる	五．第一回日本婦人大会	
五四	二九	一．中教審、教育の政治的中立維持に関し答申	一．「母と女教師の会」組織を決定	三．米国のビキニ水爆実験 六．自衛隊法公布
五五	三〇	八．『うれうべき教科書の問題』論争起きる	六．第一回日本母親大会	九．砂川事件
五六	三一	六．新教育委員会法公布（公選制を任命制に改める）	五．売春防止法公布	一二．国連加盟
五七	三二	一〇．愛媛県教委、勤務評定実施通知、勤評闘争		
五八	三三	三．小・中学校、道徳教育実施義務化		
五九	三四	一〇．『わが国の教育水準』（初の教育白書）		
六〇	三五	一〇．高校社会科に倫理・社会 新設	四．文部省の婦人教育予算一四倍強増大六〇年度九三二七万円	六．日米新安保条約
六一	三六	一〇．文部省初の中学二・三年生の全国一斉学力テスト	五．文部省社会教育局に婦人教育課新設	
六二	三七	四．高校全員入学問題全国協議会結成	三．女子学生亡国論起きる 大学の文学部女子学生比率全国で三七％	
六三	三八	一二．教科書無償措置法公布	四．高校、女子の家庭科四単位必修	

六四	三九	三．道徳教育指導資料発行	八．『わが国の高等教育（六三年度）〝大学白書〟発表 女子学生七万八八〇〇人（四年制一五・四％ 短大七〇・三％）	
六五	四〇	一．中教審「期待される人間像」中間草案 六．家永三郎、教科書検定民事訴訟提起		六．日韓基本条約調印
六六	四一	一．大学紛争始まる	九．サルトル・ボーヴォワール来日	
六七	四二	七．北海道教委、教員の思想傾向家庭状況など調査事実発覚 一二．文相、国防意識育成教育の必要強調		
六八	四三	五．小学校学習指導要領改訂案（神話導入など）		
六九	四四	八．大学運営に関する臨時措置法公布	この年、小学校の女子教員五割を超す	
七〇	四五			六．日米安保条約延長
七一	四六	六．全国教育研究所調査（落ちこぼれ問題化）		六．沖縄返還協定調印
七二	四七			九．日中国交正常化共同声明
七三	四八	九．筑波大学法成立		一．ベトナム和平協定
七四	四九		一．家庭科の男女共修をすすめる会結成	
七五	五〇	一二．文相、主任の制度化・手当支給の方針表明	六．国際婦人年世界会議開催（メキシコ）	
七六	五一	四．専修学校創始		

七八	五三	一二．東京中野区議会、教育委員準公選条例可決	五．女子教職員出産時補助教職員確保法成立
七九	五四	一．第一回国公立共通一次試験	一二．国連で女性差別撤廃条約採択
八〇	五五	七．教科書問題、論議さかんとなる	七．「国際女性の十年」中間年世界会議（コペンハーゲン）
八二	五七	七．歴史教科書検定国際問題化（中国・韓国ほか）	
八四	五九	三．臨時教育審議会（臨教審）設置法	
八五	六〇	九．文部省、日の丸掲揚・君が代斉唱徹底を求める	五．男女雇用機会均等法成立 六．女性差別撤廃条約国会で批准 七．「国連女性の十年」世界会議開催（ナイロビ） 一一．国際女性年日本大会開催
八六	六一	五．『新編日本史』、復古調・皇国史観復活との批判強し	
八七	六二	八．臨教審、教育改革最終答申案発表	
八八	六三	四．北海道教委と北教組が主任制合意 七．道徳副読本に統一基準の「調査研究協力者会議」発足	
八九	平成 一	三．文部省、新学習指導要領告示 四．北海道方式主任制に対し文相介入、実施見送り	この年、女子の大学・短大への現役進学率三六・七％

参考文献

『近代日本総合年表』岩波書店、『日本婦人問題資料集成』ドメス出版、
文部省『文部統計要覧』第一法規出版、山住正己『日本教育小史』岩波書店、
『女たちの昭和史』大月書店、三井礼子『現代婦人運動史年表』三一書房

「旭川歴史を学ぶ母の会」の歩み

年月日	例会	テーマ	特別行事・「会報」・その他	連絡委員
'78・7・14	1	古代	講師（山村淑子）・会員2名で始める（講義は講師作成のレジュメ使用）	永山 川口
8・6	2		会員3名「歴史を学ぶ母の会」と名づける	
23			北海道新聞 ｝「日本史を学びませんか」と昭和一桁世代の女性に呼びかける	
9・15			こうほう「旭川市民」	
'79・1・26			例会後新年会	
3・16			「運営規則」作る	
6・15	12	中世		
7・6			旭川郷土博物館見学　講師　元博物館館長　松井恒幸氏	
10・19	16	近世	旭川兵村記念館見学　説明　旭川神社宮司　芦原巌夫氏	
'80・1・25			例会後新年会	
3・21	21	近代		上野 松本
7・4			神居古潭・東神楽沢田の沢遺跡見学　講師　旭川博物館学芸員　其田良雄氏	
8・25			「言語一般についてとアイヌ語」　講師　旭川博物館嘱託　魚井一由氏	
9・22			＊「会報」「はんど・あんど・はんど」第1号発行	
10・22			＊「会報」第2号発行	
12・15	31	現代	＊「会報」第3号発行	

年月日	頁		内容	担当
'81・1・26			テキスト―『太平洋戦争』（家永三郎著、岩波書店） 例会後新年会　＊「会報」第4号発行	加藤 野津
3・16			＊「会報」第5号発行	
5・20			＊「会報」第6号発行	
7・1			中国人俘虜強制労働跡　東川遊水池・嵐山北邦野草園見学	
15	38		＊「会報」第7号発行	
9・16			＊「会報」第8号発行	
10・7			「自由民権百年のあゆみ」（山村）・ビデオ「枯葉作戦」旭大高校教員　大原槙子氏	
'82・1・27	44		例会後新年会　＊「会報」第9号発行	
4・14			「自由民権・人間の権利について」	越後 沢口
7・2			自衛隊旭川駐とん部隊見学	
9・17	52	日本教育史	テキスト―『日本教育史』有斐閣双書教育学（4）　＊「会報」第10号発行	
10・1			北海道開拓記念館・浦臼郷土史料館・北海道行刑資料館見学	
'83・1・28	56		例会後新年会	
4・15			＊「会報」第11号発行	村上 阿部
7・1			手宮洞窟・小樽運河・石造倉庫・小樽市博物館見学	
9・16	64		テキスト―『福翁自伝』（福沢諭吉著、岩波文庫）	
10・7			旭川郷土博物館「神居古潭変成岩について」講師　其田良雄氏	

年月日	回		事項	
'84・1・27	68	日本教育史	例会後新年会	
7・6			← 北海道新聞旭川支局見学 『私たちの記録 I—戦争・平和 そして学習—』発行	中里 高木
8・15	75		I「歴史を学ぶ母の会」のあゆみ II 戦争と平和—私たちの戦争体験 III 資料（戦争・敗戦体験記録）	
10・5			旭川図書館見学 説明 図書館職員 喜多・多賀屋氏	
12・7			『私たちの記録 I—戦争・平和 そして学習—』出版祝賀会 ＊「会報」第12号発行	
'85・1・25	80		例会後新年会	
7・19			夕張石炭の歴史村を訪ねる 同年5月17日ガス爆発（62人死亡）災害見舞金贈る	藤田 表
9・20			＊「会報」第13号発行	
10・16			「郷土の歴史について」講師 評論家 佐藤喜一氏	
12・6			テキスト—『君たちはどう生きるか』（吉野源三郎著、新潮社） ←	
'86・1・24	92		例会後新年会	
2・21			「教育に関するアンケート」集約（一〇〇名分のアンケート集まる）	
3・14			＊「会報」第14号発行	
6・20			「教育に関するアンケート」整理作業始まる	堀内 阿部
7・4			北海道21世紀博「中国の兵馬俑」見学（岩見沢）	
9・19	100		「歴史を学ぶ母の会」例会一〇〇回を数える	

10・3		「教育に関するアンケート」集計報告	
'87・1・30	104	例会後新年会	
2・20		＊「会報」第15号発行	
3・20	106	講師（山村）旭川転出のため最終講義	
5・18		講師からの録音テープにて学習始まる（旭川と結城の間でカセットテープ往復）	
7・27		講師来旭（「教育に関するアンケート」について例会をもつ）	永山
9・13	113	テキスト—『日本教育小史』（山住正己著、岩波書店） →	島田
12・18		＊「会報」第16号発行	
'88・4・8	127	『私たちの記録 Ⅱ』発行準備決まる	編集委員
7・27〜29		講師来旭「教育に関するアンケート」報告書作成作業	川口 工藤
'89・7・24〜27	140	講師来旭『私たちの記録 Ⅱ』発行の例会をもつ	島田 高木
'90・8・4	155	講師来旭『私たちの記録 Ⅱ』最終校正	中里 永山
8・15	156	『私たちの記録 Ⅱ—わたくしたちが受けた教育—』発行	松本

※2014・8・28 旭川歴史を学ぶ母の会 最終例会・中島京子著『小さいおうち』（文春文庫 二〇一〇年）にみる戦時生活（一三名参加）

※2021・12・8 山村淑子・旭川歴史を学ぶ母の会編『沈黙の扉が開かれたとき』ドメス出版発刊予定

あとがき

戦争体験を次世代に伝えるために必要なことは何か。これまで、戦争体験者の多くが、「自分たちは平和の大切さを知っているが、若者は知らない。だから若者に伝えたいと思っても、耳を傾けてくれない」と嘆いてきた。私が出会った昭和一桁世代女性たちも、「私たちの話なんて聞く人はいない。たいした経験もしていないし」と私に伝えていた。

彼女たちと同世代の女性は、一九五〇年代の高度経済成長期に戦場から生還した男性たちと結婚。その男性たちは、戦後は「企業戦士」と呼ばれ、長時間低賃金労働に従事し、配置転換による単身赴任でまたもや家族から切り離されて働き、一方女性たちは、「主婦」として過労死寸前の「企業戦士」を慰労し、家事・育児を一人で担い、パート労働や訪問販売等の低賃金労働に従事して家計を支えた。この日本の長時間低賃金労働による経済成長は、旧来の家父長制的女性差別と戦後再編された性別役割分業を前提に成り立っていた。夫婦ともにゆとりのない多忙な日々の連続で、二人が向き合って話し合う時間もなく、旭川の女性たちも、互いの戦争体験を口にすることなどは「考えもしなかった」という。

その状況を打開するための試みの一つが、本書第三部「資料編」に掲載した「歴史的事件六項目」の聞き取り調査である。この家族からの聞き取り体験は、夫婦・親子間での戦争体験を話し合う契機となり、互いの歩みを知ることにつながった。この戦争体験世代の子どもたちがいわゆる「団塊の世代」であり、自らを戦争を知らない世代と呼んだ。では、昭和一桁世代の孫世代（「団塊ジュニア」）は戦争と平和をどのように捉えていたのだろうか。

私が受け持った一九九一（平成三）年三月に卒業した高校三年生（理系クラス・「政治経済」）の「国際平和」についてのコメントが手許に残されている。彼らは、一九七三（昭和四八）年から七四年にかけて生を受け、戦争といえば「湾岸戦争」をさす世代（二〇二一年現在四八歳）である。次に示す彼らの①②③のコメントのなかに、次世代に伝えるために必要なヒントがみられるので紹介したい。

① 私たちは過去に多くの戦争があったことは知っているが、その戦争の状況などくわしいことは知らない。いま、私たちはただ戦争をしてはいけないと思っているが、なぜ戦争をしてはいけないのか、その戦争は私たちにどんな影響をおよぼすのかと、もっと奥深く考えるべきだと思う。

② ぼくは湾岸戦争が起こった当時、戦争は場合によってはなくてはならない必要悪だと考えていた。だから戦争が終わり、改めて湾岸戦争を見つめ直す動きが世界各国で出て、当時報道規制されていた戦争の裏側を見たとき、ぼくは戦争は何が起ころうともあってはならないものだと思った。今日読んだ「閉ざされた少年の眸」（週刊朝日編集部編『父の戦記』戦後二〇周年に募集した無名戦士の手記・一九六五年刊）からもわかるように、戦争は正義、不正義を唱える前に、人と人とがお互いに殺し合うというきわめて非人間的行為が前提となっている。湾岸戦争も「ハイテク戦争」などといわれたが、結局は罪のないイラクの人々のたくさんの生命を奪っている。ぼくたちの世代は戦争を直接経験していない。それが、いい方向に進むかもしれないが、とても危険な方向に向かう可能性もあると思う。ぼくたちは戦争がどんなものかを正しく認識し、二度と過ちを繰り返すことのないようにすべきだと思う。

③　ぼくは戦争という文字を見ただけで、怖い、恐ろしいと思うだけで、その大事な中身のことが、全然わかっていない人が（自分も含め）多いと思う。ぼくとしては日本が起こした戦争に少しは興味があるが、興味があるからといって自分が戦争に行きたいわけではない。ぼくたちに（戦争を）いくら知らせたところで何ができるのだろうか。何もできないと思う。

以上のコメントを寄せた高校生は、公立高校（共学）の平均的な生徒である。ただし、三年生の理系クラスは歴史科目の履修単位数が少なく、「国際平和」を考えるうえで必要な歴史的背景が十分に伝えられていないという弊害があり、コメントのなかにも表れている。

思春期から青年期の若者にとって、人権意識を踏まえない、あるいは自己検証が行われない戦争体験談は、ともすれば体験者の愚痴に聞こえる。だが、それぞれの戦争体験が他者の人権を尊重して語られたときに、あるいは加害国民であることの自覚をもって語られたときに、個々の体験談は、若者の想像力や思考力に働きかけることができるように思う。

体験当事者にとっては辛く厳しいことではあるが、語り手自身の自己検証、あるいは自己変革が要求されるのだった。本書「序に代えて」に掲載されている「忘れることのできない日」では、昭和一桁世代女性たちが自己検証によって無批判的戦争体験の語りから脱皮する姿が記録されており貴重といえよう。

二〇一〇年一二月八日（太平洋戦争開戦日から六九年目）に、私は立教大学文学部・学校社会教育講座社会教育主事課程の「生涯学習概論」を担当する山嵜雅子准教授に招かれ、史学科・教育学科・社会学・法学専攻の学生で構成される受講生を前に話す機会をもった。

私のテーマは「戦争・平和・そして学習―生涯教育における歴史講座の実践」で、「戦争で失った学びの場を取り戻したい」と、自主的に学習の場を立ち上げた「旭川歴史を学ぶ母の会」の歩みを、歴史的背景（女性史・教育史）を史資料で補足しながら話した。

受講生たちは、一九九〇年前後に生を受けており、戦争体験をもつ祖母や伯母の皇室観に戸惑いを感じたり、家父長制を残した家族の居心地の悪さを抱えていた学生もいた。その彼らの受講後感想文には共通して注目したい内容が五点あった。

整理し要約すると、①生涯教育は自治体が用意するものと思っていたので、女性たちが自ら立ち上げた学習会だったことに感動を覚えた。②昭和一桁世代女性の生涯を通して戦時・戦後の歴史をみたことが新鮮で、歴史を身近に感じた。③戦争体験にはジェンダー差があったことに気づかされた。④時代が変われば価値観も容易に変わると考えていたので、戦前の教育で身につけた価値観を抱え、戦後も心の葛藤がつづいてきたということは衝撃だった。⑤歴史認識に関わって、女学生たちも戦争に参加しており、加害国の一人だった側面に気づいたこと。以上五点である。ここでは、⑤の歴史認識に関わって書かれた感想文の一部を記しておきたい。

＊女性たちは、自分たちが実は戦争の参加者であり、加害者でもあると気づいたときの衝撃ははかりしれないものだと思います。生まれてから若者時代まで戦争のなかで、戦争を肯定する文化のなかで生きてきたら、そこから突然変わることはできないし、それまでを否定してしまったらそれまでの自分を否定することになって、アイデンティティーを失ってしまう。それでも女性たちが学ぶことを求めたのは、知りたいという純粋な気持ちからではないかと思います。

＊ただ被害者であることを訴えるのではなく、どうしてそのような状態に陥ってしまったのかという理由を探ることがとても重要であるということを学んだ。

＊自らの心の内をさらけ出していきながら、女学生たちは「戦争被害者」だと認識していたが、実は自分たちも「戦争加害者」であったことを改めて知ったことは衝撃だったと思う。次世代に資料として残していくために、書籍や資料で学ぶだけではなく、教育体験、受けてきた軍国主義教育を見つめ直し、生き方を語り、記録をしていく。（中略）従来の価値観から解放されて、新しい自分の人生を生きていけるようになったのではないかと思う。心の底に幼いころから積み重ねられてきた女性観、「家」の縛りから解放され、これからは自己確立をした人生を歩んでいけるだろう。

一九七八（昭和五三）年の六月、旭川での偶然の出会いから始まった昭和一桁世代女性たちと学び合った「歴史学習会」を通して、私は「戦争と女性」の関わりを考えつづけてきた。旭川を離れた後も継続した交流は、互いに貴重な学びの時間であり、その後の私の研究課題にも大きな影響を与えることになった。ことに、自らを「普通の人」、「あたりまえの人」と語る女性たちの声に耳を傾けることで、気づかされた視野の広がりと新たに見えたきた課題は多い。

その課題の一つとして一九九一年にまとめた拙稿が、「戦時体制移行期における母親像の変容」（東京歴史科学研究会婦人運動史部会『女と戦争　戦争は女の生活をどう変えたか』昭和出版）で、その続編となる国家と女性の関係を深めた論考が、「戦時期における母性の国家統合―文部省「母の講座」を中心として」（『総合女性史研究』第21号　二〇〇五年）である。本書の「むすびに代えて」に掲載した「地域女性史とオーラル・ヒストリー」（歴史科学協議会『歴史評論』№６４８、二〇〇四年）は、「旭川歴史を学ぶ母の会」の研究活動を通して気づいた視点で、地域女性史研究が抱えた課題を捉えている。新たな課題の追求は今後も止むことなくつづいていく。

本書は、本来ならば、「旭川歴史を学ぶ母の会」に関わった女性たち全員が存命中に刊行する予定だった。だが、残念ながら諸事情で叶わなかったため、時間の経過とともに鬼籍に入った方や、高齢者介護施設に入り、音信不通になった方もいて、全員に手渡しすることができず悔いが残る。それでも「次世代に伝えたい」という女性たちの願いを一冊にまとめ、後世に残すことができたことを、辛抱強く待っていてくださった女性たちとともに喜び合いたい。

末筆ながら、本書を刊行するにあたり、大部の原稿を丁寧に読んでくださり、「よい本にしましょう」と、的確なご助言をいただいたドメス出版の矢野操さんに感謝し、厚くお礼を申しあげたい。
また、かつては「師団通り」と呼ばれた「旭川平和買い物公園通り」の夏・冬の風景写真を生かし、本書のイメージを品格ある装丁で包んでくださったデザイナーの市川美野里さん、北海道の大地に咲く野の花のイラストを、旭川の地から提供してくださった友人酒谷和惠さんにお礼を申しあげたい。

二〇二一年一〇月二一日

明治神宮外苑競技場・学徒動員出陣式から七八年目の日に

山村　淑子

編著者紹介

山村　淑子（やまむら　よしこ）

早稲田大学卒業。公立高校（東京・茨城）元教員。

和光大学元非常勤講師。

近現代史（女性史）研究者。

総合女性史研究会（学会）元役員。日本オーラル・ヒストリー学会元理事。

地域女性史研究会事務局長。

共著

東京歴史科学研究会婦人運動史部会『女と戦争　戦争は女の生活をどう変えたか』昭和出版、1991年。

結城の歴史編纂委員会『結城の歴史』1995年。

歴史教育者協議会編『歴史を生きた女性たち』汐文社、2010年。

総合女性史研究会（学会）編『時代を生きた女たち』朝日新聞出版、2010年。

早川紀代・江刺昭子編『原爆と原発、その先　女性たちの非核の実践と思想』御茶の水書房、2016年。

主要論考

・「戦時体制移行期における母親像の変容」東京歴史科学研究会婦人運動史部会『女と戦争』昭和出版、1991年。
・「戦時期における母性の国家統合」『総合女性史研究』第21号、2004年。
・「『生きにくさ』は人権確立の出発点」歴史教育者協議会編『2008年版歴史教育・社会科教育　年報』2008年。
・「近現代における女性の歩みと安倍政権の女性政策」『経済』新日本出版社、2015年。
・「原水爆禁止運動から反原発へ　高度成長期の『主婦連合会』の動きにみる」早川紀代　江刺昭子編『原爆と原発、その先　女性たちの非核の実践と思想』御茶の水書房、2016年。
・「地域女性史とオーラルヒストリー」『歴史評論』№648、2004年。
・「歴史認識問題と地域女性史の課題　戦後６０年・地域女性史にみる戦争の記憶」『総合女性史研究』第23号、2005年。
・「地域女性史の成果：現状と課題」『総合女性史研究』第30号、2013年。
・「地域における女性史研究の成果にみる新たな特徴と課題」『総合女性史研究』第31号、2014年など。

沈黙の扉が開かれたとき
昭和一桁世代女性たちの証言

2021年12月8日　第1刷発行
定価：本体3,000円＋税

編　者　山村　淑子・旭川歴史を学ぶ母の会
発行者　佐久間光恵
発行所　株式会社 ドメス出版
東京都文京区白山3-2-4 〒112-0001
振替　0180-2-48766
電話　03-3811-5615
FAX　03-3811-5635
http://www.domesu.co.jp

印刷・製本　株式会社 太平印刷社

ISBN 978-4-8107-0859-2 C0036

折井美耶子　地域女性史への道　祖母たち・母たちの物語を紡ぐ　一八〇〇円

折井美耶子　地域女性史入門　一八〇〇円

折井美耶子　近現代の女性史を考える　戦争・家族・売買春　二五〇〇円

折井美耶子・女性の歴史研究会編著　女たちが立ち上がった　関東大震災と東京連合婦人会　二八〇〇円

石月静恵・大阪女性史研究会編著　女性ネットワークの誕生　全関西婦人連合会の成立と活動　三四〇〇円

伊藤康子　市川房枝　女性の一票で政治を変える　二八〇〇円

伊藤セツ　山川菊栄研究　過去を詠み　未来を拓く　六五〇〇円

川口恵美子　戦争未亡人　被害と加害のはざまで　二四〇〇円

柳原恵　〈化外〉のフェミニズム　岩手・麗ら舎読書会の〈おなご〉たち　三六〇〇円

堀場清子　イナグヤ　ナナバチ　沖縄女性史を探る　二八〇〇円

折井美耶子・山辺恵巳子　増補改訂版　地域女性史文献目録　一三〇〇円

＊表示価格はすべて本体価格です